功勋·史册

百年体育与中国崛起

副　主　编 ◎ 何文湜　刘旭辉

本册主编 ◎ ◎ 李长云

丛书主编 ◎ 谢军

天津出版传媒集团

天津科学技术出版社

图书在版编目(CIP)数据

功勋·史册 / 李长云主编. —— 天津:天津科学技术出版社, 2023.6

(百年体育与中国崛起丛书 / 谢军主编)

ISBN 978-7-5576-9979-6

Ⅰ.①功… Ⅱ.①李… Ⅲ.①运动员–生平事迹–中国–现代 Ⅳ.①K820.7

中国版本图书馆 CIP 数据核字(2022)第 053543 号

功勋·史册

GONGXUN SHICE

策划编辑:韩 瑞

责任编辑:李荔薇

责任印制:兰 毅

出版: 天津出版传媒集团
　　　天津科学技术出版社

地址:天津市西康路 35 号

邮编:300051

电话:(022) 23332390

网址:www.tjkjcbs.com.cn

发行:新华书店经销

印刷:天津印艺通制版印刷股份有限公司

开本 787×1092 1/16 印张 16.25 字数 77 000

2023 年 6 月第 1 版第 1 次印刷

定价:168.00 元

当中国体育领跑世界的时候
别忘记艰难起步的光荣岁月

1949 年,新中国刚刚成立的时候,中国体育举步维艰,百废待兴,每一步都迈得非常艰难。

从 1896 年到 1932 年,中国人用了足足 36 年时间才第一次登上奥运殿堂,但想进一步取得理想名次,简直比登天还难。

但中国人是从来不向困难低头的。1952 年,中国体育代表团在赫尔辛基奥运会上认识到了与世界体育的差距,中国体育开始锐意改革,励精图治。好消息很快就来了,1956 年新中国诞生了第一项体育世界纪录,1959 年新中国获得了第一个体育世界冠军。

从单点突破到全面开花,依然有很长的路要走。在诸多青春无悔、抛洒热血的队伍中,中国女排最具有代表性,姑娘们用无数个血泡、无数张胶布、无数个拼搏的日夜,竖起了一个又一个丰碑。正是在全体中国体育人的努力下,以及在女排精神的鼓舞下,中国体育开始厚积薄发、昂首前进,在多个领域、多个项目上成为排头兵,奥运会金牌取得零的突破也就变得水到渠成。

1990 年北京亚运会和 2008 年北京奥运会的举办,则让中国体育又上了两个大台阶,前者让中国体育在亚洲脱颖而出,日本人和韩国人再难望其项背;后者让中国体育站到世界最前排,从追赶者成为领跑者。世界体育的版图沧海桑田,不变的是中国人永不放弃、永不认输的拼搏精神。

细数中国体育的发展史,会发现,它与新中国的崛起之路非常合拍。当新中国在夯实基础、稳步发展的时候,中国体育也在积蓄力量;当新中国改革开放、拥抱世界的时候,中国体育也开始头角峥嵘;当新中国迈入新世纪,中国体育也开始长风破浪……

1

中国体育的发展，就是中国社会发展的一个缩影；中国体育人不畏艰险、力争上游的拼搏精神，也代表了千千万万中国人不断进取的步伐。因此，体育人的奋斗史，也是无数中国人的奋斗史，了解他们曾付出的汗水，了解他们如何面对重压挑战自我，也可以更好鞭策我们继续向前，永不退缩。

《功勋·史册》一书冒昧地把新中国成立以后的发展阶段分为了四个时代，分别是：奠基时代(1949年至1978年)、奋斗时代(1979年至1990年)、崛起时代(1991年至2000年)以及腾飞时代(2001年至现在)。在这些时代里，中国体育在各个项目、各个岗位上涌现出诸多可歌可泣的人物，本书遴选了几十位运动员或曾经的运动员作为代表，他们见证了中国体育从艰难起步到成为世界体坛排头兵的历程。还有很多优秀的运动员、教练员，乃至体育官员，他们同样为中国体育的崛起付出过巨大的心血，虽然没有被本书收录，但我们同样不会忘记他们，也一起向他们致敬。

目　录

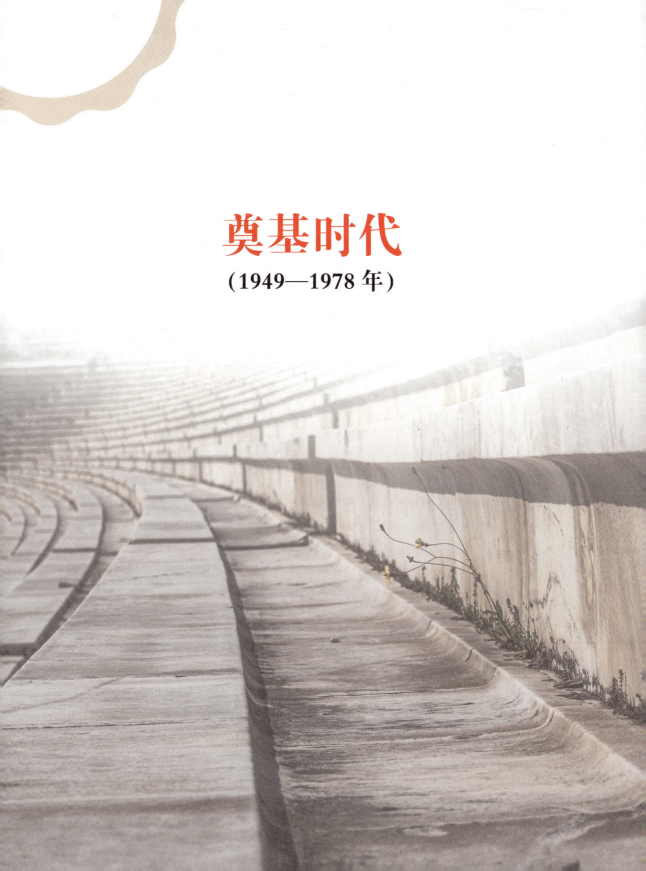

奠基时代

（1949—1978 年）

1896 年,第一届现代奥林匹克运动会在法国人顾拜旦的倡议下,在古奥林匹克运动会的故乡希腊的首都雅典举行,人类体育运动发展进入新篇章。

而在此之前,英国首都伦敦早已成为现代体育之都。在那里,英国人不仅给远古的运动如跑步、跳远、游泳等项目制定完善的规则,使其更适合竞技比赛,他们还陆续发展出足球、网球、乒乓球等众多现在耳熟能详的运动。

但在遥远的东方、古老的中国,现代体育运动为何物,知道的人寥寥无几。腐败无能的清政府也接到了第一届奥运会的参赛邀请,但他们并不知道奥运会是何物,而且当时内忧外患的清政府也腾不出手来研究体育,因此断然拒绝。

1932 年,刘长春在友人资助下,远渡重洋参加洛杉矶奥运会,成为第一个参加奥运会的中国人,但因路途遥远、旅途疲乏等原因,并没能取得好成绩。

此后,中国又参加了多次奥运会,但成绩均不理想。

1952 年,以荣高棠为团长的中国奥运代表团参加赫尔辛基奥运会,这是 1949 年新中国成立后参加的第一届奥运会。这次奥运会,虽然中国参与的项目很少,但代表团真实感受到了中国体育与世界体育的差距。国家领导人也非常关心体育发展,在当年的 11 月份成立了国家体委(国家体育总局前身),并有计划地派选足球、游泳等项目的运动员去当时的社会主义体育强国匈牙利学习。在 1959 年,新中国举办了第一届全国运动会。

在这段时期,中国体育方兴未艾,涌现了一大批优秀的选手,如第一次打破世界纪录的举重选手陈镜开,第一个在田径百米手记时跑到 10 秒的选手陈家全,第一个打破跳高世界纪录的女选手郑凤荣,以及第一个乒乓球男单世界冠军容国团等。

虽然中国选手因为当年的世界形势很难出国参赛,但仍邀请了很多国外的优秀教练对中国选手进行指导,比如匈牙利的足球教练约瑟夫,这是中国足球国家队历史上的第一个外籍教练。

1964 年,大松博文带领日本女排获得奥运冠军,随后很快被周总理请到中国进行指导,袁伟民是当时参加集训的球员之一,这为日后中国女排的腾飞打下了基础。

20 世纪 60 年代也是中日围棋交流的第一个高峰时代,中国围棋从被一个 50 多岁的日本女棋手横扫,到在中日围棋擂台赛连战连捷,与那段时期的成长是分不开的。

在新中国成立初期,虽然中国选手很少能在世界舞台上披荆斩棘,但却打下了坚实的基础,为日后的奥运第一金、女排五连冠等辉煌迈出了第一步。

因此,这是一个不折不扣的奠基时代,几代体育人也甘当基石,为祖国体育事业的发展奉献了自己的青春和热血。

穆祥雄：
遗憾中国奥运第一金晚了 28 年

资料

姓名：穆祥雄

性别：男

项目：游泳

代表荣誉：1958 年起三次打破蛙泳世界纪录

  1984 年，第 23 届洛杉矶奥运会，许海峰在男子 50 米气手枪项目上为中国人获得奥运第一金。一位年近半百的老人感慨，如果不是当年没能参加奥运会，这个第一金也许会提前 28 年。

  幸好，中国的飞速发展仍然给了他参与奥运会的机会。2008 年 8 月 8 日晚，在北京奥运会上，这位老人和几位中国历史上的优秀运动员代表一起高举奥林匹克旗帜进入会场，圆了自己的奥运梦。

这位老人就是穆祥雄,他曾三次打破蛙泳项目的世界纪录,是新中国第一个打破游泳世界纪录的选手,这一切,都源于他父亲的细心培养。

先让我们把目光放回 70 年前。

父亲穆成宽让穆祥雄走上游泳强国之路

说起来,中国运动员和游泳项目有缘。1952 年,新中国第一次参加奥运会,唯一上场参赛的选手就是游泳选手吴传玉。

穆祥雄则与游泳项目更有缘。1935 年,他出生在天津市天穆村,这里紧邻北运河,是一个游泳之乡。而穆祥雄更是出生在一个游泳世家,他的父亲穆成宽是中国游泳事业的奠基人之一,他的兄弟姐妹也都喜欢游泳。

穆成宽是非常具有民族责任感的人,他选择游泳项目进行发展,是经过深思熟虑的。穆成宽觉得,想要改变外国人对中国积贫积弱形象的看法,在世界体育大赛,尤其是奥运会上取得好成绩,是个不错的选择。

但怎么才能取得好成绩呢?穆成宽觉得亚洲人的身体条件比较相似,因此借鉴日本的成功经验是个不错的办法。穆成宽考虑,无论是自行车、拳击还是摔跤等项目,亚洲人都很少有成功的先例,但日本人能在奥运上拿游泳金牌,那么中国人显然也有机会。

少年的穆祥雄很快展示了自身的游泳天赋。还在小学阶段,穆祥雄就在天津市的游泳表演赛上获得幼童组第一名。1950 年,穆祥雄作为一名中学生参加了天津市游泳比赛,上场的三个项目都获得了冠军。第二年开始,穆祥雄频频打破蛙泳项目的全国纪录,这样的成绩让他备受关注。1952 年 11 月国家体委成立后,穆祥雄入选了中国游泳队。在国家队,穆祥雄有了更宽广的舞台,也有了更高的目标。

有了独家秘籍,穆祥雄憧憬着墨尔本奥运金牌

1954 年,穆祥雄和其他游泳队队友一起前往匈牙利学习。在匈牙利,穆祥雄眼界大开,学习了很多先进的方法,比如分阶段训练、不同课题采取不一样的训练

手段等,连如何检查训练效果、如何恢复体能,都有了更科学更有效的办法。

穆祥雄在学习的时候也动足了脑筋,他立志通过刻苦训练、努力学习来报效祖国。因此他为自己摸索出一套独特的蛙泳训练办法——在水下长时间潜泳。靠着这个办法,他在比赛中取得了很多优秀成绩。

有了这项独门绝技,穆祥雄开始一心一意为1956年墨尔本奥运会的游泳比赛做准备,对未来充满期待。

国家体委也在对1956年奥运会做着精心布置,准备为1952年的失利打一个漂亮的翻身仗。国家体委选拔了92名运动员在北京集训,所有有实力的体育精英都囊括在内,其中包括蛙泳比赛成绩排名世界第一的穆祥雄,还有刚刚为中国打破第一个世界纪录的举重选手陈镜开。

奥运会开始前,中国代表团已经在广州集结完毕,等着从香港出关前往墨尔本。但此时国际局势发生了变化。

为了对自己的实力摸底,国家体委在墨尔本奥运会举办的同时,在上海也举办了一次奥运对抗赛。

那次对抗赛上,穆祥雄200米蛙泳的成绩比墨尔本奥运会冠军快了近2秒。对此,穆祥雄不无遗憾,认为如果自己能够参加奥运会,还是有机会拿下那块金牌的,中国的奥运第一金或许就会提前28年获得。

然而,奥运会后,穆祥雄又遭遇了巨大挑战——他的独家秘籍不能用了。

1956年墨尔本奥运会后,国际泳联对正式比赛中的潜泳距离做出规定,并废止了原有的世界纪录。而这正是穆祥雄强项,不能做这个技术动作,这对一次潜泳长度可达到几十米的穆祥雄来说,无疑是巨大损失。但穆祥雄没有退缩,在父亲和教练的帮助下,他很快摒弃自己的潜泳特长,探索出"半高航式"技术动作,并获得了成功。

1958年12月20日,穆祥雄在北京举行的游泳比赛中,以1分11秒4的成绩创造新的男子100米蛙泳世界纪录。这是中国选手在游泳项目上首次打破世界纪录。8个月后,穆祥雄在1959年8月30日,以1分11秒3的成绩再次刷新自己保持的世界纪录。

1959年9月13日,第一届全运会开始了,大家对穆祥雄的比赛充满期待。果然,穆祥雄不负众望,在9月17日的举行的男子100米蛙泳决赛中,又以1分11秒1的成绩第三次打破世界纪录。在短时间内能三破世界纪录,即使在全世界范围内,都是很罕见的事情。

1963 年,穆祥雄走上教练岗位。20 世纪 80 年代,穆祥雄培养出一代女蛙王黄晓敏等名将。

在 2008 年北京奥运会上,穆祥雄不仅成为火炬手,还在开幕式上和其他几位运动员代表成为执旗手,护送奥林匹克旗帜入场。穆祥雄说:"这一次我亲身参加了,了结了我和上一代人——我父亲他们最大的心愿,参加了奥运会,感到非常兴奋,非常激动。"

年维泗：
老一代足球人的喜与悲

资料

姓名：年维泗

性别：男

项目：足球

代表荣誉：1954 年随国家队到匈牙利留学
          开启中国足球冲击世界杯先河

20 世纪 30 年代，中国足球已经蓬勃发展。虽然因各种原因，没能参加二战前的几届世界杯，但在奥运会上却一直有他们的身影。

1936 年，一代球王李惠堂和队友们为了凑足前往德国柏林参加奥运会的路费，提前两个月出发，一路靠打比赛的门票收入来补贴开支。当赶到柏林时，整个

球队已经疲惫不堪，0 比 2 不敌英国队，首轮就被淘汰。

虽然战绩不佳，但这却是中国足球第一次在世界大赛上亮相。

因为二战，奥运会停办两届。当 1948 年奥运圣火重新在伦敦点燃，李惠堂又一次率队出发，只是这时他的身份变成了教练。

接下来要冲击 1958 年世界杯了，年轻的年维泗和队友们刚从匈牙利留学回来，他们憧憬着美好的前景，但也认识到实力的不足。这一次能有希望进入世界杯吗？

从小就萌生要战胜外国人的信念

1933 年，年维泗出生在北京，住在一所中学里。校内的足球场吸引着年幼的年维泗。

足球场上常有比赛，周围也满是围观的人。当校队和法国兵、意大利兵比赛的时候，场边助兴的人就更多了。年幼的年维泗站在场边，希望那些金发碧眼的人败在中国学生脚下。

每当赢球，年幼的年维泗总是第一个冲进场内庆祝，然后被学生抱着高高举起。年维泗回忆，想赢外国人的想法从那时就萌生了。

因为从小接触足球，年维泗的球技在同学们中显得特别出众。同学们因此叫年维泗为"大年"，尽管他并不年长也不比别人高。

年维泗还曾因为踢球得到小学校长的表扬，这不免让年少的年维泗得意扬扬。

当然，因为踢球，年维泗也没少闯祸。那时踢球往往缺少场地，在胡同里踢球，就要小心翼翼不能得意忘形。但有一次，年维泗踢高兴了，抢起一脚，飞起来的足球伴随着"咣当"的声音。坏了，邻居家的玻璃碎了。

忐忑不安的年维泗战战兢兢跟随闻讯赶来的父亲来到邻居家，道歉、赔玻璃，但年维泗并没有被父亲责备。

还有一次，年维泗踢出的球把一个小孩撞倒了，这在当时也算不小的事。学校里一位很有威望的老师只是告诉年维泗以后要踢准一点，并没有很重地批评他，还为他说了不少好话。

这位老师名叫孙敬修，后来在广播电台主持了《小喇叭》节目，伴随全国

"60 后""70 后"少年儿童成长。

踢球只是爱好，年维泗的目标是将来考大学

年维泗进入中学后，又遇到很多名师，在那里，足球、篮球都深受学生们欢迎，出过好几位国家级选手，著名篮球名宿牟作云老先生就是在那里成长的。

学校中有两位在北京踢球很有名气的老师，一眼就看中年维泗，认为他是踢球的料，也经常带他去参加校外各队的比赛。

上中学后，年维泗是足球和篮球校队队员，也是田径能手。因此老师把年维泗当重点球员来培养，经常为年维泗示范动作、纠正错误，年维泗也因此打下了良好的基础。

和后来的足球运动员相比，年维泗那代人的训练条件要差得多，当时并没有集中训练，也没有体校，更别提省市间甚至国际的正规比赛，那时都要靠自己。

在那样的条件下，当时的球员都比较用脑，脚下也有自己的特长。年维泗品学兼优，文化素质相当好，因此年维泗踢球更加动脑，特点也比较明显。

虽然足球水平不错，但在年维泗及其家人心目中，踢足球不是事业，好好学习将来上大学才是出路。因此年维泗的学习成绩一直保持在班里前 5 名，每学期都拿奖学金，后来还从初二直接跳级上了高中。当时，年维泗的目标是将来当个工程师或者教师，踢球只是爱好，而不是将来的"饭碗"。

但一个意外的变化，把年维泗带到了从事足球运动的道路上。

17 岁的年维泗因前途远大被递补进第一批国脚名单

1951 年，第一届全国足球大会在天津举行，华北代表队要从北京、天津等多个省市中选拔。

年维泗的老师极力推荐他参加选拔，但当时几乎没有中学生去参加成人选拔比赛。当年维泗在先农坛体育场比赛时，很多人惊奇地看着他，好像不忍以大欺小的样子。但真踢起来，年维泗并不比别人逊色。

足球名宿、后来的第一任国家队主教练李凤楼看到年维泗踢球后很高兴，连

连说:"小伙子真棒,好好踢。"还攥起拳头在年维泗胸脯上捶了两下,以示鼓励。

年维泗因为脚下功夫好、速度快、个子高的特点,顺利选入华北队,进行短期集训,准备参加全国大赛。

这次全国大赛的主要目的,就是选拔国家队队员,因此有实力的队员都格外卖力。但年维泗一心想读书,并没有这个愿望,所以踢得很放松。年维泗更关心的是,第一次坐火车、第一次吃煎饼馃子、第一次住大饭店,至于能不能当国脚,"我当时还不懂,好像和我没多大关系",年维泗回忆。

国家队名单出来了,计划选30名国脚,但公布的时候是31名。名单是以姓氏笔画为序,但姓只有六划的年维泗却排在最后一个。年维泗明白,这是被最后补上去的。

当时主管足球的黄中、李凤楼等人,普遍认为年维泗的水平虽然还达不到其他20多岁人的水平,但毕竟只有17岁,前途远大,因此黄中拍板,把年维泗补了上去。

差距! 一个匈牙利丙级球队就能进中国队七八个球

进了国家队后,年维泗开始了一边学习一边踢球的生涯。当时因为没有合适的训练场地,这支国家队曾到处拉练,一边比赛一边训练,去过武汉、重庆、上海等几个地方,最后回到天津。

有了集训以后,球队的进步很快。年维泗一开始年龄小,比赛经常坐"冷板凳"打替补,主要任务就是赛前赛后为球队背一兜子球。

但年维泗毫不气馁,无论是训练还是在场下观摩,都一心琢磨足球,好像着了魔。一年后,年维泗打上了主力前卫。

虽然国家队在国内无敌,但在国际上是什么水平呢?年维泗和其他国家队的成员一样,都心里没底,他们渴望与国外选手比赛的机会。

1954年,当时的世界足球强国匈牙利派丙级球队(第三级别球队)访华,这是新中国成立后第一支来访的足球队。

尽管只是丙级球队,但这支来访的球队让中国队惊呆了,两场比赛下来,每次都会被人踢进去七八个球。

年维泗记得,对手有个18岁的小中锋,有点爱出风头,把球从左路带到右路,又把球从右路带到左路,中国队愣是没人能把球抢下来。

匈牙利教练批评了这名队员,但年维泗明白,这是对方教练不想让中国队太难堪。年维泗心里很难过,认为如果自己有本事,那小子根本就狂不起来。

中国足球界也感到,中国足球必须与世界高水平球队接轨,虚心向人家学习。中国足球队第一次留学之旅就此拉开帷幕。

留学匈牙利,每3个月就能感受到进步飞快

1954年4月4日,年维泗作为中国国家足球队的一员,与球队一起从北京登上前往莫斯科的火车,再从那里换车前往匈牙利首都布达佩斯,路上一共用了13天。

在布达佩斯,新任国家队主帅、也是国足第一任洋帅约瑟夫已做好了准备。他是个事业心很强的人,长期同中国队在一起集训,和妻子很少见面。他对中国小伙子都用昵称,年维泗被称作"山尼",这是小年的谐音。

约瑟夫特别讲究动作的规范,凡是不正确的动作,他都绝不会放过。由于求学心切,有一次中国队球员曾利用假期在网球场地练习足球基本功,约瑟夫看见后却狠狠地批评了他们,表示练技术动作时他必须要亲眼看着,否则练错就不好纠正了。

刚到匈牙利时,一些队员颠球才能颠几下,连所住饭店的服务员都不如。那时中国队甚至没有能力和匈牙利联赛的丙级球队比赛,约瑟夫就经常约一些工厂、学校的球队来对垒。

在匈牙利一年半的训练,中国队进步神速,年维泗每隔3个月就觉得提高了一大块,甚至觉得前3个月对足球的认识是肤浅的。

检验实力的一次大型比赛是世界青年联欢节,中国队对阵波兰队时,很多人都认为最保守的比分也应该是波兰6比0。比赛开始后,中国队特别积极,几个回合后,大家发现自己的本事确实涨了,以往一筹莫展、任人摆布的局面没有了。比赛最后结果是中国队2比3失利,但已经是极大的进步,中国球员一下有了信心。

既然有了进步,那就要用到实处,冲击1958年瑞典世界杯的任务接踵而来。

第一次为国出征世界大赛，心跳不由自主加快了

1955 年 10 月，中国队结束了在匈牙利的学习，在归国途中，他们和苏联的两支甲级球队进行比赛。

那是两支欧洲强队，中国队一则实力不够，二则第一次在灯光下打比赛不适应，两场球都输了。但中国队也并非不堪一击，比分输得也并不难堪。

此后中国队多方安排训练和比赛，为世界杯预选赛做准备。

1957 年冲击瑞典世界杯，中国队的第一个对手是印度尼西亚队。虽然现在印尼队算不上是强队，但在 20 世纪 50 年代却是亚洲强队。

国足前往印尼首都雅加达参加首场比赛，一下飞机就像进了蒸笼，又湿又热。这种天气，别说打比赛，待着都很难受。

印尼队教练看中国队练球后很吃惊，认为中国人实力很强大，印尼队将很难对付。

比赛那天，雅加达体育场被球迷挤得满满当当，这让在现场的中国球员都有些紧张。

年维泗后来回忆说，这是他们第一次代表国家参加这么大的比赛，胸前的国徽让自己感受到这场球的分量，大家都想赢下印尼队，越是这么想，心跳就越快，神情也变得非常严肃。

领队黄中赶紧安慰大家，"心跳快了等于自己多打了十多分钟比赛，要留着劲儿跟印尼队打。"

然而在雅加达的比赛，中国队却 0 比 2 输了。按照比赛赛程，中国队将在北京和印尼队进行第二次交手，年维泗和队友们都期盼那天快点到来，期待在北京取得胜利。

门前6米，年维泗错失了绝佳机会

早在比赛前两天，北京先农坛体育场外就排起长龙，球迷们拿着板凳披着毛衣在半夜里排队等着买球票。

年维泗也被各路亲朋好友要门票的请求弄得焦躁不安，球队领导为了让大家集中精力，决定给每个人两张票。

年维泗把一张票留给了父亲，另一张票却送给了一位素不相识的球迷，原来那是南京一所大学的老师，为看球特地来到北京，在门票已经售完的情况下，硬着头皮给年维泗写信，年维泗感动之余，亲手把球票交到对方手中。

比赛开始了，才1分多钟，中国队就两次攻入对方禁区，张宏根起脚破门，1比0领先。仅仅几分钟后，一个球从对方横梁上弹出，年维泗用胸把球撞进球门，连人带球一起碰到网上。

连丢两球的印尼队却不慌张，打得有板有眼。反而是中国队，在下半场3比1领先的情况下没能控制住局势，被印尼队3比3逼平。比赛快结束了，如果这个比分到终场，那就连附加赛资格都没有了。好在老队员王陆一脚定乾坤，帮国足4比3取胜，获得了在第三地缅甸仰光打附加赛的机会。

遗憾的是，在仰光，年维泗在门前6米的时候，接队友妙传，却射到对手守门员的怀里。0比0的比分，让中国队因净胜球少，无缘下一轮比赛。

中国国足第一次冲击世界杯的经历就这样结束了，但那一代足球人勇于拼搏、顽强奋斗的精神，值得现在的足球人去学习。

容国团:
人生能有几回搏

姓名:容国团

性别:男

项目:乒乓球

代表荣誉:第 25 届世乒赛男单冠军(1959 年)

第 26 届世乒赛男团冠军(1961 年)

1959 年 4 月 5 日,在德国多特蒙德(当时属于联邦德国)的威斯特代里亚体育馆里,第 25 届世界乒乓锦标赛(以下简称:世乒赛)男单决赛即将展开。在球桌两面,分别是匈牙利世乒赛九金得主西多,以及中国名不见经传的选手容国团。

容国团要是能夺冠,这将是中华人民共和国成立近十年来获得的第一个世界冠军。

容国团曾在一年多以前，立下了一年夺取世界冠军的宏伟目标，但遭遇了很多人的不解和嘲笑。如今离实现目标仅仅一步之遥，他能实现梦想吗?

在几千公里之外的中国，也有很多人在焦急地等待着这场比赛的结果，这里既有已从嘲笑变为敬佩的队友们，也有对儿子体质深深担忧的容国团的父亲容勉之。

在父亲鼓励下第一次拿起乒乓球拍

1937 年 8 月 10 日，一个男婴出生在香港一个普通家庭，父亲容勉之因为一个多月前日本悍然发动了"七七事变"，他希望能有一个强大的国家和团结的民族来抵御外国侵略，因此给孩子取名容国团。

4 岁时，容国团因香港沦陷，曾随父亲返回老家广东省中山县。就是在中山县，年幼的容国团第一次拿起了乒乓球拍。

容国团打球得到了容勉之的大力支持。没有球桌，容勉之就拿两个凳子撑住一张木床板代替;没有球网，一根横在中间的竹竿也足以应付。当容勉之在家时，父子两人常常拿着乒乓球光板推来挡去。当容勉之外出，容国团就一个人对着墙壁乒乒乓乓地练习。

容勉之时常鼓励儿子，告诉他行行出状元，打乒乓球也可以有大作为。但容勉之当时也许没料到，这番鼓励，日后竟然培养出新中国第一位世界冠军。

1948 年，少年容国团在香港的一所教会学校读书，在这里，容国团的学习成绩和乒乓球水平都突飞猛进，经常能代表学校参加各种乒乓球比赛，也带回了大大小小各种锦旗。

就这样，容国团渐渐在香港的乒乓球圈崭露头角，还被香港当地的体育媒体多次报道和赞誉。

1957 年初，容国团组建的公民乒乓球队备战香港乒乓球锦标赛。为了打出水平打出气势，容国团全面学习当时乒坛霸主日本队的球风，尤其是日本球员田中利明和荻村伊智朗力主进攻的"搏杀格"。

但容国团没想到，这次乒乓球锦标赛还带来一场风波，并对他产生了深远的影响。

拒绝放水，一举打破香港乒坛史上纪录

1957年的初春，一年一度的香港乒乓球锦标赛如约开战。

虽说容国团是香港乒坛冉冉升起的新星，但毕竟羽翼未丰，他和他的公民队，并未被大家当成夺冠热门。拥有两大名将的南华队，也并未把公民队当成自己的主要对手，而是把目光放在中升队等其他劲旅身上。

当公民队一路过关斩将，杀入决赛，来到南华队跟前时，大家才如梦方醒，开始留意起队中主将容国团来。

南华队心中不安，他们非常想要这个冠军，但又担心打不过公民队，于是打起了小算盘。

决赛前，有人找到了容国团，一顿说辞，大意就是未来是你们的，请求高抬贵手现在先让我们夺冠。言毕，对方还拿出一沓钱来。

容国团非常生气，把钱推了回去。回家后，他跟父亲容勉之说起有人让他打假球的事，感觉非常气愤，但同时又担心得罪香港乒乓球总会，被后者"穿小鞋"，以后没球打。

容勉之安慰他："怕什么，香港没球打，以后可以回祖国效力。"

容国团得到父亲鼓励后，回到队里鼓舞大家士气，在容国团带动下，公民队在团体决赛中打败南华队获得团体冠军。士气大振的容国团随后和队友合作，在男子双打比赛中又笑到最后。

在最后进行的单打比赛，容国团出色发挥，力克多位名将，夺得男单冠军。这是香港乒坛史上首次有人能在一届比赛中连夺三个冠军。从此，容国团受到香港乒乓球迷的追捧，只要有他比赛或者表演的场次，一定是爆满。

那容国团担心的香港乒乓球总会的"小鞋"，会来吗？

被安排打世界冠军，是"小鞋"也是机遇

1957年的4月下旬，当时乒坛霸主日本队在获得世乒赛四金以后来香港访问比赛。

第一天的比赛,香港队派出的球员出师不利,纷纷折戟。第二天,香港队派出了容国团等七人参赛,其中容国团对阵两届世乒赛男单冠军、也是他曾经学习的"老师"荻村伊智朗。这个阵容一出,舆论哗然。

大家不满的原因有两点,一点是没有派最强阵容,另一点是让容国团对阵世界最强球员,摆明是要请"菩萨"来挫容国团的锐气。

容国团也向赛会提出了抗议,但转念一想,又觉得自己也没什么可怕的,"他是瓷器,我是缸瓦,拼出去碰一下。"

容国团和荻村伊智朗出场了,全场观众鸦雀无声,都为容国团捏了一把汗,希望他不要输得太惨。

比赛开始,双方拼得很凶,第一局容国团竟然以 21 比 19 赢了(当时的赛制是每局 21 分制,和现在的每局 11 分制有区别),看到这一成绩全场沸腾了。第二局,容国团再接再厉,竟以 21 比 13 较为悬殊的比分获胜。整个赛场中掌声、欢呼声不绝于耳,队友们也纷纷上前祝贺。

面对胜利,容国团很冷静,认为第一局要不是荻村伊智朗在 19 平的关键时刻发球出界,谁胜谁负还不好说。但也正是因为这场胜利,容国团暗暗立下要争夺世界冠军的雄心。

但世界冠军该怎么去拿呢?

报效祖国,立志一年内获得世界冠军

1957 年 10 月,身患肺结核的容国团收到了祖国的召唤,他十分感动,决心报效祖国,为国效力。

11 月初,容国团跨过罗湖桥,到广州体院报到。在广州,容国团受到教练、队友的热情迎接和关怀照顾,他一边治病,一边刻苦训练,动足脑筋琢磨克敌制胜的办法。

容国团在训练之余想,在香港那么差的环境下,自己都能战胜荻村伊智朗,现在条件这么好,自己一定要有所作为、为国争光。容国团暗下决心,写了一个计划提交给教练组。

当主管教练看到计划上写着"一年内获得世界冠军"字样的时候,有些吃惊,当时中国乒乓球队的实力远不能和霸主日本队相比,也打不过老牌霸主匈牙利队。教练认为,一年夺冠的难度实在太大了,他劝容国团把目标改成三年后的 1961

年世乒赛上再夺冠。

　　容国团不情愿地把"一"改成了"三"，但在他心目中，"一"的目标不曾动摇。尽管此后，世界冠军梦想屡屡被质疑，但这个瘦高并还带有大病初愈疲态的男孩没有丝毫放弃。

　　1958 年 4 月，容国团在面对来访的匈牙利名将别尔切克时，两次战胜对手，打破其不败神话。这一战绩为半年后容国团进京备战第 25 届世乒赛奠定了坚实的基础。

　　北京的隆冬，寒风凛冽，让从小在南方长大的容国团极不适应，即便如此，容国团始终咬紧牙关刻苦训练，从未因为严寒而对自己有所放松。

　　让容国团内心更温暖的是，和在香港单打独斗不同，在北京，他得到了教练和队友们的大力支持。无论容国团想练什么样的球，都有人心甘情愿给他当陪练，无论是削球还是对攻，无论是正手还是反手，都有人主动来当绿叶。

　　容国团对此既兴奋又感动，在日记本上不断记录自己的心得和体会，为即将开始的世乒赛铆足了劲。

当国歌响起的时候，容国团早已热泪盈眶

　　1959 年的 3 月底，第 25 届世乒赛在多特蒙德拉开帷幕。中国选手令人震惊地包揽了男子单打八强席位的半壁江山，这其中就包括容国团、徐寅生。但遗憾的是，最终只有容国团一人晋级四强，他随后战胜美国选手迈尔斯进入决赛。

　　终于站在决赛的赛场上，一年前，容国团交上一年夺冠的计划，但被要求改为三年，如今，容国团有机会把这个"三"重新改为"一"。

　　比赛开始了，容国团的决赛对手是老牌劲旅匈牙利队的世乒赛 9 冠得主西多。第一局，容国团 21 比 23 失利，但他很快调整心态和战术，21 比 12、21 比 15、21 比 14，连扳三局，以 3 比 1 的总比分获得最后的胜利。

　　当宏伟雄壮的中国国歌在赛场上响起的时候，当一面鲜艳的五星红旗首次在世界体育大赛中以"冠军"的身份升起的时候，容国团早已热泪盈眶……

　　容国团为中华民族赢得第一个世界冠军的喜讯传回国内，举国振奋，全国各地的报纸纷纷在重要版面刊登了容国团夺冠的消息。各种贺电贺信也纷至沓来，纷纷对容国团表达祝贺之情。无数青少年也纷纷把容国团当作学习的榜样。

　　值得一提的是，如今在乒乓球器具里驰名中外的"双喜"品牌，其中一喜就是

纪念容国团获得世乒赛冠军,可见容国团当年夺冠的影响深远。

虽然夺了冠,但容国团深知自己的使命尚未完成,因为就在他夺冠的当天,国际乒联决定把两年后的第26届世乒赛举办地放在北京,容国团明白,还有硬仗等着他。

"一生能有几回搏?此时不搏更待何时!"

1961年4月9日晚,北京工人体育馆里人声鼎沸,第26届世乒赛男团决赛正在进行,对阵双方分别是中国队及男团五连霸的日本队。

比赛已经进行了7场,比分是中国队4比3领先(当时比赛赛制是9场5胜制),中国队只要在随后的两场单打比赛中拿下任意一场,就将会是史上第一次获得团体比赛的世界冠军。可以说,形势对中国队一片大好。

可容国团在休息室里却有些发呆,他打得太糟了,日本队夺得的3分里,有2分是他丢掉的,这让即将上场的他有点茫然。

容国团第一次上场,对阵的正是他赖以成名的对手荻村伊智朗,结果容国团以两个19比21败北。第二次上场,容国团在中国场分3比2领先的情况下,再次败北,被日本把场分扳平。

第三次登场,容国团将对阵同样丢掉2分的星野展弥。正在踌躇的时候,教练和队友纷纷走上前来为容国团打气,给容国团出谋划策。

得到大家鼓舞,容国团一下信心倍增,说出影响中国体坛几十年的名言:"一生能有几回搏?此时不搏更待何时!"

容国团上场后,在第一局取胜、第二局取得20比17的赛点时,却意外失误,最后拱手把第二局送了出去。两人打成了1比1,将开始第三局比赛。

第三局,当小分又到20比18的关键比分时,现场观众都站起来为容国团呐喊助威。最后一个球,容国团奋力扣杀,星野展弥回球下网,21比18!容国团赢了,中国男团赢了!容国团兴奋得跳了起来。这个冠军,来得太不容易了!

这个胜利,不仅仅结束了日本队在世界乒坛上长达十年的霸主地位,更开启了中国队未来五十多年在世界乒坛上长期领先的格局。

两年后,容国团退役并转行成了教练。在教练岗位上,他带领中国女队获得了世乒赛女团冠军。

陈祖德:
打破日本九段不败神话

资料

姓名:陈祖德

性别:男

项目:围棋

代表荣誉:率先打破日本九段不败神话

1961年9月,日本围棋代表团访华,54岁的日本女棋手伊藤友惠五段横扫中国所有顶尖高手,取得八战全胜的成绩。这一战绩震惊了全国所有的围棋爱好者,也刺激了所有中国棋手的心。

围棋明明是中国发明的,为什么下不过日本?比赛亲历者陈祖德时年17岁,这次比赛给了他极大的震撼,他也一直在思考这个问题。多年以后,陈祖德在自己的回忆录《超越自我》中,把描写这次比赛经历的篇章命名为《国耻》。

陈毅元帅也把打破日本九段不败神话的重任给予了陈祖德。

顾先生一拍桌子：这个孩子我收下了

1951 年的一个星期天，上海市襄阳公园的一个角落里，很多围棋棋迷围住了一张棋盘。引人注目的是，对局的双方分别是一位年近六旬的老者，和一个七岁的学童。

年长者就是大名鼎鼎的围棋名家顾如水，早在 20 世纪 20 年代，他就发掘了围棋天才吴清源，并把吴清源送到日本学棋。学童名叫陈祖德，他在父亲的培养下开始学棋，天赋一点点展现出来，现在需要一个水平更高的老师来指点。因此，这盘让 7 子棋是一次"入学考试"。

随着棋局变化，陈祖德的优势不断减小，但并未溃散，依然显出饱满的战斗力。陈祖德后来回忆，当棋局过半时，顾如水突然一拍桌子，高兴地说："这个孩子我收下了！"

陈祖德与顾如水家很近，因此他学棋非常方便。有了顾如水的指点，陈祖德的围棋水平突飞猛进。虽然顾如水没有固定收入，要靠下指导棋谋生，但教陈祖德下棋却分文不收，多年以后提及此事陈祖德依然非常感激。

陈祖德 9 岁的时候，和顾如水下了一盘让 5 子棋，陈祖德获胜以后，顾如水非常高兴，把棋谱寄给远在日本并已成长为日本围棋第一人的吴清源。

1954 年，日本的《棋道》杂志上发表了此对局，吴清源的恩师濑越宪作做了讲解，并把陈祖德评价为又一个吴清源式的神童。

"将来和日本的围棋交流，要靠你们显身手了"

陈祖德 10 岁的时候，引起了陈毅元帅（当时尚未授衔）的注意。

陈毅元帅时任上海市市长，他对围棋情有独钟，即使在战争年代，仍时常和人下棋。他认为应推动围棋运动在民间发展，同时振兴民族的凝聚力。他一直关心围棋发展，也因此了解到有个叫陈祖德的围棋神童。

有一天，陈毅邀请陈祖德到家中下棋。在路上，顾如水一直提醒陈祖德，和市长下棋要有礼貌，不能下得太凶。

但一坐到棋盘前，陈祖德完全把老师的话忘记了，心思完全在棋上，步步紧逼，丝毫不放松。这反而让陈毅非常高兴。

下完棋后，陈毅吃饭时特意把陈祖德拉到身边坐下，笑着说："刚才在棋盘上杀个你死我活，现在我们可是好朋友了。"

陈毅从上海调任中央的时候，又把陈祖德等人接去，告诉他们："我在上海抓了围棋，到了中央还要抓的。我要争取实现和日本的围棋交流，到那时要看你们显身手了。"

陈毅还专门和陈祖德说："陈祖德，要好好学习，将来属于你这样的年轻人。我下次来上海还要找你，还要和你比试一番呢。"

陈祖德听到这些话，心里热乎乎的，也决心因此把围棋下好。

那晚彻夜难眠，多次发誓要夺冠

1959 年，新中国成立 10 周年，第一届全国体育运动会即将召开。15 岁的陈祖德和其他运动员一起来到上海体育宫进行集训备战。

在体育宫，全上海市的围棋名手都集中到一起，这里既有老一代的棋手刘棣怀、王幼宸，也有更年轻的少年棋手吴淞笙。

看到吴淞笙比自己还小一岁，陈祖德非常惊讶。在集训时，陈祖德和吴淞笙不断切磋棋艺，并虚心、刻苦地向两位老前辈学习。两位前辈也放下架子，和陈祖德下分先棋（高手和低手下棋往往要让子，分先即不让子，平手下棋），以激励晚辈进步。

在集训中，陈祖德感慨，这么好的学习条件，自己比以前的棋手少走了很多弯路，以前几十年才得到的功夫，现在年轻棋手一两年就学到手了。因此陈祖德下决心一定要把围棋学好。

有一次在寝室闲聊，其他项目的选手问陈祖德："你觉得自己水平怎么样？"陈祖德脱口而出："我觉得自己一定能下好。"有人开玩笑说："你这臭棋还要吹？"陈祖德一下子坐起来，说："我一定能拿冠军。"说着说着，陈祖德一下子火了，瘦弱的他摆出了要动武的架势。

当对方服软以后，陈祖德彻夜难眠，那一夜多次在心中暗暗发誓，一定要夺冠，并告诫自己，一个运动员如果不想当冠军那怎么能是个好运动员呢？如果不能夺取全国冠军又有什么出息呢？

耻辱！一位54岁的日本女棋手居然横扫中国棋坛

然而，即使赢了全国冠军，离围棋巅峰依然还很遥远。这个答案，陈祖德1960年就亲身体验过了。

1960年春，日本围棋代表团第一次访华。在比赛中，陈祖德三战尽墨，而中日的总比分是悬殊的2.5比32.5。而更让整个中国围棋界难堪的场面还在一年后。

1961年，日本围棋代表团第二次访华。为了准备这次对抗赛，陈祖德和其他围棋好手都集中到北京集训。

但集训后的比赛结果依然让人痛心，中国棋手再一次以5胜34负1和的悬殊比分落败。让人更痛心的是，日本54岁的女棋手伊藤友惠居然横扫中国所有顶尖棋手，八战全胜。

输棋后的陈祖德走出赛场，听到场外观众的冷嘲热讽，内心阵阵刺痛，就像被人用鞭子抽了一样。

让伊藤友惠八战全胜，陈祖德觉得特别耻辱，暗暗发誓下次一定要做胜利者，要让全国棋迷满意。

机会果然很快来了，1962年，中国围棋代表团访日，中国棋手虽然没能胜利，但至少分庭抗礼，没有像前两次那样惨败，7轮的战绩是12胜23负。《朝日新闻》这样评论："中国棋手在日本的三个星期中水平提高了一个子。"

但这次比赛，陈祖德也付出了惨痛的代价，因为水土不服，到日本没多久就得了肠炎，每天要多次上厕所，便中带着鲜血。但因为怕影响比赛，陈祖德硬是咬牙挺了三周，没让一个人知道他的病情。

正是因为有强烈的上进心，陈祖德棋艺水平突飞猛进，翻身仗很快就来了。

战胜日本九段后，陈祖德胃疼得几乎无法说话

　　1963年，整个围棋界都在准备与日本围棋代表团的对抗赛。当大家看到来访名单后，所有人都觉得不好应付——这次日本代表团的团长是杉内雅男九段，是个非常老练的棋手。代表团中还有几位实力强劲的职业棋手，可以说这个阵容比1961年访华的阵容实力高了一块。

　　这给中国棋手带来很大的压力，为了让已经成长为中国围棋第一人的陈祖德摸清楚对手状况，领队决定让陈祖德第一轮比赛先观战。

　　当看到第一轮中方五名棋手先后败北，陈祖德内心非常痛苦，脑子里只有一个想法，那就是一旦自己上场一定要赢。

　　带着强大的好胜心，陈祖德走上赛场，取得了三连胜的好成绩。这三场比赛都异常艰苦，尤其是第三场对阵桑原七段的比赛，双方缠斗了十多个小时，最后陈祖德以半子的优势险胜。

　　然而，更艰苦的战斗还在后面。

　　陈祖德作为中方主将，对阵日方主将杉内雅男九段。比赛虽然是让先(围棋规定，持黑先走的棋手因为有优势，因此要贴目给持白的棋手，让先则是黑棋先走不贴目)，但毕竟对手是日本九段，陈祖德格外重视。

　　杉内九段经验老到，下棋滴水不漏，陈祖德开始频频思考。当比赛进入中盘后，陈祖德决定先死死咬住局势，等结尾的收官阶段再想办法取胜。果然下到后面，由于陈祖德拼死防守，杉内九段也开始紧张了。

　　这时，其他比赛都已经下完，所有人都在关心这一局，观战者都围拢过来，把这局棋包得严严实实。

　　当棋下到最后，一直弓着身子看棋盘的陈祖德往椅背上一靠，说："一目(胜)。"杉内九段则说："请等一等，让我想一想。"过了一会，他点头认输。

　　这是中国棋手首次战胜日本九段棋手，虽然是让先，但仍然意义重大。当人们前来祝贺的时候，陈祖德已经胃疼得几乎说不出话。

周总理勉励围棋发展的话支持陈祖德前行

比赛结束后，陈毅副总理设宴招待日本围棋代表团。听说周总理也要出席宴会，陈祖德和同伴们无不欢欣鼓舞。

宴会开始后，大家入席。陈祖德边上还留着一个座位，这显然是给周总理准备的。陈祖德内心忐忑不安，既高兴又担心，生怕周总理太忙没时间出席。

过了一会，周总理来到宴会厅。陈祖德非常兴奋，甚至有点手足无措。他后来在回忆录中写道："我记忆仓库里的一切已消失殆尽，我只剩下一个知觉：我见到周总理了。此外我什么也不知道，什么也答不上。"

周总理在宴会上勉励围棋大力发展的话，此后一直支持着陈祖德前进的脚步。

1965年，陈祖德分先战胜日本棋手岩田达明九段，这是中国棋手第一次在平等条件下战胜日本九段。

1981年，陈祖德与吴淞笙、聂卫平被授予中国棋院第一批九段称号。同时，已走上围棋领导岗位的陈祖德也大力推广围棋在中国的发展。

到2020年底，中国棋院诞生了21位围棋世界冠军，在各项世界大赛中共获得44顶桂冠，在国际赛场的战绩已经全面领先日本棋手，围棋在中国得到蓬勃发展。这些都和陈祖德及老一辈围棋手奠基是分不开的。

奋斗时代

（1979—1990 年）

1978 年 12 月,中国共产党第十一届三中全会提出改革开放,全国经济全面复苏,中国体育也开始蓬勃发展。

在此之前,中国体育已逐渐重返国际赛场,并取得了一定的成绩。1973 年,中国恢复了在亚运会的合法席位,并在次年参加了德黑兰亚运会,并以 33 金的成绩名列金牌榜第二位,虽然这个数量尚且不到排名第一的日本队金牌数一半,但毕竟我们已经回来了。最引人注目的是,中国在 1979 年重返奥林匹克大家庭。

1979 年 10 月 25 日,国际奥委会执委会在日本名古屋举行会议,一致通过决议,恢复中国在国际奥委会的合法席位。11 月 26 日,国际奥委会经过全体委员的通信表决,以 62 票赞成、17 票反对,批准了执委会 10 月在日本名古屋做出的关于中国代表权的决议。

这意味着,中国体育开始和世界体育全面接轨。

一连串的好成绩开始诞生。比如 1980 年,黄玉斌在体操世界杯的吊环项目上,成为新中国第一个体操世界冠军;1981 年,陈肖霞成为新中国第一个跳水世界冠军;1983 年到 1984 年,朱建华 3 次打破男子跳高世界纪录……

在这个"0"到"1"突破的列表上有长长一串的名单,其中最引人注目的则是中国女排和许海峰。

1981 年 11 月 16 日,在第三届女排世界杯上,以孙晋芳、张蓉芳、郎平、陈招娣等人为代表的中国女排七战全胜获得冠军,这也是新中国第一次获得集体项目世界冠军,从此女排精神席卷大江南北,直至今日。

1984 年 7 月 29 日,许海峰为中国获得奥运历史第一金,实现"0"的突破。

从这一长串的成绩单中可以看出,这是一个奋斗的年代,体育行业与全国各行业一样,在努力缩短与世界的距离。从这里,可以看到运动员们在艰苦环境下刻苦训练,艰难摸索体育发展的规律,以便迎头赶上,站在世界体育的前列。

这其中也有遗憾。中国男足在冲击 1982 年西班牙世界杯时,由于经验不足,以为已稳获出线权而放松警惕,结果仓促之下对附加赛准备不足,1 比 2 不敌新西兰,把第一次打入世界杯决赛圈时间整整推迟了 20 年。

这也是一个承上启下的时代,虽有 1988 年汉城(如今的首尔)奥运会的不尽人意,但总体成绩一路向上。到了 1990 年北京亚运会,中国代表团以 183 金的成绩遥遥领先,比第二名韩国获得金牌数量的 3 倍还多。

从此以后,中国在亚洲已无对手,开始把目光集中在世界舞台,去争取更广阔的天空。

郎平：
把挂在别人脖子上的金牌摘下来！

资料

姓名：郎平

性别：女

项目：排球

代表荣誉：1981 年女排世界杯冠军

1982 年女排世锦赛冠军

1984 年奥运会女排冠军

1985 年女排世界杯冠军

（以上成绩为运动员时期）

20 世纪 80 年代，中国女排横扫世界排坛，取得五连冠的光辉成绩。队中的"铁榔头"郎平尤其引人注意，她在场上威力十足，扣球往往能一锤定音；在场下她说起话来幽默风趣、平易近人。

1984 年的洛杉矶奥运会女排决赛，中国女排将和小组赛曾战胜自己的美国队争夺冠军。在运动员入口，电视屏幕上有一幅画面，美国教练塞林格、队员海曼等四人的头像上分别挂上了金光闪闪的金牌。这显然是电视台提前制作好的，等美国一夺冠就播放出去。

当看到队友很生气的时候，天生幽默的郎平满不在乎："怎么样？我们要把挂在别人脖子上的金牌摘下来！加油干吧！"最终，郎平和队友们一起实现了这个愿望，中国女排第一次获得金牌，登上最高领奖台。

"每天走进训练馆腿就发抖，就怕最后加练"

郎平 1960 年出生于武清县（今天天津市武清区），从小就个子高，但也显得更瘦。小时候的郎平并没有接触过体育运动，"就记得她跳皮筋跳得特别好。"郎平的姐姐说。

1973 年前后，打排球出身的孟晋华看中了身高腿长、体质突出的郎平，并在不久后把她推荐给北京市工人体育场体校的王桂芳教练，郎平从此开始了近 50年的排球生涯。

1976 年，刚组队的中国女排在漳州集训，主教练袁伟民听说北京青年队有个新来的苗子叫郎平，既有能力又肯吃苦。袁伟民赶紧去看了一下，发现这孩子不仅个高而且很灵活，反应也很快。就这样，不满 16 岁的郎平给袁伟民留下了很好的印象。

袁伟民又陆续观察了郎平近两年的时间，发现郎平争强好胜、不甘落后，这种比赛作风正是袁伟民所需要的。

1978 年，袁伟民决定把郎平吸收进国家队重点培养。这对郎平来说既是机遇，又是一条铺满荆棘的路。

所有新队员进入国家队都会特别辛苦，第一是运动量特别大，训练节奏快；第二是教练要求十分严格，尤其会盯着新队员紧抓不放。

郎平入队时袁伟民对她抓得尤其紧，经常留下来加练。

"每天走进训练馆腿就发抖，就怕最后加练。"回忆起刚进国家队的苦日子，郎平说她一辈子都不会忘。

但付出的努力不会白费，这个被袁伟民精心雕刻的明珠很快就会闪烁光芒，给世界排坛带来强大的冲击。

袁伟民愿为培养郎平付出"丢冠军"的学费

1978年底,中国女排出征曼谷亚运会,进队刚两个月的郎平第一次出国参加国际比赛。虽说队中的主攻手是张蓉芳和杨希,两人的技术水平都在郎平之上,但袁伟民有意想锻炼一下郎平,关键时刻想把她作为奇兵派上场。

12月10日,那天正好是郎平18岁生日,第一次穿上印有"中国"字样的球衣,郎平威力十足,强攻屡屡得手,中国队也3比1战胜韩国进入决赛。

但决赛打日本,首发登场的郎平却发挥失常了,扣球往往无功而返,被对手盯死,中国队也0比3不敌日本,与冠军无缘。

回国后,中国女排收到很多观众的来信,其中不乏批评的声音,指责袁伟民不应该起用新人。但袁伟民不为所动,他早就想好了,要用郎平就要付出代价,他要坚持把这步棋走下去。

国际上的排球专业人士也意识到了这点,专家们的眼光和袁伟民一样,他们认为郎平将大有作为。外电评论:"由于郎平的出现,中国女排水平将提高一大截。"

很快郎平就向大家展示,袁伟民的选择是正确的。

半年以后,中国女排出访日本,郎平成长为主力队员,每场比赛都会登场。当喜爱排球的日本球迷看到中国女排上了一个新人时,都很惊讶。看完比赛后,大家很吃惊地表示:"中国女排怎么出了一个这么厉害新秀?"日本报纸也发表文章:"郎平打乱了日本女排的阵脚。"

这一切都是袁伟民精心培养的结果。他一直把郎平当尖子球员来磨炼:"尖子球员不仅技术上是顶梁柱,意志品质也要过硬,有威信,能贯彻教练意图。尖子球员的这些特性,不是自然形成的,要靠教练悉心培养。"

顽强拼搏、永不放弃的女排精神鼓舞了一代又一代人

被袁伟民当成尖子球员培养后,郎平进步非常快,而中国女排也进入了收获成绩的快车道。

1981 年 11 月 16 日，中国女排在日本大阪体育馆举行的第 3 届女排世界杯最后一场比赛中 3 比 2 战胜日本女排，第一次获得世界冠军，这也是新中国第一个团体项目的世界冠军，举国沸腾。

这是郎平第一次参加世界大赛，她进队三年还不到 21 周岁，却已经是队中的主力。在 11 月 15 日对阵美国队的关键之战中，郎平与对方的两颗"黑珍珠"海曼和克罗克特对轰，全场扣球 102 次，帮助中国女排 3 比 2 力克美国队。在一天后，郎平又和队员们一起战胜日本队夺得冠军。

值得一提的是，世界杯是循环赛，中国女排前六战全胜，最后一场比赛只要能在日本队身上赢得两局就将夺冠。因此中国女排 2 比 0 领先后因思想不集中，连丢两局。在第五局末 14 比 15 落后时，袁伟民大吼："要是拿了冠军却输给日本队，这冠军的价值就完全不同了。几亿观众在看着你们，拿不下这场球，你们会后悔一辈子！"最终，郎平和队友们一鼓作气 17 比 15 拿下决胜局，以七连胜登上领奖台。

中国女排这种顽强拼搏、永不放弃的精神，鼓舞了所有中国人，"女排精神"传遍神州大地，直到现在仍鼓舞着各行各业的劳动者。

回国以后，郎平和队友受到各界人士的热烈欢迎。郎平也经常收到厚厚的观众来信，以至于训练之余，回信成了首要任务。但郎平自己心里清楚，世界杯冠军只是开始，后面的路还长着呢。

绝境之下，郎平和两大主力连夜商讨解决难题

1981 年首次夺得世界杯之后，中国女排 1982 年迎来了在秘鲁举行的第 9 届世界女子排球锦标赛（以下简称：世锦赛），两连冠成为全队上下的目标。

这一年，中国女排遭遇较大困难，多名主力球员有伤在身，而周晓兰则在访问秘鲁比赛期间突发阑尾炎……

更大的压力是心理上的。多年以后，郎平回忆，"我们心里确实有压力，第一次拿了世界冠军，要保住冠军难度更大，你成了别人的目标，人家就天天琢磨你。我们在明处，大家都向我们冲击。"

在比赛中，郎平果然受到了对方的重点防范，原来扣一两板就能解决问题的球，往往要经过多个回合，甚至四五板才能奏效，究其原因，是对手对她做了深入的研究，什么时候起跳，会扣什么样的球，落点在哪里，人家都一清二楚。

小组赛第三场，中国女排 0 比 3 不敌美国队，有年轻球员当场落泪。因为小组

赛的成绩要带入复赛,这场失利使得中国女排的争冠前景骤然恶化。接下来的比赛,别说输一场,就连再输一局都进不了四强。

好在郎平依然冷静,作为场上的绝对主力之一,郎平和孙晋芳、张蓉芳一起开会研究讨论接下来可能遇到的问题以及解决办法。"一晚上没交流明白第二天继续,差不多有两三个晚上我们都没怎么睡好,最后终于把问题解决了。"郎平说。

复赛阶段,中国女排绝境之下爆发出巨大能量,面对古巴队、匈牙利队、苏联队和澳大利亚队等劲敌,真的做到了一局未丢,均以 3 比 0 战胜对手。复赛过后,中国队和美国队、古巴队同为 4 胜 1 负积 9 分,最终中国队以 3 个净胜局的优势,力压古巴队位列复赛小组次席,晋级四强。

此时的中国女排已经找回信心,郎平也展示了自己技术全面的特点,在半决赛对阵日本队时,郎平多次吊球、轻扣,而不是一味强攻,终于以 3 比 0 战胜对手,首次闯入世锦赛决赛,美国队则在半决赛爆冷不敌东道主秘鲁队。决赛中,中国女排姑娘顶住压力,以 15 比 1、15 比 5 和 15 比 11 直落三局拿下秘鲁队,首夺世锦赛冠军。

借着世锦赛冠军的身份,中国女排也获得了直接入围 1984 年奥运会的资格。

球队大换血后,郎平曾一度信心不足

世锦赛夺冠了,但也暴露了很多问题,想靠目前的阵容夺取奥运会冠军非常困难。因此,世锦赛后,中国女排大换血,郎平成为球队的副队长。

1983 年,新老交替的中国女排在亚洲女排锦标赛(以下简称:亚锦赛)上输给老对手日本,全队信心开始动摇,袁伟民准备在正副队长身上寻找突破口。

那年郴州冬训开始后,袁伟民找郎平谈心,问郎平对奥运会的期望。郎平除了说有信心克服困难争取夺冠外,也表达对新队员能力的担忧,觉得新队员的问题不是老队员们能够替代解决的。

听到郎平说出心里话,袁伟民开始帮助她梳理。

"你以前最大的优点是不断追求,从北京队到国家队,从第一次拿世界冠军到第二次拿世界冠军。现在,无非是什么都有了,金牌有了、十佳运动员的称号也有了,你也不是完全不想再拿奥运冠军,但是觉得困难实在太大,害怕下大功夫、吃大苦后,也许最后仍拿不到冠军。"

郎平还是觉得信心不足,认为球队换血后实力下降了,客观基础不具备了,还要夺取奥运冠军,这不是违背科学吗?

袁伟民耐心分析:"基础是可以创造的,现在离奥运会还有9个月,你还没进一步创造,怎么就知道不行了呢?"

在袁伟民的耐心指导下,郎平逐渐树立起奥运夺冠的信心和决心。

奥运会输给美国后,郎平先给队友减压

1984年洛杉矶奥运会开始了。

在前往洛杉矶的飞机上,郎平坐在靠过道的位子上,腿能够伸展,但还是很难受。迷迷糊糊之间,郎平被一只有力的大手推醒,她睁眼一看,是荣高棠顾问。1952年新中国第一次出征奥运会,代表团团长正是荣高棠。

荣高棠表示,他看见郎平的睡姿特别别扭,让她去头等舱休息。推来推去之后,郎平只好从命。但到了头等舱之后,郎平却睡不着,一心想着即将开始的比赛。

赛前适应时,郎平目睹了有球队身穿印有中国队队员姓名的衣服进行针对性训练,以前只是听说,这次亲眼所见后,郎平进一步感受到比赛的压力。

但郎平不改乐天派的性格,代表团团长李梦华来看女排的训练,郎平开玩笑说,8月3日对阵美国的小组赛,请团长加油打气,但不要到现场,一则怕团长血压升高,再则怕球队看到团长会紧张。

虽然开着玩笑,但大家都知道与美国队的比赛是一场硬仗,不好打,因此全队做足了准备。

精心准备的比赛还是输了,中国女排只能以小组第二出线,迎战老对手日本队。

球队回到奥运村已经是凌晨两点,袁伟民还是召集大家开会探讨失利原因,并特意找郎平谈心,帮郎平化解包袱。

谈完心后,郎平没有着急回自己的房间,反而先去安慰了队友,帮助她们宽心。

战胜日本后,郎平对奥运夺冠有了底

谁也没想到,中国女排半决赛打日本会打得这么顺利,3比0轻松过关,日本球员赛后都哭了。

日本主帅山田重雄说:"在中国队身上完全看不到输给美国后情绪上受影响,这让我非常佩服。"

赢了日本后,郎平心里有了底,她深深体会到,要战胜对手,首先要战胜自己,丢掉杂念才能豁得出去。郎平觉得这场球的胜利,打开了通往冠军的道路,心里踏实了百分之八十。

决赛当日,比赛的门票非常抢手,官方价格100美元一张的门票在黑市上已经上涨到300美元。美国球迷普遍认为美国女排能夺冠,电视台也预先做好准备,在美国教练和队员的头像上加上金牌,准备美国一夺冠就发出来。

在决赛中,郎平和小组赛判若两人,发挥出色,中国女排全队也信心十足,3比0力克美国夺冠,其中第二局甚至打出15比3(当时赛制为发球得分制,每局15分)的悬殊比分。

奥运夺金后,郎平和女排姑娘一起,把教练袁伟民抛向了空中。

郎平1985年随队获得世界杯冠军,随后退役,但她并没有离开排球事业。1986年,郎平作为教练辅佐张蓉芳获得世锦赛冠军,取得五连冠伟业。

此后郎平两度成为中国女排主帅,在2015年世界杯、2016年里约奥运会和2019年世界杯三度夺冠,并在2019年10月1日登上国庆70周年的花车。

朱建华:
飞翔的中国人

资料

姓名:朱建华

性别:男

项目:跳高

代表荣誉:1983 年、1984 年 3 次打破跳高

世界纪录

1983 年 6 月 11 日全运会预选赛,跳高预赛正在进行,比赛已接近尾声,天已渐暗,赛场上也只剩下朱建华一个人。

早在一年前已准备冲击世界纪录的朱建华,让裁判把横杆升到 2.34 米,准备先破亚洲纪录再说。然而起跳后,朱建华的身体已经都过去了,可是横杆还是落了下来。

他还有机会打破 2.36 米的世界纪录吗?

才18岁就打破保持11年的亚洲纪录

朱建华1963年出生在上海,他十岁的时候,被胡鸿飞教练选中,进了体校。

被教练挑选时,朱建华只是一个小学三年级的学生,并没练过体育,身高1.45米左右,很瘦小,协调能力也不强,但胡鸿飞觉得朱建华是一个可塑之才。

果然,才训练8个月后,朱建华在上海市小学生运动会上,跨越式跳过了1.10米的高度。

虽然朱建华进步明显,但胡鸿飞显然有更长远的打算,他不想揠苗助长。朱建华的腿又细又长,被同学们笑称为"羊腿",这时要是加强力量训练,腿部很容易受伤,而灵活、反应快的特点也会丢掉。

大重量的负重杠铃深蹲,朱建华14岁以后才开始练,7秒钟之内要快速深蹲5次,杠铃重量也从20公斤一路涨到60公斤。训练难度之大、强度之高,可见一斑。

有了科学的训练方法,朱建华的成绩突飞猛进,在世界各种青少年跳高比赛中,朱建华都名列前茅。

1981年,朱建华在第四届亚洲田径锦标赛中跳过2.30米,打破了当时已保持11年的亚洲纪录。刚到成年人的比赛就能创造这样的成绩,朱建华让人刮目相看。

但朱建华并没有放松,还有更远大的目标在等待着他去超越。早在1979年,胡鸿飞就在墙上2.29米和2.36米两个高度画上粗线,那是亚洲纪录和世界纪录,激励朱建华早日去打破。

刻苦冬训,瞄准世界新高度

1982年,朱建华越跳越高。

在北京国际田径邀请赛上,朱建华所有高度都是一次跳过,其中包括2.31米破亚洲纪录的高度。在新德里亚运会上,朱建华在跳出2.33米的亚洲新高度后,冲击2.37米世界纪录,但可惜没能成功。

胡鸿飞把这一切看在眼里,他认为,虽然亚运会跳得更高,其实状态并没有北京比赛时好,因为在北京都是一次过杆,而在新德里,好几个高度都要跳两三次才能过去,技术没有上半年稳定。

更让胡鸿飞忧心的是,亚运会回来后朱建华参加的社会活动太多,100多天里缺席了40多次训练课,体力和体能都有所下降。为此,胡鸿飞为朱建华制定了详细的训练目标。

1983年初的冬训,朱建华练得格外辛苦认真。即使是三九严冬,他身穿沉重的沙衣,一次又一次跳上1.30米的高台。虽然天气寒冷,但朱建华仍然满头大汗。整个春节期间,朱建华只休息了一天,大年三十晚上还在练,初一休息,初二就又练上了。

胡鸿飞看在眼里,但并不放松对朱建华的要求。每年冬训,朱建华的体重都会增加到72~73公斤。但这一年的冬训运动量大,体力消耗严重,朱建华的体重只有70公斤。

胡鸿飞硬起心肠,加大朱建华的训练难度和强度,毫不手软;而朱建华训练起来也相当认真,不打折扣。师徒俩的目标一致,都是为了早日创造2.37米的世界新高度。

开春后,胡鸿飞根据朱建华的训练结果,制定了详细的破纪录计划,第一次尝试就放在1983年五月的南京国际田径邀请赛上。

在南京比赛前,朱建华得到了各方面的细心呵护。营养师专门按照朱建华的饮食爱好打造食谱,并计算每天他需要的蛋白质、维生素和无机盐。医护人员为朱建华建立健康档案,关注他身体指标的每个变化,防止伤病出现……

到了南京国际田径邀请赛,朱建华觉得自己身体状况达到了最佳状态,自我感觉、体力、竞技状态都非常好,破纪录有望。

但正式比赛那天,天公不作美,风雨交加,朱建华只跳出2.26米的高度。眼看做好的准备都落空了,朱建华很懊丧。

回到上海后,胡鸿飞和队里的领导都安慰朱建华,"天气这么差,你还跳了2.26米,说明你是有实力的。加把劲,争取全运会预选赛再破纪录。"

当时也有意见称,距第一届世界田径锦标赛没多久了,不如放在那时再破纪录。胡鸿飞和朱建华都认为不妥,因为时间不等人,对手已经追上来了:美国选手帕克林已在近日跳过2.33米,另一名选手在室内跳过2.31米(因室内没风,因此最好成绩普遍不如室外成绩)。这些选手都对朱建华追赶很凶,因此要破纪录还得趁早。

横杆落下来后，朱建华懊恼地猛拍了一下大腿

6月11日全运会预选赛，跳高预赛正在进行，比赛已接近尾声，天已渐暗，赛场上也只剩下朱建华一个人。

虽然视线已经不太好，但朱建华却对横杆看得格外清晰。原来，近视的朱建华戴上了隐形眼镜。平时朱建华不喜欢戴，但这天胡鸿飞提醒他戴上，果然派上了用场。

朱建华让裁判把横杆升到2.34米，准备先破亚洲纪录再说。然而起跳后，朱建华的身体已经都过去了，但因为脚后跟蹭了一下，横杆还是落了下来。

懊恼的朱建华猛地拍了一下大腿，他没想到用力如此之大，腿上的印记一直到晚上十点多才褪下去。

但很快朱建华就冷静了下来，他分析自己腾空高度是够的，身体腾空后高出横杆不止三四厘米，只是最后脚后跟蹭了一下才没成功，这和去年亚运会上冲击纪录那次情况一样。

朱建华又想起胡鸿飞的叮嘱，如果出现和亚运会相同的状况，就证明自己是有实力的，应该大胆冲击一下世界纪录。

想到这里，朱建华怀着强烈的自信，当机立断，让裁判一下子把横杆升到了2.37米。

一年内三次打破世界纪录

横杆升了起来，朱建华大脑放空，只有"冲"一个念头，只见他飞快地助跑，有力地踏跳，身体凌空而起，第一次试跳就轻松地越过2.37米的横杆。

新的世界纪录！这也是中国体育重返世界体育舞台后创造的第一个田径世界纪录。巧合的是，中国体育创造的第一个田径世界纪录也是跳高项目，是郑凤荣在1957年创造的。

朱建华跳过横杆后，被众人高高抬起，之后朱建华飞快地跑向看台，紧紧握住了胡鸿飞的手。从胡教练选中他练跳高开始，整整十年，终于攻克世界纪录，这让

朱建华喜极而泣。

朱建华破纪录后，各地的贺信贺电也蜂拥而至。

郑凤荣表示："这一天终于盼来了，他没辜负大家的期望。"

国际田联主席内比奥罗表示："这一成绩，证实了我们在亚洲看到的巨大进步，希望以后能有更多的新纪录。"

国际奥委会主席萨马兰奇也发来了贺电，祝贺中国奥委会创造出这样的好成绩。

而各国的体育媒体也争相报道，意大利的米兰《体育报》打越洋电话到上海田径队采访，法国的《队报》则在头版发布照片……

破纪录后，朱建华的纪录还在继续。

1983 年 9 月 22 日，朱建华在上海进行的全运会决赛上，跳出了 2.38 米的新高度。

1984 年 6 月 10 日，朱建华又在德国埃伯施塔特国际跳高赛上创造了 2.39 米的新世界纪录。

不到一年的时间，朱建华三次打破世界纪录，世间罕见。

不过比较遗憾的是，在洛杉矶奥运会跳高决赛上，朱建华在状态正佳时比赛因故中断，他的节奏被打乱，此后没能跳过 2.33 米，收获一枚铜牌，虽然这并不是金牌，却也是中国体育的第一块奥运田径奖牌。

1988 年，朱建华退役，但他 2.39 米的全国纪录近 40 年仍未被打破，还在等着有后来者们去努力。

李玲蔚:
倔强不屈的一代羽毛球天后

资料

姓名:李玲蔚

性别:女

项目:羽毛球

代表荣誉:1983 年羽毛球世锦赛女单冠军等 13
个世界冠军

1983 年,分裂多年的世界羽毛球联合会与国际羽毛球联合会合并,在丹麦哥本哈根进行的第三届羽毛球世锦赛也因此成为高手云集的比赛,原来分裂到两大阵营的名将悉数参赛,夺冠难度比以前增加不少。

女单决赛后,丹麦女王玛格丽特二世走下主席台,准备为新科女单世界冠军颁奖。但是,冠军哪儿去了?人们发现,刚刚战胜队友韩爱萍夺冠的中国选手李玲蔚不见了。她去哪儿了呢?

李玲蔚把球拍使劲往地下一摔，"我不打了"

李玲蔚 1964 年出生于浙江省丽水市的一对中学教师家中。由于早产，小李玲蔚的体重只有四斤半。"这孩子不好养啊。"医生说。

外婆抱起李玲蔚说："我来养吧。"在外婆精心调教下，李玲蔚健康成长、活泼好动，但也养成了一个倔强、任性的性格。

李玲蔚在学校里非常喜欢运动，篮球、排球、跑步都喜欢，不过李玲蔚最喜欢羽毛球，瘦弱的李玲蔚在羽毛球场上表现得异常伶俐、果敢。

就这样，才 11 岁的李玲蔚就被选入浙江省羽毛球队，来到杭州集训。虽然离开了外婆，李玲蔚依然倔强、任性，也时常会和教练、队友发一些小脾气。

进省队以后，与李玲蔚同批的队员一共有七人，她的年龄排在第六，李玲蔚认为，自己当时正是年龄小、进队晚、水平差的那个人。

李玲蔚当时的水平和队友相差悬殊，训练时也根本打不到一起去。有时李玲蔚输到 0 比 10，对手过意不去，往往会故意输上一两分。

每次训练，另外六个人往往两两配对，剩下李玲蔚一个人孤零零在一旁练发球。

李玲蔚性格非常争强好胜，却又有些敏感。和同伴打不到一起去，李玲蔚心急如焚。当别人让球时，李玲蔚觉得很没面子，但真的得零分，她又会掉眼泪。

就这么胡思乱想，李玲蔚开始乱打起来。当教练温和地过来抚慰，李玲蔚反而火气上来，把拍子使劲往地上一摔："我不打了。"

神奇的红油漆让李玲蔚时常想起父亲的鞭策

李玲蔚的倔脾气，在队里是出了名的。教练们对此也很头疼，决定好好扳一下这个毛病。

以后每当李玲蔚闹脾气时，队里就会对她进行停训，让她写检查。李玲蔚不肯好好写检查，但每次停训后，她都会练得格外起劲，几天不练，李玲蔚就觉得手发痒，想多练练。

奋斗时代

41

有一次，新加坡羽毛球队访华，到上海打比赛。教练决定带小队员们去观摩，七个人带了六个，唯独没有带李玲蔚。这可严重刺伤李玲蔚的自尊心，她一气之下跑回家里向父亲哭诉。

父亲对李玲蔚在队中的表现一清二楚。原来李玲蔚的教练时常与她父亲通信，交流如何培养李玲蔚的心得，同时也会把她发脾气、被停训的事情一五一十告诉李玲蔚的父亲。

第二天早上，李玲蔚起床后，看到父亲拿着她自己的羽毛球拍走了进来，白色的球杆上刷了一道红色的油漆。

李玲蔚的父亲说："我刷上红漆，就是为了让你打球的时候，看到红色能想起爸爸的话，你就知道该怎么好好练了。"

李玲蔚心里还不太服气，觉得只要离开父母，看不看就由不得父母做主了，又有什么用呢？

但是说来也怪，回到省队以后，红油漆真发挥了作用，每当李玲蔚看到红油漆，就心潮澎湃，想起父亲的教导。从此李玲蔚开始认真训练，水平也得到很大的提高。

这把球拍也成为李玲蔚的钟爱之物，虽然后来在一次训练中球拍打断了，但红色的记忆却一直留在李玲蔚的心里。

李玲蔚哪里雨大故意往哪里跑，浑身湿透了

李玲蔚有了训练的主动性，但倔强的性格想一下子全部改掉并不容易。

经过一段时间的努力，李玲蔚的实力已经是队里的中上等水平，教练也开始有意强化训练她。

有一次，教练让李玲蔚练反手，和三名男队员对打。李玲蔚当时的防守技术还抵挡不了三名男队员扣杀，因此球总打不回去。李玲蔚心里很不舒服，一则是三个人陪她练，球总打不起来，耽误人家工夫，心里过意不去；再就是守不住线路，心里着急，很窝火。

教练看到这个样子也着急，就提醒李玲蔚应该如何应对。但越提醒李玲蔚越是束手无策，也就越打不好。教练一气之下，让李玲蔚先下来。李玲蔚心里有气，觉得不是自己不想好好练，而是实在没办法。因此下来后把球拍一丢，奔到场外坐下，一言不发。

教练也看出李玲蔚的抵触情绪，就罚李玲蔚去跑步。

李玲蔚来到操场上，开始慢跑，一直到训练课结束她也没有停止。教练出来，看到李玲蔚还在跑，赶紧叫她停下来。可李玲蔚觉得，"让我跑就跑，让我停就停，哪有那么容易。"

过了一会，下起雨来，教练急得不行，叫李玲蔚赶紧停下来。这时李玲蔚感觉非常委屈，眼泪止不住往外淌，和雨水混合在一起顺着脸庞流下来。即使这样，李玲蔚仍不停止脚步，哪里雨大往哪里跑，全身都湿透了，直到领队来劝她，李玲蔚才停下来，这时她已经两腿发软浑身没有力气了。

1978年后，李玲蔚慢慢改掉了情绪大起大落的毛病，开始自觉训练，有时觉得课上练得不好，也会自己加班加点训练。

"这孩子意志不错，这么困难的事都能顶下来"

李玲蔚开窍以后，水平提高得很快，也迎来了收获的季节。

1980年4月，16岁的李玲蔚去湖南郴州参加全国羽毛球分区赛，国家队的教练也去观看了比赛。李玲蔚的单打水平比双打水平更高，但那次比赛她双打夺冠，单打没发挥出来。

队里有消息灵通的小伙伴告诉李玲蔚，可能会调她去国家队集训，但小伙伴同时又说，国家队看中的是李玲蔚双打的实力，可是单打才有意思，双打多没劲啊，要是打双打就别去了。

听说自己有机会进国家队，李玲蔚暗自高兴，至于单打还是双打，李玲蔚不在乎，觉得只要能进队，早晚会让教练看到自己的单打水平，自己单打更好，不愁不让自己打单打。

没过多久，李玲蔚证实自己单打能力的机会来了。当年6月，全国青少年羽毛球比赛在武汉举行。李玲蔚由于比赛场次较多，脚上磨出两个血泡，大腿也拉伤了。

当李玲蔚在女单决赛与对手战成1比1时，疼痛难忍，坚持不下去了。领队关心地问："还能打吗？不行就算了吧。"但领队又随口说："已经打到决赛，不打也可惜了。"

李玲蔚斗志被点燃了，爽快地说："打，我一定要打下去。"比赛赢下来了，这件事也给国家队教练留下了很好的印象，他们说："这孩子意志不错，这么困难的事都能顶下来。"

1980年10月,李玲蔚被选入国家队集训。进国家队的时候,李玲蔚是抱着向高手学习的心态去的,但很快她就成了队里的佼佼者。

1980年12月,李玲蔚第一次代表中国参加国际比赛,在泰国的亚洲邀请赛上,李玲蔚获得双打冠军。

女王颁奖时,新科女单冠军却不见了

1982年,有一次队内的练习赛上,李玲蔚稀里糊涂地输给一名水平不如自己的同伴,她一脸不高兴地坐在场边。

教练陈福寿看她这个样子,关切地问:"怎么了?又和谁赌气?"李玲蔚嘟囔着说:"自己打得不好,没和谁赌气。"

原来,李玲蔚在世界大赛上多次获得亚军,被人开玩笑叫作"李老二",她非常不服气,因此一直对自己高标准、严要求,以寻求突破。

转机出现在1983年,第三届世界羽毛球锦标赛在丹麦哥本哈根举行。这是世界羽联和国际羽联合并后的第一次大赛,也是李玲蔚证明自己的好机会。

在比赛中,李玲蔚连过4关进入决赛,并在决赛中2比1力克自己的队友韩爱萍获得冠军。

丹麦女王玛格丽特二世走下主席台,准备为新科女单世界冠军颁奖。但是,冠军哪儿去了?人们发现,刚刚战胜队友韩爱萍夺冠的中国选手李玲蔚不见了,她去哪儿了呢?

陈福寿急得到处找,找到李玲蔚时,她正背靠休息室的门热泪盈眶。听到教练叫自己,李玲蔚赶紧擦擦眼泪,走上场去接受丹麦女王的颁奖。敏感的丹麦记者看到了李玲蔚的泪痕,他们称"李玲蔚带着幸福的眼泪走上领奖台"。

此后李玲蔚又多次获得世界冠军,被国际羽联(2006年国际羽联更名为世界羽联)列为女单世界第一选手。1984年,李玲蔚再接再厉,获得全英女单冠军、尤伯杯团体赛冠军等重要荣誉,被世界羽坛誉为"羽坛皇后""一代羽毛球女王"。

由于羽毛球项目在1992年才进入奥运会,因此李玲蔚没能有机会参加奥运会。不过在1988年汉城奥运会上,羽毛球被列为表演项目,李玲蔚在这次比赛中获得女单冠军。

退役后的李玲蔚,人生同样精彩,读书、当教练、在国际羽联担任理事。2007年起,李玲蔚在国际奥委会担任职务,直至今日。

许海峰：
大器晚成的奥运第一金

资料

姓名：许海峰

性别：男

项目：射击

代表荣誉：1984 年获得中国奥运史第一金

如果我们按着许海峰的人生轨迹向前追溯，会惊异地发现，这个 1984 年洛杉矶奥运会第一金、中国奥运史第一金得主，在奥运开始两年前，并没有在紧锣密鼓地进行射击训练，而是在安徽省和县新桥供销社卖化肥。

1982 年底，许海峰进入安徽省队进行专业训练，这时许海峰已经整整 25 岁，相比之下，郎平进入北京青年队只有 15 岁、李玲蔚进入浙江少年队更是只有 11 岁。

等许海峰调入国家队备战奥运会时，离比赛正式开始只剩下 8 个月，留给他的时间还够吗？

树上的麻雀被许海峰一弹弓就打下来

用许海峰自己的话说,他获得洛杉矶奥运会的射击金牌,是有点"幸运"的。

上中学时,学校的体育老师王震泽找到许海峰,指着树上的一只麻雀问许海峰:"你能打着它吗?"(那时还没开始爱护动物保护环境的教育。)许海峰说:"那我试试。"结果许海峰一弹弓就把鸟打中了。

恰好王老师以前从事过射击运动,后来王老师到县里的业余体校训练班当教练,就想起了许海峰,破例把他吸收进去了。

许海峰觉得,如果他没有遇到王老师,或者王老师不是从事射击运动的,可能他就与射击冠军无缘了,那他可能就是一个调皮捣蛋爱打鸟的青年。

1957年,许海峰出生在福建漳州,1972年随父母回到原籍安徽省,落户到和县。

1975年,许海峰下乡插队。到农村后,许海峰买了一把气枪打鸟,他的枪法精准,是知青们常常津津乐道的趣事。

1978年,安徽省和县新桥区供销社从农村招工,看许海峰憨厚老实,就把他招了上来,分到生产资料组,主要是卖化肥。

虽然化肥是紧俏商品,但这活干起来很辛苦,是个又苦又脏又累的工作,一袋袋沉重的化肥,需要许海峰背进去、运出来,把人呛得嗓子冒烟、眼泪直流。但许海峰认为,要么不干,要干就要干好,所以他工作得勤勤恳恳。

在工作之余,许海峰依然拿着气枪去打鸟,对他来说,射击是个爱好,他还不知道这将是他以后的职业。

一支60元的内蒙古气手枪打败了德国产的精密武器

1979年,许海峰得知王震泽老师要在县里组织射击训练队,就找到了王老师,要求参加集训。王老师也想起许海峰当年一弹弓把鸟打下来的准头,就破例答应了。

1979年刚过,许海峰就到队里报到,领到了一支小口径运动步枪,学习拆枪擦枪的方法,先预习一下。队伍正式集结后,一名选拔队员没有来,许海峰就顶替了这个名额。4月份,许海峰参加了安徽省第四届运动会,许海峰在所参加两个项目里,拿到了一个第一、一个第二。比赛之后,许海峰回到供销社,继续安心卖化肥。

1982年5月,安徽省又一次要办省运会,王震泽把许海峰推荐到巢湖地区体委参加射击训练班。

巢湖地区体委军体科科长吴文祥看中了许海峰,建议他改练手枪,因为运动步枪只有地区级比赛,而手枪可以参加全国比赛。

许海峰有点犹豫,觉得自己步枪基础好,放弃有点可惜。但是为了能参加全国比赛,许海峰决定更改项目,练习手枪。此时许海峰25岁,离洛杉矶奥运会手枪比赛还有两年。

两个多月后,许海峰带着一支价值60元的内蒙古乌海生产的普及型气手枪参加省运会,一举战胜了训练多年、使用精密度极高的德国手枪的省队队员。这引起省队教练的注意。

当年11月,安徽省射击队调许海峰进省队集训,许海峰正式成为一名射击运动员。

供销社领导对许海峰调走感到特别惋惜:"他这一走,再调进两个来也抵不上他一个啊。"

到了省队,教练让他增加一个新项目——手枪慢射,这是许海峰将来"一枪定音"的项目,而他只有一年半的时间来熟悉。

一年前还在卖化肥的许海峰要去国家队了

许海峰是个既有天赋又肯吃苦的人。进省队集训一个多月,手枪慢射就打了555环,成为全省第一个打破550环的手枪慢射成绩的运动员。

"机遇只留给那些有准备的头脑。"许海峰深知自己起步晚,因此他白天训练、学习,晚上还要看和射击训练有关的书、资料,"我进队晚,就要花比别人更多的时间和精力。"

1983年6月,在全运会预赛上,许海峰只获得手枪慢射项目上的第16名。但到了9月份的全运会决赛,许海峰一举获得手枪慢射和气手枪两个项目的亚军。这个射击"新秀",又被国家队教练看中,1983年11月调他进入国家队集训,备战

1984 年洛杉矶奥运会。

真能上奥运会吗？这个一年前还在供销社背化肥的小伙子有点茫然。

省队教练欧德宝鼓励许海峰："好好练，毕竟机遇在那里，就看你自己是不是抓紧了。"

进入国家队两周了，许海峰练得有些纳闷。每天学习、身体训练、空枪练习、实弹练习，训练倒是按部就班。老教练李培林在许海峰身后寸步不离，但很少说话，甚至靶纸都不让许海峰看，每次实弹练习后，靶纸都被教练收走了。

这是为什么呢？许海峰不清楚。但他心里明白，教练在盯着他，他也一定要打好。

但说来也奇怪，许海峰越是觉得自己举得稳打得准，但结果越是事与愿违，这又是因为什么呢？

李培林也觉得应该和许海峰谈谈了。

从队里最差的人到测试赛世界第一名

经过两周的观察，李培林对许海峰有了初步的印象：内向、稳重、话语不多，精力集中，是个从事射击训练的材料。

同时李培林也发现，许海峰靶纸的散布面偏大，散布面不稳定，一会右上一会左下，这是因为动作不协调、连贯性差导致的结果。李培林决定好好开导开导许海峰。

"海峰，你觉得怎么样？"

"我瞄准星像钉在靶子上一样，可是打出去却不是那么回事。"

李培林告诉许海峰，绝对的稳是不存在的。正确的击发，应该是动中有稳、稳中有动同时进行的，"良好的击发时机，不是追求绝对稳定，而是在手臂、准星轻微晃动的时候寻找最佳的机会扣动扳机。"

这一点拨，许海峰也开了窍，从 50 枪有 20 发 10 环、22 发 9 环、8 发 8 环，进步到 50 枪有 32 发 10 环、18 发 9 环、0 发 8 环。这一大进步，只用了一个多月的时间。

在当时的奥运集训名单里，有许海峰、王义夫等 6 名队员，但最后能去奥运会的，只有两人。许海峰深知自己是底子最差、比赛经验最少的那个人。但许海峰并不在意，他只是希望在水平更高的教练那里提高自己的本事，至于能不能去奥运会,许海峰没有看得太重。

但三场队内选拔赛下来,许海峰的成绩出人意料的好,他排在第二位,比排名第一的王义夫成绩只落后一环。

4月份,许海峰与队友一起参加洛杉矶的奥运测试赛,那次比赛苏联选手也参加了,因为后来苏联抵制了洛杉矶奥运会的正式比赛,因此实际上测试赛的水平不低于奥运会正赛。许海峰在50多位选手中脱颖而出,获得金牌,也确定了自己参加奥运会的地位。

记者们除了知道 40 号靶位属于许海峰,其他一无所知

1984年7月29日,这是洛杉矶奥运会开赛后的第一天。洛杉矶普拉奥多奥林匹克射击场将产生奥运第一金,比赛项目是男子50米手枪慢射。第一金意义重大,因此很多记者都赶到现场采访。

时代也给了许海峰机遇,1984年奥运会率先举行的是男子射击项目。在之后的奥运会上,奥运第一金往往出自女子10米气步枪,这也是后来杜丽、易思玲、杨倩夺冠的项目。和后来的奥运会射击项目不同,当时射击比赛没有后来的决赛阶段,正式比赛只有60枪,因此每一发子弹都特别重要。

上午9时,男子自选手枪慢射的比赛开始,许海峰在第40号靶位。先是试发,许海峰轻松自如地瞄准、击发。许海峰不是热门,因此背后没什么新闻记者跟随。但许海峰觉得,这个场地是自己的福地,4月份的奥运测试赛、两天前的裁判实习赛,许海峰都是在这里拿了第一名。

果然,记者们主要跟在50岁的世界冠军、瑞典老将斯卡纳克尔身后,他是该项目金牌的有力争夺者。

然而,两组各10发子弹打完后,记者们惊奇地发现,来自40号靶位上的选手两组计分都是97环。在当时的世界纪录只有60枪581环的情况下,两组97环是令人吃惊的高分。

然而,这40号靶位主人是谁,记者们并不清楚,只看到他身穿红色运动服、号码布为83号。看到是中国人,国外记者开始向中国记者打听,但中国记者也仅仅知道他叫许海峰,其他情况了解得也不多。

但就在这时,大家发现许海峰失踪了。

最后一枪,许海峰举了五次又放下

在打第三组 10 发子弹时,许海峰感到有点不顺,第八发打了 8 环。由于比赛规则是在两个半小时内打完 60 发子弹,因此许海峰的时间很充裕,他决定放空一下自己。

于是,许海峰在第三组还剩两枪的时候,走到赛场外休息了半个小时,坐在空地上看蚂蚁,全身放松,什么都不想。

回来继续比赛,接下来的三到五组成绩分别是 93 环、93 环、95 环,许海峰心里有了底。由于他打枪慢,又出去休息了一下,等他开始最后一组射击时,其余 55 名选手都已打完离场。

然而记者们却没有离场,紧紧跟在许海峰身后。许海峰明白,这是因为他打得好的缘故,只要他稳稳打,冠军就有希望。

但射击运动员就怕多想,10 环、9 环、9 环、8 环……随着 8 环出现,后面传来小小的叹息声。不能再出现这样的分数了,正这样想着,又是一个 8 环。

许海峰决定再冷静一下,让自己放空,再放空。

十分钟后,许海峰又举起手枪,9 环、9 环、10 环、10 环,还剩最后 1 发子弹,背后鸦雀无声。

由于当时的射击比赛,现场裁判只能估计比赛的环数,具体成绩要到比赛结束后由另外的裁判去统计最终结果。因此许海峰并不清楚自己到底有多少优势,他只能让每一枪打得更好。

实际上,此时领先的瑞典老将斯卡纳克尔最终成绩为 565 环,比少打一枪的许海峰多 8 环。也就是说,许海峰最后一枪不低于 9 环,就将夺冠。

这一枪重达千钧。

最后一枪,许海峰慢慢举起手枪,然后又放下;再举起,又放下。五起五落之后,许海峰第六次扣动扳机,9 环! 冠军!

许海峰此时神情是如此紧张,直到打完这一枪后,才发现衣服已经湿透了。最后一枪迟迟不出手,是许海峰一直在找感觉,直到找到最佳击发瞬间才开枪。

"这是中国体育史上伟大的一天,也是中国人民伟大的一天"

按照现场裁判的估计,许海峰的成绩足足高出第二名5环(最后实际只有1环),中国代表团开始欢呼,庆祝这一伟大胜利。奥运会已经举行88年了,距离中国人第一次参赛也有48年,2500多枚金牌发出去了,中国终于也有了自己的奥运冠军。

一位年近七旬的老人在人群中一跃而起,冲进赛场,紧紧抱住许海峰,亲吻他的脸颊。

这位老人就是1952年赫尔辛基奥运会中国代表团副团长黄中,这次他作为参观团团长前往洛杉矶。黄中老泪纵横:"这枚金牌,我等了30多年。"

具有戏剧性一幕的是,颁奖典礼迟迟没能进行。原来,前三名中有两名是中国人,分别是获得金牌的许海峰和获得铜牌的王义夫,颁奖仪式上需要升起两面中国国旗,但组委会准备不足,只例行准备了一面五星红旗。

组委会紧急用直升机送来一面五星红旗,再用摩托车送入场内。由于射击比赛场地距离市区较远,颁奖仪式整整晚了40分钟。而赶到现场准备颁奖的国际奥委会主席萨马兰奇一直在耐心等待。

当许海峰站到最高领奖台,萨马兰奇亲自颁奖。萨马兰奇动情地说:"这是中国体育史上伟大的一天,也是中国人民伟大的一天。"

奋斗时代

吴数德：
来自东方的大力神

中国是一个举重强国，新中国第一个破世界纪录的选手就是举重运动员陈镜开。

改革开放以后，中国举重选手的佼佼者当数吴数德，他在1984年洛杉矶奥运会上，和陈镜开的侄子陈伟强以及曾国强、姚景远一起获得四块金牌。

吴数德被称为东方的赫拉克勒斯（即大力神），他是改革开放之后第一个打破举重世界纪录的选手，还在1979年、1980年、1981年、1983年和1984年五次入选全国十佳运动员。在洛杉矶奥运会上，他的夺冠经历也非常传奇，有一举破千钧之势。

平均每天要举起两万多公斤的重量

吴数德1959年出生于广西壮族自治区首府南宁市，他父亲是南宁市手扶拖拉机厂的一名木工。

吴数德家里兄弟姐妹5个，他排行老四。少年的吴数德，身材矮小而匀称，四肢结实有力。有一次，吴数德在门口玩耍，被南宁市业余体校的举重教练严锡嵩发现，觉得他是一块练举重的好坯子。

当时正好吴数德在躲一辆飞驰而来的汽车，他猛地一下跳到路边躲闪。这反

应能力和爆发力,让严锡嵩觉得吴数德早晚能成大器。

严锡嵩把吴数德招进少体校举重班,进行悉心培养,打好基本功。四年之后,吴数德已经能抓举 80 公斤、挺举 95 公斤。就这样,吴数德被调入广西壮族自治区举重队。

在自治区举重队,吴数德吃苦耐劳、勤奋训练,他每周举起的总重量达到十多万公斤,平均每天要举两万公斤,多的时候甚至要举三万公斤。

吴数德深知吃得苦中苦方为人上人的道理,因此,尽管一天下来往往累得说不出话,他仍严格按照教练的指导进行训练,从不偷懒。

南宁市的夏天,气温经常在 35℃以上,闷热而又潮湿,这样的气候让人窒息,一动不动还会一身汗,而吴数德在这样的条件下,一练就是几个小时,挥汗如雨已经不能准确表达当时的情况了。

功夫不负有心人,吴数德勤学苦练后,不久就被调入国家队。

奋斗时代

在父老乡亲面前第一次破世界纪录

1978 年 7 月，吴数德首次代表中国前往希腊参加第四届世界青年举重锦标赛。

在比赛中，吴数德发挥出色，取得 52 公斤级的抓举金牌和总成绩银牌，希腊媒体把吴数德称为东方的赫拉克勒斯（大力神）。

1978 年 10 月 7 日，吴数德在杭州的全国举重锦标赛上，以 105.5 公斤的成绩创造了 52 公斤级抓举青年世界纪录。

此后，吴数德多次打破抓举的青年世界纪录。

在 1979 年 11 月 3 日，吴数德又在第三十三届举重世锦赛上，以抓举 110 公斤和总成绩 232.5 公斤两次打破青年世界纪录，并获得 52 公斤级的抓举世界冠军，成为中国第一个在世锦赛上夺冠的选手。

随着年龄越来越大，吴数德个子也长高了，控制体重越来越难，因此赛前减重就变成特别困难的事。

因此吴数德为了控制体重，平时往往只喝牛奶吃少量主食，减少脂肪和碳水化合物的摄入，只摄取必需的蛋白质和维生素，中午和晚上的主食都只吃一两左右，身强体壮每日挥汗如雨的吴数德只能咬牙挺住。

1980 年 4 月 5 日，全国举重锦标赛在南宁进行。这是吴数德在家乡的比赛，为了给父老乡亲争光，吴数德在赛前的几天几乎粒米未进，终于把体重减轻到 52 公斤。

在这次锦标赛上，吴数德以 112 公斤的成绩创造了 52 公斤级抓举世界纪录，这是吴数德第一个成年世界纪录，也是中国举重运动员进入改革开放时期后的第一个世界纪录。

然而，随着年龄增长，减重越来越困难，怎么办？那只有增重。但增重后再回到世界巅峰往往需要三年以上的时间，甚至可能回不到巅峰，吴数德又该怎么办？

更改级别后吴数德仅用一年就重回世界巅峰

全国锦标赛后,吴数德和教练商定,把参赛级别从 52 公斤级提高到 56 公斤级,体重增加了 4 公斤,意味着举起的重量要提高十多公斤。

当时的 56 公斤级抓举世界纪录是 126 公斤,比他举起的最高重量要多达 14 公斤,这个难关不是短时间能攻克的,但吴数德不信这个邪,他和教练一起制定了一个高强度的训练计划。

在教练的指导下,吴数德只用半年就两次打破 56 公斤级的抓举全国纪录和亚洲纪录。

1981 年 8 月 16 日,吴数德在日本名古屋举行的第十三届亚洲举重锦标赛上,成功抓起 126.5 公斤的重量,打破了古巴选手保持的世界纪录,成为亚洲选手打破该纪录第一人。

世界举联主席蒙莱斯夫说:“吴数德是亚洲的荣光,东方的骄傲。”日本朋友也称赞吴数德不愧是东方大力神。

1983 年 8 月 31 日,在第五届全运会的举重比赛上,三名裁判清一色都具有国际裁判资格,这是为破世界纪录必须准备的,吴数德的父母也专程来到南宁为儿子加油。

吴数德在抓举举起 120 公斤后,第二举要了破世界纪录的 128 公斤。在杠铃前,吴数德猛然发力把杠铃举过头顶,然后稳稳站起,成功打破世界纪录。

和现在举重世界纪录频频被中国人打破不同,那时中国选手想打破举重世界纪录相当困难。在第五届全运会上,一共只有两个人打破世界纪录,分别是举重选手吴数德和田径选手朱建华,可见这次破纪录十分珍贵。

当然,吴数德也有一点要比晚辈们幸运,现在举重世界纪录只能在洲际以上级别比赛中产生,因此现在全运会上只能超世界纪录,而不是破世界纪录。

饿着肚皮蒸桑拿,这滋味太不好受了

　　1984 年 7 月 30 日,洛杉矶奥运会 56 公斤级比赛下午 6 时就要开始了,即将参加比赛的吴数德和队友赖润明早上起来的第一件事,不是吃早饭,而是蒸桑拿。蒸完桑拿后,他俩不是去吃饭,而是把自己反锁在房间里,即使肚子饿得再咕咕叫,也得顶住吃饭的诱惑——俩人又把午饭省了。

　　这两人可不是要绝食,举重比赛是按照体重分等级的,那时的举重比赛,选手不仅要比参加的级别体重轻,而且要尽可能地比同级别其他选手都要轻,因为如果几个人举起相同重量,体重最轻的人成绩最好。

　　因此吴数德和赖润明已经减重好几天了,这痛苦的滋味,比举 100 次杠铃要难受多了。

　　但即使几天没吃早饭,最后一天蒸完桑拿,吴数德的体重依然比级别重量多出 0.7 公斤。所以吴数德只能忍忍,把当天的午饭也省下来。

　　但想减重并没那么容易,已经蒸了几天桑拿,身体里能蒸出的水分并不多,嗓子干得要冒烟,但却不能喝水,因为一喝水就将前功尽弃,吴数德只好舔一下嘴唇硬撑着。

　　称体重的时候,吴数德的体重为 55.7 公斤,轻于级别重量,但却比其他几个实力相当的选手要重,也就是说,吴数德要比别人多举起 2.5 公斤才能有机会夺冠,如果成绩相当,那就没机会了。

　　虽说减重也是双刃剑,有些人体重是减轻了,但也可能会出现因体重减得过多,赛前恢复不过来,结果举不起平时能举起的重量。但从一开始就落后 2.5 公斤,对吴数德来说还是不利的。

　　国际举联也意识到这个规则有一定的不合理性,因此在现在的举重比赛里,已经没有体重轻更占优的规则了。

　　称完重后,终于可以吃东西了,吴数德从教练手里接过早已准备好的方便面,三口两口就吃完了一碗面,真香啊。

在赛前抽签,吴数德抽到了一号签,比赛中将第一个登场。

这也是一个当年比赛规则与现行比赛规则不同的地方,举重运动员都愿意晚一点登场,好看看别人的实力。当年的规则是大家先按照抽签顺序举一轮,然后再按照各自要的重量顺序出场。现行规则是向优秀运动员倾斜,第一把要的重量越重,出场也就越晚。因此,抽到一号签,对吴数德不是很有利。

但吴数德无所谓,他觉得要凭实力说话,而且先比的是抓举,正是他的强项,因此先比后比区别不大。但吴数德没想到,抓举的比赛结果,出乎他也出乎所有人意料。

抓举比赛开始了,吴数德第一举要了120公斤,稳稳举起。几个国外选手发挥不佳,都没能举到115公斤,而赖润明的状态很好,也举起了120公斤。

吴数德第二举要了125公斤,却没能举起来。吴数德曾举起过128公斤的重量,按说125公斤对他来说并不难。但也许是赛前从60公斤减重到55.7公斤,减重过多过快的原因,吴数德没能发挥出自己的应有水平。第三次举125公斤,又失败了。

赖润明却如有神助,举起了125公斤。

这下坏了,赖润明的成绩比吴数德好5公斤,体重又比吴数德轻。吴数德想反超,就要在挺举项目上比赖润明多举起7.5公斤。而挺举并不是吴数德的强项,想反超真是难上加难。

抓举失利了,就要从挺举上找回来,吴数德准备放手一搏。

挺举比赛从一开始就非常紧张,吴数德、赖润明以及另外两名选手都要了140公斤的开把重量,均一举成功。

但当杠铃提升到145公斤,除了吴数德成功外,所有其他运动员都失手了。

这时,吴数德和赖润明的总成绩都是265公斤,但因为体重比赖润明重,排名第二位。排名第三的日本选手小高正宏总成绩 252.5 公斤。全场只剩吴数德还有一次试举机会,其他人已经没有了。也就是说,中国选手已确定包揽冠亚军,区别只是冠军是吴数德还是赖润明的问题。

吴数德为了体现挑战自我、挑战极限的奥林匹克精神,决心挑战 147.5 公斤的重量。

全场观众屏住呼吸,静静等待最后一举。吴数德走上举重台,先是把杠铃提到锁骨处,调整之后大喝一声"起",把杠铃高高举过头顶。

成功了!吴数德这个金牌来之不易,是在落后 7.5 公斤下的逆转反超,更是奥林匹克提倡的"更高、更快、更强"的完美体现。全场观众也为这种精神报以热烈的掌声。

1985 年,吴数德退役,担任了广西壮族自治区体工大队的大队长。此后,吴数德又为国家举重队培养了多名举重人才,其中包括唐灵生、林启升等多位奥运奖牌获得者。

李宁:
体操王子的奥运情

资料

姓名:李宁

性别:男

项目:体操

代表荣誉:1984 年洛杉矶奥运会三金得主

作为 1982 年体操世界杯六金得主,李宁对洛杉矶奥运会的期望很高。尤其是体操强队苏联队没能参赛的消息传来,包括李宁在内的中国队员都想获得分量最重的男子团体金牌。

然而,东道主美国队利用主场优势,在团体比赛中力压中国队 0.6 分夺冠。在随后进行的男子个人全能比赛,李宁也没有笑到最后。

获得一银一铜两枚奖牌却独缺金牌,李宁决定在单项比赛中拼了。

国家队教练决心把李宁培养成体操全才

"你会翻跟头吗？"

"会！"

1971年，当8岁的李宁被带到广西壮族自治区体操教练梁文杰面前时，显得特别有自信，问题回答得特别响亮，跟头翻了一个又一个。

这是李宁从小的爱好，他小时活泼可爱，特别喜欢和小朋友们一起在草地上翻跟头，想让他走上音乐发展道路的父亲对此也无可奈何。

看到他回答这么干脆，梁文杰特别高兴，李宁自信、活泼的气质打动了教练。

要想进体操队，李宁就要从柳州的家里到南宁的队里去学习。那时并没有高铁，从柳州到南宁光坐火车就要5个小时，8岁的孩子要出这么远的门，父母舍不得，但权衡再三，还是把李宁交到梁文杰的手里。

梁文杰果然没看走眼，只用了3年时间，李宁就在全国少年体操锦标赛上获得自由体操的第一名。

梁文杰并没有放松对李宁的要求，反而是更加严格了。随着李宁身体成长，梁文杰的要求也越来越高，晨跑从1000米增加到2000米，踢腿的时候绑上沙袋……

随着梁文杰细心培养，李宁在国内的比赛中也屡屡取得好成绩，尤其是在自由体操项目上更是引人关注。

1980年，国家体操队教练张健看重李宁，决心对他好好培养，打造成一个全才。

男子体操在奥运会一共有六个比赛项目，产生八块金牌。比赛项目除了自由体操外，还有吊环、单杠、双杠、鞍马和跳马。这六个项目各自产生一枚金牌。另外两金是分量更重的男子个人全能和男子团体两个比赛的冠军。

个人项目的最高殿堂是男子全能，参赛的每一位选手要精通每一项比赛项目，六个项目全比完后，总得分最高的选手才能夺冠。但想成为全才非常困难，这几个项目各自有各自的特点，想练全非常不容易，而且既要有强项，又不能有弱项。

体操名将黄玉斌在1980年体操世界杯上，在吊环项目上获得中国第一个体操的世界冠军。但当时中国队还没有选手在全能比赛上取得好成绩，这就是李宁未来发展的目标。

在决赛开始前，李宁的脚肿得像小馒头一样

1981年体操世界锦标赛在莫斯科举行，李宁第一次作为国家队主力参赛。

在赛前的跳马练习时，李宁在落地时右脚踩到垫子的边缘，脚一下子就崴了。队医赶紧去查看李宁扭伤的脚，看到他踝关节已经肿起来，很快就肿得像小馒头一样，小腿也淤血了。队医摇了摇头，李宁第二天想上场难上加难。对此，体操队领导们紧急商量对策，来应对李宁不能上场的局面。

作为队中主力，李宁如果不上场，全队成绩一定受影响。可是要上场，那受伤的脚行吗？对此，队里也没底，大家商量来商量去也没好办法。到最后，中国代表团团长拍板，决定不让李宁上场。

但李宁却并不甘心，从学体操开始，到终于站上世界大赛的赛场，已经过去整整十年。这十年的努力，就是为了在世界大赛上展示自己的水平，不能辜负自己的努力和教练的期望……

早上5点，天才蒙蒙亮，急得一夜没睡的李宁穿上衣服，偷偷地一个人到操场上跑步。

当教练张健看到李宁在操场上跑得正欢时惊呆了。李宁却不在乎，对张健笑着说："张指导，我这不跑得挺好吗？一点都不疼。"李宁说着还跳了几下，表示自己的运动都没有问题。

经过艰苦的恢复训练，李宁终于在决赛前征服了团队领导，获得了上场比赛的机会。

在比赛中，李宁6项赛事全部上场，在基本不减动作难度的情况下出色地完成比赛，而那时他脚上还裹着白色塑料护具。

在李宁以及全队努力下，中国体操队以0.15分优势获得团体铜牌，在世界体操锦标赛上第一次升起五星红旗。

李宁带伤出战的消息也征服了国际体操联合会的官员。在告别晚宴上，一位官员特意来找李宁碰杯，以向李宁的意志力致敬。

在体操世界杯上夺取六金创造历史

1982 年和 1983 年,是李宁和中国体操队收获的季节,那是一种苦练多年、厚积薄发的胜利,是一种势不可挡的成功。

1982 年 10 月在萨格勒布(现为克罗地亚首都,当时属于南斯拉夫)举行的第六届体操世界杯上,李宁凭借一年前体操世锦赛个人全能第六名的成绩获得了参赛资格。

体操世界杯没有团体比赛,只产生个人全能和六个单项冠军等七块金牌。但令世界体坛和国人惊讶的是,李宁在比赛中大放异彩,获得了单杠、自由体操、跳马、鞍马、吊环和全能 6 项冠军,唯一没能夺冠的双杠项目,李宁也获得铜牌站上领奖台。

李宁成为世界体操史上首位取得如此好成绩的运动员,他也引起了广泛关注。

1983 年,体操世锦赛在匈牙利首都布达佩斯举行。在这届世锦赛上,李宁和队友们创造奇迹,打败苏联在体操团体赛上的霸主地位,第一次获得世锦赛男团冠军。而在单项比赛中,中国选手童非和楼云两获世界冠军,李宁虽然没夺冠,但在 3 个项目上都站上最后的领奖台。

这些成绩,都为中国体操队在洛杉矶奥运会有所表现开了个好头。中国体操队的小伙子们都期待能在第 23 届奥运会上能有良好的表现。李宁和同伴们更是憋着一股劲,要拿下体操男团冠军,为体操队夺得开门红。

然而,奥运会开始前,李宁却出了一次意外,这导致他两个多月没有正常训练。

两处伤势让李宁两个多月没能上器械

为了能在 1984 年洛杉矶奥运会上取得好成绩,李宁从 1983 年底的冬训开始,就练得很刻苦。

在体操房里,往往别人已经去吃饭了,李宁还在器械上做着动作,丝毫没有停下来的意思。

　　李宁天资聪明、接受能力非常强，别人要练好久的动作，李宁几遍就学会了。但是为了能在奥运会上获得金牌，李宁不断给自己加码，已经学会的动作，也要反复练习。李宁这是要还一个心愿。

　　体操世锦赛后，李宁拿着团体冠军的金牌，要送给老师张健，表达自己的感激之情。张健很惊讶，说："你就一块金牌，自己留着吧，否则你就没有了。"李宁一定要恩师收下，表示自己不怕现在没有，到奥运会再去夺金。

　　冬训结束后，李宁的努力收到回报。在1984年4月，李宁参加了两次国际比赛。为了备战奥运会，这两次比赛国际上的各路好手都来了。李宁在其中一次比赛中，获得4个单项冠军；在另外一次比赛获得全能冠军。这样的成绩，让所有人都感到高兴。

　　但在5月份的一次训练中，李宁右膝受伤，不仅不能练了，走路都要拄起两根拐杖。李宁非常着急，离奥运还有两个多月了，腿不能练，那就先练肩、练腰背。

　　好容易腿好了，李宁的肩又伤了。前前后后两个多月，李宁没法上器械练习。

　　为了保护李宁的身体，张健把李宁所有高难度的训练都停了下来，对于李宁这样经验丰富的运动员来说，健全的体质比熟悉动作更重要。

　　虽说到奥运开始时，李宁的肩膀仍在隐隐作痛，但他仍觉得浑身充满力量，要在奥运会上一比高下。

拼到最后仅输给东道主美国队 0.6 分

　　洛杉矶奥运会的体操比赛已经开始五天了，李宁望着手里的一银一铜，心里不是滋味，没想到男子团体和个人全能两项比赛，都没能获得金牌。

　　男团决赛，中国队的呼声很高，这不仅因为苏联队没有参赛，还包括老牌劲旅日本队也有减员，一名核心队员没来，而领军人物具志坚幸司已经28岁，已过巅峰状态。

　　至于东道主美国队，虽然在一年前世锦赛上获得第五名，但美国队从来不是体操男团的有力争夺者。实际上，在1984年后的历届奥运会、世锦赛上的体操男团比赛中，美国都没有站到过最高领奖台。

　　但不可否认，体操是个打分项目，在当年的比赛中，裁判的主观性很强，美国于是显示出得天独厚的东道主优势。

在第一天的规定动作比赛中,尽管李宁和队友们发挥出色,有 5 人次拿到了 6 个满分 10 分,但美国队在主场观众的助威声中,队员超水平发挥,高分也频频出现,最终分数压了中国队一头。

在坐班车回奥运村的路上,李宁和队友沉默了。在餐厅,大家异口同声说,明天一定要拼了。

在第二天的自选动作比赛上,李宁和队友从头拼到尾,表现出顽强的意志和品质。但中国队最终还是以 0.6 分的劣势不敌美国队获得亚军,目送美国队历史性首次登上男团的最高领奖台。

在接下来的男子全能比赛中,李宁的表现有些拘谨,仅获得第 3 名。

在自由体操比赛中,李宁的动作已经出神入化

丢失男团冠军,李宁不甘心,整个中国体操队也不甘心。他们把目光放在了单项比赛上。

单项决赛前,李宁和队友们聚在一起,盘算着中国队在单项上的机会。男队有李宁、楼云、童非三名选手进入了 5 个单项比赛,大家都有一定的夺冠实力,而李月久、李小平等人没能进入单项决赛。

"你们三个好好比,我们四个在观众席拿着大旗为你们鼓劲。"一名没能进入单项决赛的队员说。

李宁听着心里热乎乎的,自己虽然参加的是单项比赛,但他不是一个人在战斗,他是代表大家一起上去的。李宁、楼云、童非都表示要憋足了劲儿去拼。

8 月 4 日,单项决赛开始了,第一个项目是自由体操,是李宁的强项,中国队有两名选手参赛,楼云排在第三位出场,李宁排在第七位。

看着楼云的 9.85 分,李宁心里有底了,这个项目最强的选手是他、楼云和美国的康纳尔,楼云的分数,康纳尔想超越很难。

李宁登场了,一上场,李宁就用世界上少有的 720 度"旋"震惊四座,"托马斯全旋"也达到了出神入化的境界。最后,李宁后空翻两周落地,双腿像是钉在地板上一样一动不动。

四名裁判打出 10 分,李宁举起双手致意,观众席上爆发出如雷的掌声,有人还挥舞着五星红旗,为当晚的第一个 10 分叫好。

美国选手康纳尔上场了,但他落地动作跨了一步,仅得到9.75分,落到了第五名。

　　得到冠军后,李宁兴奋得拥抱教练张健,体操队终于拿到第一枚金牌,张健一天天睡不着觉熬出来的黑眼圈终于值了。

　　在看台上,李月久几个人冲李宁大喊:"李宁,马上鞍马比赛了,乘胜前进啊!"李宁向他们招招手。

　　晚上6时10分,颁奖仪式开始,李宁站在最高领奖台上,注视着五星红旗第一次在体操馆升起。

成为第一个连夺三金的中国选手

自由体操比赛后，马上就是鞍马的比赛，这也是李宁的强项。李宁很快从兴奋中冷静下来，在鞍马上做着准备动作，把关节活动开。

鞍马比赛，运动员在鞍马上需要不停移动旋转，动作又高又飘，重心不断移动，需要运动员有极强的稳定性。

在鞍马上，李宁的动作韵味十足，像蝴蝶一样上下翻飞，让人无可挑剔，最后获得满分 10 分。美国的维德马尔也上乘发挥，和李宁并列鞍马项目金牌。

获得两金后的李宁，乘胜向第三金——吊环金牌发起冲击。

在个人全能项目上，李宁在排名第二时很想冲击金牌，结果在吊环项目上出现闪失，反而落到第三。现在，李宁又一次站在吊环下面。

吊环项目和自由体操与鞍马完全不同，自由体操与鞍马需要不停地动，吊环则需要静，运动员悬空在吊环上，要做出十字悬垂等各种展示力量和稳定的悬停动作。

李宁在吊环上与教练独创了"正吊臂"动作，在当时的世界比赛中还没有第二个人能做到。在晃晃悠悠的吊环上，李宁稳稳地做完各种动作，最后是漂亮的"旋下"，稳稳落地，裁判又一次打出 4 个 10 分，两个 9.9 分。

李宁情不自禁跳起来欢呼，吊环冠军又到手了。最终，李宁和日本选手具志坚幸司并列该项目冠军。

李宁成了中国第一个在一届奥运会上连夺三金的选手，中国选手下一次在奥运会上连夺三金，要等到 24 年后的北京奥运会，由邹凯来完成。

在 1988 年汉城奥运会上，中国体操队败走滑铁卢，仅由楼云获得一块金牌。李宁在奥运会上没有获得一枚奖牌。

李宁选择退役，但与其他运动员退役后当教练或者体育界官员不同，李宁成功走上了一条经商路，为以后运动员退役开辟了一条新路线。他在 1990 年创建李宁公司，成长至今已成为体育服装产业的龙头企业。

2008 年 8 月 8 日北京奥运会开幕式上，李宁手持火炬在鸟巢半空中，在徐徐打开的"画轴"上迈开大步腾飞，最终点燃了奥运主火炬。

栾菊杰:
东方第一剑打破欧美垄断

资料

姓名:栾菊杰

性别:女

项目:击剑

代表荣誉:1984 年洛杉矶奥运会花剑冠军

  1984 年洛杉矶奥运会,女子花剑的决赛阶段比赛即将开始,参赛的 8 名选手集体亮相。让观众不解的是,在一群白人当中,怎么有个黄皮肤黑眼睛的中国人?

  在当时所有人的心目中,击剑是一个源自欧洲的项目,相传最早是贵族间的决斗。自从 1896 年雅典奥运会开始,统治击剑项目的一直是欧美选手,而且基本是法国、意大利、俄罗斯等国家最强,怎么会有中国人?

  可更让人想不到的是,剑道上唯一的中国姑娘,最后竟然一路杀进决赛并最终夺冠? 她是谁?

学击剑 4 个月就拿了全国比赛的亚军

1958 年,栾菊杰出生在江苏省南京市,那是一个热闹的工人大家庭,家里有兄弟姐妹七人,栾菊杰排行老二。

栾菊杰兄弟几个都喜欢蹦蹦跳跳,热衷于参加体育训练和比赛。让父母特别自豪的是,家里墙上贴了五十多张奖状,那都是包括栾菊杰在内的老大、老二、老三从各种运动会上获得的。

尽管家里困难,但父母还是支持孩子们练体育,既可以强壮身体锻炼得结结实实,又可以从体育训练中磨炼意志懂得许多道理。

13 岁的时候,栾菊杰被选入少体校,先练田径,后来又练习羽毛球。当 1974 年被击剑队选中时,栾菊杰还不太愿意去,一心想再回羽毛球队。

栾菊杰觉得,参加击剑比赛,双方都要带着面罩,总觉得是两个蒙面的鬼在打架。

然而,栾菊杰却展示出惊人的天赋,学剑 4 个月后,她就出人意料地在一次全国业余体校比赛中获得亚军。1975 年,17 岁的栾菊杰进入江苏省击剑队,教练为文国刚。

进了省队以后,栾菊杰从不放松对自己的训练要求,她每天清晨都会起床跑上个 2000 米左右的距离,每个星期还有两次跑台阶和各种折返加速跑、变速跑的训练。在练习灵活步伐的双飞跳绳、耐力跳绳时,连很多男队员都赶不上她。

栾菊杰每天着魔一样地进行击剑技巧练习,专项训练中的击打刺、交叉刺等动作五花八门,每个动作用剑的力度和深度都不一样,她为了加强练习,即使在家休息时,也会拿着竹剑头在门板上刺来刺去。

训练用的剑断了,就用胶布粘起来

既然已经进了省队,为什么还要拿竹剑头来训练呢?这里有个原因。

当年的江苏击剑队条件很艰苦,场地、设备、装备都非常简陋。如今的击剑场地都非常精良,而当时的训练场地是泥土地,在上面铺上一块黑胶已经算是改善训练条件了。

花剑训练用的剑全长为110厘米,而重量不超过500克。这样的剑在训练中极易折断。但剑断了后没有办法及时更换,那就用胶布粘上接着用。断过几次后,胶布也派不上用场,栾菊杰就到学校后山的竹林里寻找细长的竹子,绑在剑身上当剑头用。

在队里,栾菊杰曾经有一次得了急性肾炎,因治疗不及时又转变为慢性肾炎。栾菊杰一面治疗,一面还偷偷去训练力量、熟悉技术动作。每次去医院看病,栾菊杰一路从南京体院跑到省人民医院,看完病再跑回来,全当是为训练热身了。

栾菊杰在训练中从不偷懒。有一次拉练体能,需要越野跑50公里,栾菊杰明知有人偷奸要滑,但她还是老老实实跑向终点。栾菊杰认为,即使是这样都怕自己训练量不够,怎么肯再去偷懒骗教练呢?

在栾菊杰的心目中,如果别人练两个小时,她就会去练四个小时,期待加倍努力获得加倍的回报。即使是休息日、节假日,栾菊杰也按部就班地去训练,每年大年初一的训练场上,栾菊杰都会准时出现在那里。

栾菊杰回忆,她在作为江苏省人大代表参加省人大会议期间,也每天坚持出操训练。

被对手一剑贯穿左臂,栾菊杰仍咬牙坚持比赛 ▶

1978年,第29届世界青年击剑锦标赛在西班牙马德里进行,这是栾菊杰初出茅庐的一次大赛。

栾菊杰令人惊讶地一路杀到半决赛。在半决赛上,栾菊杰首先对阵苏联选手扎加列娃。

比赛开始后,栾菊杰在一次举剑将要进攻的瞬间,对方突然大喊一声冲了上来。俩人的剑扎在彼此的身上,裁判席上同时亮起两盏白灯,表明双方都刺在无效部位。

但是扎加列娃的剑刺到栾菊杰的左臂上后,因为力量太大而折断,断剑瞬间穿透了栾菊杰的左臂。此时栾菊杰可以按照规则要求下场接受医疗救治,但她一心想完成比赛,绝不愿放弃。

就这样,栾菊杰拖着伤臂,以4比5的成绩战胜扎加列娃(当时的比赛规则,中剑方得分,因此得分越低成绩越好)。但在随后两场比赛中,栾菊杰接连失利。

输掉两场比赛后,栾菊杰泪水在眼中打转,这不是因为难以忍受疼痛,而是栾菊杰为器材故障被罚两分而感到难过。稳定了情绪后,栾菊杰舒展了一下受伤的左臂,示意裁判接着比赛。

随后,栾菊杰以 2 比 5 和 4 比 5 的成绩两次战胜对手,最终荣获世界青年击剑锦标赛的亚军,让五星红旗第一次飘扬在世界击剑赛场的上空。

在颁奖仪式后,栾菊杰直奔医院急救室进行处理,解开衣服后,左臂上露出两道贯穿伤,伤口处血肉模糊……

栾菊杰血染赛场奋力夺取奖牌的消息传回国内,作家理由为此写了报告文学《扬眉剑出鞘》,刊登在《新体育》杂志上。全国都掀起了一股学习栾菊杰拼搏精神的热潮。

参加世界大赛,栾菊杰身体和内心双重劳累

1984 年 2 月,栾菊杰随队来到德国格平根参加第二十三届击剑世界杯比赛。

这时已经离她血染马德里一战过去了六年。六年来她从未停止过苦练的步伐。左臂贯穿伤后,医生建议她好好休养,恢复手臂功能。栾菊杰只听了一半,即保持胳膊的休养,却每天跑上跑下苦练下肢力量。

德国格平根比赛,是洛杉矶奥运会前最后一次重要的击剑赛事,各路击剑好手云集此地,中国击剑队也绝不会放弃这个检验训练结果的好机会。

但在赛前唯一一次训练中,栾菊杰却显得力不从心,刺出去的剑毫无生气,这让教练文国刚特别着急。文国刚知道,这是因为一路上旅程过于劳累引起的。当时击剑队没有选择从法兰克福转机,而是从北京飞巴黎,再转道法兰克福,然后飞往斯图加特。在斯图加特的机场,由于国内沟通有误,栾菊杰和队友们又多等了几个小时。

然而,让栾菊杰更无力的,是内心的痛苦。1978 年一战成名后,人们对栾菊杰的要求越来越高。尽管栾菊杰训练非常刻苦用心,但击剑毕竟是欧美人的运动,一个闯入者,是很难每次比赛都取得胜利的。

在 1981 年的世锦赛上,栾菊杰奋力获得亚军,但两天之内瘦了 8 斤,回国后亲友都快不认得她了。

比赛开始了,栾菊杰第一轮战胜对手后,满头大汗。教练鼓励她:"你有潜力,把劲儿使出来。"

然而，栾菊杰接下来连输两场，其中包括以 5 比 1 的悬殊比分输给世界冠军西多罗娃。这一天，栾菊杰打了 20 场比赛，回去时两腿像是灌了铅一样。

她这一夜只睡了五个小时，但醒来后却脱胎换骨。

这场赛事的胜利让栾菊杰摆脱了心魔

第二天，栾菊杰迎来争夺决赛权的关键一战，对手正是六年前刺穿她手臂的苏联选手扎加列娃。说来也怪，这几年扎加列娃每次遇到栾菊杰，气势上先矮了一头。栾菊杰看着她对面这个熟悉的对手，感觉对方犹豫不决，像个怯生生的新手。

4 比 8 轻松战胜对手后，栾菊杰忽然感觉身上轻快多了。

决赛阶段第一场比赛，栾菊杰对阵去年的世界二号种子、苏联选手奥斯恰基娜，栾菊杰动作飘逸，显得信心十足，出手又准又狠，竟然以 1 比 8 的悬殊比分战胜对手。

第二场决赛将决定谁能进入前三名，栾菊杰面对昨天曾战胜自己的匈牙利选手斯泰芙妮克。然而，一觉睡醒后栾菊杰已判若两人，上来就连中 4 剑。对手反击一剑后突然倒地，原来她扭伤了脚，只好含泪退赛。

决定冠亚军的最后一战到来了。栾菊杰的对手是两届世界冠军西多罗娃，在昨天的第二轮比赛中曾轻松地以 1 比 5 战胜栾菊杰。

战斗开始了，12 回合后，栾菊杰与西多罗娃战成 6 比 6 平。比赛还剩 1 分多钟，如果时间结束两人都未到 8 分，那将以比赛结束的比分定胜负。如果平分，将加赛 1 剑。

栾菊杰沉着冷静，出剑迅速，刺中西多罗娃右肩。时间还剩 39 秒，西多罗娃有些发慌，孤注一掷扑上来，却又被栾菊杰反击刺中。

从领奖台上下来，栾菊杰都不敢相信自己最终夺冠了。在洛杉矶奥运会前最重要的赛事上夺冠，栾菊杰明白自己开了个好头，但更重要的是，她克服了心魔。

奥运决赛 3 比 4 领先后,对手心理失衡了

1984 年 8 月 3 日,洛杉矶奥运会女子花剑决赛开始了,参加决赛的前八名选手登台亮相,栾菊杰身穿红色运动服,黑头发黄皮肤的她,夹杂在欧洲选手中,显得非常引人注目。

决赛阶段采用残酷的淘汰赛制,每场比赛先刺中对手 8 剑者获胜,连胜 3 场即可夺冠,但只要失利一场就将出局。

栾菊杰的第一个对手是西德(德意志联邦共和国)选手比肖夫,这是两个世锦赛亚军之间的对决。

比赛中,比肖夫一直压制着栾菊杰,0 比 1、1 比 2,总是占有领先优势。队友们急得在场下大喊:"重心低一些,大胆进攻。"栾菊杰镇静下来,接连发起进攻,以 5 比 8 淘汰对手。

进入四强后,栾菊杰的对手是一名罗马尼亚新秀。栾菊杰如有神助,打得对方毫无还手之力,仅用 5 分钟时间,就以 0 比 8 的悬殊比分闯入冠亚军争夺战。

奖牌已经到手,但为什么不能是金色的呢?栾菊杰暗暗给自己鼓劲,要把金牌夺下来。

栾菊杰的决赛对手是西德名将汉尼斯,她曾获得 1981 年世锦赛冠军,当时的亚军正是栾菊杰。

比赛开始了,汉尼斯 3 次领先,却又被栾菊杰 3 次扳平。随后,栾菊杰取得扭转局势的一剑,取得 3 比 4 领先。汉尼斯有些心态失衡,使劲摔了几次手中的剑。

看到对手着急了,栾菊杰愈发沉稳,3 比 5、3 比 6、3 比 7!最后一剑了,汉尼斯已经毫无锐气,栾菊杰在稍稍诱敌之后,刺中对方肋部,以 3 比 8 的成绩战胜对手,获得女子花剑冠军,这是 88 年来,欧美人对击剑项目的垄断地位第一次被打破。

这是中国第一枚击剑项目上的奥运金牌。中国的第二枚击剑奥运金牌一直要到 2008 年北京奥运会上才被仲满在男子佩剑项目上获得,可见当年栾菊杰夺冠难度有多么大。

1989 年,栾菊杰退役,前往加拿大留学。然而她并没有放下手中的剑。2008 年,栾菊杰以 50 岁高龄,代表加拿大队参加北京奥运会,虽然没能晋级,但这种永不放弃的精神值得敬佩。

聂卫平：
中国棋圣 擂台英雄

资料

姓名：聂卫平

性别：男

项目：围棋

代表荣誉：中日围棋擂台赛 11 连胜

1974 年 12 月，日本代表团又一次访华，聂卫平依然战绩不佳，两胜两负，对手实力都不强。聂卫平渴望能和日本代表团团长宫本直毅九段对阵，但一直没有机会。

比赛只剩最后一轮了，包括陈祖德在内的中国选手，在前六轮对阵宫本的时候全败。谁能阻止宫本连胜的脚步呢？有人提议，既然聂卫平队内成绩不错，为什么不让他试试呢？聂卫平也拍着胸脯："我来！"

从小就看着父母下棋,看着看着自己也开始摆上棋子

聂卫平 1952 年出生在北京大院,父母和姥爷都爱下棋,瘾头还都不小。所以小时候,矮小的聂卫平常常和弟弟聂继波趴在八仙桌边上看大人们下围棋。

看着看着,聂卫平和弟弟也开始模仿下棋,趁大人不在家的时候,把棋具棋子拿出来,爬到桌子上跪着下。

尽管聂卫平自认为很聪明,可就是下不过弟弟。聂卫平的好胜心一直很强,"战胜弟弟"就成为他的最大目标。

有一次,聂卫平和弟弟从早下到晚,结果突然眼前一黑休克了,从此被立了很多规矩限制下棋,比如晚 9 时必须上床睡觉等。但兄弟俩还是偷偷挑灯夜战,为此还曾被母亲责罚过几次。

家里准备让聂卫平兄弟去学棋,但要报名象棋班。可是路过围棋班的时候,小兄弟俩再也挪不开步,教练张福田看到后,和聂卫平下了一盘让 17 子棋,虽然聂卫平感觉下得糟糕、没有还手之力,但却因这盘棋,被张福田招进围棋班。

进了围棋班后,聂卫平兄弟从以前的野路子开始转变,接受了正规的围棋训练,下棋也开始符合棋理。张福田看小兄弟机灵,还跟两个人下了不少指导棋。经过张福田的一番细心指导,聂卫平的棋艺有了明显的提高。

据聂卫平回忆,他有一次在学棋的时候,当自由活动时间别的小孩都出去玩了,只有他还在教室摆棋。有一次还偷翻张福田的包,把棋书拿出来认真看了一会又放回去,张福田看到后不但没生气,反而夸奖聂卫平用功,所以对他格外青睐。

1962 年,10 岁的聂卫平和弟弟聂继波一起参加了北京市少儿赛,聂卫平第三,弟弟第一。

聂卫平抓住陈毅的手坚决不让悔棋

有一天,聂卫平和弟弟被父亲郑重其事领出去下棋。在路上,父亲告诉他,陈毅元帅听说他兄弟俩下棋很好,要找他们去下两盘棋。

到地方后,聂卫平一看见棋子,就把父亲一路上告诉他要如何有礼貌、如何问好等关照的话扔到九霄云外去了。

陈毅笑眯眯地问了很多问题，但兄弟俩谁下得好这个问题让聂卫平很难堪，正犹豫着，父亲帮聂卫平回答："下不过弟弟！"

于是陈毅先和聂继波下，赢了聂继波后，又开始和聂卫平下。

聂卫平好胜心很强，在棋盘前从不谦让，即使对阵陈毅也毫不例外。当陈毅中盘投子认负时，聂卫平非常高兴，让他最高兴的一点是刚刚聂继波输了，他赢棋等于证明自己比弟弟强。

此后，聂卫平多次和陈毅下棋，每次都特别开心。有一次陈毅差点要悔棋，聂卫平抓住陈毅的手坚决不肯，这后来成了围棋界的一段佳话，也是陈毅元帅大力推广围棋、扶持青少年学棋的一个有力例证。

当时中国围棋落后日本围棋很多，陈毅在接见访日归来的中国围棋代表团时，特意把聂卫平兄弟也叫去，进行熏陶。

让聂卫平印象很深的是，陈毅后来曾对聂卫平说，原子弹相当于围棋九段，中国有原子弹，却没有九段，"希望要在你们身上实现"。

在陈毅的推荐下，聂卫平先后和雷溥华、过惕生两位围棋前辈学棋，棋力得到迅速的发展。

1965年成都举行"全国十单位围棋邀请赛"，聂卫平拿到了儿童组冠军，这是他拿到的第一个全国冠军。

没完没了找人下棋，让大家都退缩了

1966年初春，聂卫平开始参加北京队的集训，并参加在郑州举行的全国围棋赛，而且是打成人组。虽然名次不佳，但棋手们很认可14岁的聂卫平就能有如此的计算能力和拼搏精神。

1971年，聂卫平得知陈祖德、吴淞笙等7名国手在北京市第三通用机械厂当工人，开始频频跑到他们的宿舍里去下棋。

由于七名国手均未成家，都住在工厂单身宿舍，而且是"三班倒"，什么时候去总有人在，所以聂卫平有空就到工厂宿舍里，逮着人就下棋。虽然条件不是很好，但聂卫平对围棋的兴趣和动力大大增强了，那种投入和劲头都达到前所未有的高度。

这样一来，聂卫平感觉自己长棋了，虽然和水平最高的陈祖德还有一定距离，但和华以刚等国手下，已能逼得对方全力以赴了。又过一阵，聂卫平开始能赢除陈祖德以外的其他国手了……

在这段时间里,聂卫平在工厂宿舍里狂热地追求围棋,和高手不断"磨炼",信心也越来越足。

1973年春天,中国围棋国家集训队重新组建,召集全国各地30多名棋手在北京工人体育场展开集训,聂卫平成为其中一员,从此开始了专业训练。

美梦成真的聂卫平有无比强烈的进取心,训练之余还不满足,只要能逮着人就没完没了地下棋,"这让很多队员都招架不住,有的干脆见了我就躲,等我吃完晚饭一看很多人早跑没影儿了……"聂卫平回忆道。

聂卫平下棋之余还热衷于搜寻日本最新比赛的棋谱,一张好棋谱能研究一个通宵。

很快,聂卫平明显拉开了和其他集训队员的距离,仅次于陈祖德,集训队内的比赛,偶尔还能得个第一,实力进步是非常明显的。

"他是日本九段,我要赢他"

内战可以了,那对外比赛呢?聂卫平没想到,第一次和日本棋手对抗,他的成绩一团糟,三盘棋只赢了一盘,对手还是个二段女棋手,这让聂卫平心里很不是滋味。

1974年12月,日本代表团又一次访华,聂卫平依然战绩不佳,两胜两负,对手实力都不强。聂卫平渴望能和日本代表团团长宫本直毅九段对阵,但一直没有机会。

比赛只剩最后一轮了,包括陈祖德在内的中国选手,在前六轮对阵宫本的时候全败。谁能阻止宫本连胜的脚步呢?有人提议,既然聂卫平队内成绩不错,为什么不让他试试呢?聂卫平也拍着胸脯说:"我来!"领导当即决定让聂卫平对阵宫本直毅。

第一次对阵日本九段,如果输得很惨,以后是不是再也没有机会了?聂卫平拿出了破釜沉舟的心态。

对局当日是宫本直毅的生日,他也打算拿七连胜当成自己的生日礼物。但这却是一盘聂卫平完胜的棋。尽管比赛下了10个小时,但宫本完全没有任何机会。聂卫平赢棋的原因很简单:"他是日本九段,我要赢他!"

聂卫平回忆说,如果当时没有这场比赛,他可能会被渐渐埋没,也就不会有后来的中日围棋擂台赛了。

战胜陈祖德后，聂卫平手抖得都难以签名

战胜日本九段后，聂卫平还有一个思想包袱，就是从未在正式比赛中战胜过陈祖德。

1975年，全运会在北京举行，聂卫平非常想夺冠，而夺冠就要战胜陈祖德。在全运会预赛中，聂卫平、陈祖德、王汝南、赵之云最终进入决赛，聂、陈之战已不可避免。

全运会决赛依然是循环赛方式，以抽签的方式决定先后对局顺序。聂卫平第一轮就抽到了陈祖德。聂卫平想起在此前一年，他曾81手迅速输给陈祖德，他决心不再重蹈覆辙。

和陈祖德的对弈让聂卫平终生难忘，比赛结束后，陈祖德停钟认输，聂卫平激动得难以自抑，以至于在对局记录上签字确认时，他手颤抖得非常厉害，连名字都无法写工整。

接下来，聂卫平连胜赵之云和王汝南，以十四连胜的成绩获得全运会冠军。

此后，聂卫平蝉联了4次全国冠军，并获得首届"新体育杯"冠军。聂卫平觉得，他之所以能后来一帆风顺，就是因为卸下思想包袱，轻装上阵。他很感谢这些年来陈祖德对他的磨炼与帮助，战胜陈祖德以后，他已成为中国围棋队的第一人。

然而，成为第一人就意味着要肩负起围棋复兴的责任，去争取中日对抗的胜利，仅仅战胜宫本直毅是远远不够的。

访问日本战胜两大高手，获得聂旋风的美名

1975年，聂卫平连续战胜了几位访华的日本九段棋手，开始引起日本棋界的注意，因为聂的繁体字是三个耳字，因此报道里就把聂卫平叫作"咪咪咪"，也就是日语里"耳耳耳"的发音。

1976年4月，聂卫平以第一主力的身份随中国代表团前往日本访问，这次日本棋界给予高规格接待，和以前都不一样。以往日本派出名气大资历深但已过巅峰期的棋手，这次日本派出了正当打的实力棋手，其中有日本棋战头衔拥有者，可见其重视程度。

聂卫平首战对阵日本在位"天元"藤泽秀行九段，这是日本第一个在位头衔拥有者和中国棋手对阵。日本棋界非常高调，认为藤泽可以轻松战胜聂卫平。然而聂卫平最终险胜藤泽，赛后藤泽秀行九段惊异地对翻译说："'咪咪咪'的棋和他的名字一样新颖，下得好极了！"

在东京战胜日本的在位头衔拥有者，这还了得？日本棋界一下子就炸了，开始重视聂卫平。随后聂卫平在接下来的 5 盘棋上 4 胜 1 负，将在最后一轮对阵日本主将本因坊棋战五连霸得主石田芳夫九段。这是从 1960 年中日围棋交流以来，日本派出实力最强的棋手。

聂卫平仔细研究了石田芳夫的棋，决定一开始就要逼迫他进入战斗。到了第 121 手，聂卫平已经确认胜定了。

当裁判长宣布聂卫平获胜后，大厅里响起如雷的掌声。聂卫平的名字在日本棋迷中不胫而走，并被冠上一个响亮的称号——聂旋风。

这次访日，除了聂卫平个人七战 6 胜 1 负，占据绝对优势，整个代表团也取得 27 胜 5 和 23 败的战绩，首次在中日围棋对抗赛中战胜日本。

此后，日本一向自负的超一流棋手大竹英雄九段，再也不说可以让中国棋手两子之类的话了。

中日围棋擂台赛胜利，完成陈毅元帅心愿

1981 年，聂卫平和陈祖德、吴淞笙一起被授予九段称号，圆了陈毅元帅中国拥有九段棋手的梦想。

1982 年，聂卫平率领代表团访日，取得了压倒性的胜利。日本棋界坐不住了，准备请出日本所有高手来进行中日围棋擂台赛。

1984 年 10 月 5 日，第一届中日围棋擂台赛开幕式在日本举行。比赛双方各 8 人，采取打擂台的形式比赛，日本主将是藤泽秀行，中方主将是聂卫平。

对于擂台赛，不仅日本人充满信心认为必胜，中国棋迷也普遍持悲观态度。至于在中国围棋队内部，也认为能打到日本倒数第 3 人小林光一处就算成功。

比赛一波三折，中国第二位出场的选手江铸久居然一波五连胜，直接杀到小林光一城下。小林光一随后展示出超一流的实力，也开始一波六连胜，请出了中国主将聂卫平。

聂卫平在不利局面下背水一战，在日本先后战胜了对方两位副将小林光一和加藤正夫。

在赛后的酒会上，聂卫平惊异地发现居然来了七八十人。很快聂卫平就明白了，对方原本是准备闭幕式的，连横幅都挂出来了，等比赛结果出来后，他们赶紧用"恳亲会"三个字覆盖掉"闭幕式"。

1985年12月，聂卫平在北京对阵日本主将藤泽秀行，中央电视台进行了直播，场外的挂盘讲解居然来了2000多名棋迷。

当聂卫平最终胜利后，全国轰动，多年来对战日本不胜的阴霾一扫而空。全国掀起一股学围棋热潮，涌现出常昊、罗洗河等一批少年围棋爱好者，并在日后成长为世界冠军。

此后的第二届中日围棋擂台赛上，因日本选手山城宏出色发挥，聂卫平出现一人要连过日本五关的情况，然而他多次沉着应对，一盘一盘克服，最后竟然五场全胜，帮助中国队再次赢得擂台赛胜利。

在连续四届擂台赛上，聂卫平获得11连胜，并帮助中国队获取三连霸。在第三届擂台赛后，聂卫平被授予"棋圣"称号。

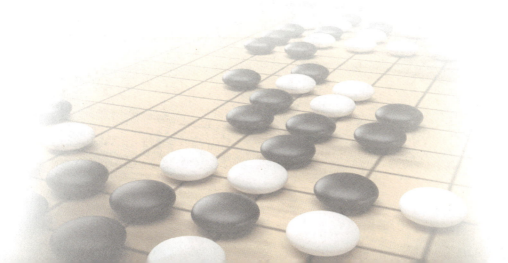

高敏:

最爱微笑的跳水女皇

姓名:高敏

性别:女

项目:跳水

资料

代表荣誉:1988 年汉城奥运会女子 3 米板冠军

1992 年巴塞罗那奥运会女子 3 米板冠军

"1992 年巴塞罗那奥运会,中国队最稳的就是高敏的跳水金牌。"高敏最害怕在奥运会前听到这样的声音。

三米跳板预赛开始了,作为呼声最高、七年来从未失利的卫冕冠军,高敏最终只名列第三,这是她在跳水生涯里几乎没碰到过的事情。她在决赛中还能再次夺冠吗?

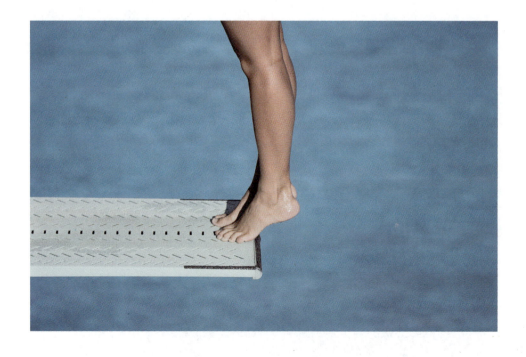

一句"我会成为最好的"坚定了家人送高敏学跳水的信心

高敏出生在一个知识分子家庭,她的父亲是个体育迷,少年时曾获得重庆市的游泳冠军,上大学后还是大学足球队的前锋。

在父亲的引导下,高敏很小就学会了游泳,并在父亲的鼓励下,她从一块两三米高的大石头上跳入河中,高敏后来回忆,这应该是她人生中的第一次跳水。

6岁时,高敏被父亲送入了体校学习体操,但高敏非常不喜欢体操的训练,只想游泳。更让高敏痛苦的是体操训练时需要压关节,这让高敏疼痛难忍,说什么都不想去体操训练了。

9岁时,学校开设游泳课,高敏正在游泳池游得高兴时,被叫去问想不想学跳水。高敏不假思索地点头答应了。

学习跳水的小朋友一开始有几十人,慢慢地变成了只有几人,最后只剩下高敏一个人。高敏只好跟着比她大两三岁的孩子们一起训练,但高敏从小就展示出跳水的天赋,很多动作她几遍就学会了,尽管跟着大一点的队员一起训练,但并不感觉到吃力。

要不要让高敏继续训练并进自贡市跳水队?这是摆在高敏家庭面前的一个严肃的问题。高敏的爷爷奶奶主持召开了一次家庭会议,为高敏是否继续跳水生涯进行讨论。当大家争论不休的时候,高敏一句"我会成为最好的"坚定了全家送她去学跳水的信心。

虽然进了跳水队,但文化课并不能耽误,高敏开始频繁两边跑的日子。每天早上6点,高敏先要到队里去晨跑、练力量,还有她讨厌的压关节。7点半,高敏回到学校上课,下午放学再回到跳水队训练。每天晚上9点半上床睡觉时,高敏往往累得一句话也说不出来。

高敏后来回忆,她这段学校时间,课间都用来写作业或者趴着休息,缺少了很多和同学们一起玩耍的记忆。这一点,直到高敏长大成人,仍感觉有些遗憾。

10岁第一次比赛就开始展露招牌式微笑

1980年8月,高敏参加了四川省业余体校跳水比赛。由于高敏年龄小,她只计分,不算成绩。

这是高敏第一次参加比赛,也就是从这次比赛开始,她有了招牌式的微笑。这是因为她妈妈告诉她:"你脸上一定要有笑容,这样才跳得美。站在上面要微笑,这样才能不让别人看出你的紧张,要有自信。"

这招牌式的微笑一直伴随了高敏的整个跳水生涯,后来她曾在媒体上撰文《一出水面我就笑》。

虽然比赛不计成绩,但高敏最终的成绩比第一名还高几分。这让高敏的启蒙教练杨老师非常高兴,也引来了省队教练的关注。

刘继蓉教练为了考察高敏,专程从成都前往自贡了解情况,并向高敏父母做工作,要把高敏带到成都,进入四川省队训练。看过高敏训练后,刘继蓉非常满意,又和高敏父母谈了一个晚上。第二天,当父母询问高敏想不想去省队时,高敏点了点头。

在省队时,高敏第一次拿到了全国冠军,并在1983年拿到了新西兰世界跳水分龄锦标赛1米板和3米板两块金牌。

但在省队的时候,高敏也因训练太苦太累得了一身的伤病。

有一次,高敏在训练中发现肘关节一天比一天疼,手都伸不直了。去医院检查,医生认为是孩子长身体带来的痛。之后高敏忍着痛训练,再也没有吭声。但因为手疼没有力气顶水,高敏每次入水后,手背都会打到头上。

有一天,高敏被别人不小心碰了一下头,立即大哭起来。这时大家才发现,高敏的头上已经青一块紫一块了,这是每次入水后被手背打的结果。教练当即带高敏去医院再做检查,手臂骨裂的结果让所有人都愣住了。

此外,高敏耳膜还曾穿孔,而肺部也因为在跳水训练中受伤而出血。就在高敏伤病和成绩兼得的时候,一纸通知书把高敏调到北京参加国家队集训。

没想到平时六七分的动作竟被裁判频频打出高分

1985年11月9日,高敏来到北京,参加国家跳水少年集训组的训练,这个组里人才济济,除了高敏还有日后同样成为奥运冠军的许艳梅和熊倪等人。

刚进队里时,高敏发现她在训练时,主教练徐益明根本不看她。而每次弹网比赛时,根本就没有人愿意和高敏一组,觉得她拖后腿。倔强的高敏每天早上决定早到10分钟,再减少10分钟准备时间,每天多出20分钟来做弹网练习,而且要保证质量。每天训练,高敏都第一个到训练馆,最后一个离开。

一个多月后,徐益明又组织了一次弹网对抗赛。没有人愿意要的高敏十个动作都非常好地完成，成为小组胜利的功臣。这一表现让徐益明也对她刮目相看。

不久，徐益明在一次训练后对高敏说："早就听说你训练自觉、认真，看来是真的。"接着，徐益明又在集训队面前表扬高敏，让大家向她学习。

1986 年 2 月，高敏在进入国家队三个多月后，因 1984 年奥运会冠军周继红有伤，她替补参加了德意志民主共和国(简称东德)和苏联两个公开赛。

在东德罗斯托克，高敏没想到，她训练时往往只被教练打出 6 分、7 分的动作，竟然被裁判频频打出 8.5 分、9 分的高分。最终，高敏在 3 米板的比赛中，竟然以高出第二名几十分的分数获得冠军。这是高敏第一次获得国际比赛的冠军。第二天，高敏又在跳台比赛中获得第 3 名。

晚上在酒店房间里，高敏拿着一金一铜左看右看，一会挂在脖子上，一会又拿下来。这时，同屋的跳水名将李艺花告诉高敏："你以后还会有很多奖牌的，我和周继红已经不把这些奖牌当回事了。"

高敏心中许愿，希望再回到房间她已是世界冠军

两站公开赛得了两个冠军两个季军，高敏回到北京后，被主教练徐益明提出了更高的要求：把比赛分数从 550 分左右提高到 580 分。

虽然觉得任务很难完成，高敏仍开始艰苦的训练。徐益明也耐心地给高敏分析："30 分虽然看上去很多，但分解到 10 个动作，每个动作只需提高 3 分，你多看看录像，看看哪些动作可以提高。"

听话的高敏一有时间就往录像室跑，研究裁判们更喜欢什么样的动作。除了看自己的比赛录像，高敏还研究美国跳水王子洛加尼斯的比赛动作，那是她的偶像。

徐益明成为跳水队总教练后，把高敏也带到了老队员组。让高敏尴尬的是，老队员往往比她大六七岁，大家很难交流。但高敏又很高兴，因为老队员组训练时间短，她可以有更多时间跟着徐益明训练。

第 5 届游泳世锦赛很快就要开始了，高敏开始细心地为比赛做准备，包括何时模拟动作、何时上板等细节都考虑到了。

1986 年 9 月，高敏随着跳水队、游泳队等一起来到西班牙首都马德里。预赛拿了第一名，高敏心里有了底。

比赛那天一早，高敏在房间里给自己要跳的动作写计划，写完计划，高敏望着楼下川流不息的汽车，给自己许下一个愿望，希望下次趴在这里看车的时候，她已

经是世界冠军了。

决赛一共有 12 名运动员,高敏作为预赛第一名,在最后一个出场。第 5 个人跳的时候,高敏开始做准备;第 9 个人跳的时候,高敏拿起吸水毛巾走向跳板……第一个动作,入水的一刹那,高敏知道自己跳好了,还没出水,她就笑了。

最后一个动作入水前,高敏已经领先第二名三四十分,当她走上跳板,观众报以热烈的掌声。跳入水中后,高敏心里明白,她肯定是冠军了!

高敏微笑着站上了奥运冠军的领奖台

1988 年,高敏的目标是夺取奥运冠军。4 月份,高敏在中国国际跳水公开赛上获得 614.07 分,成为第一个在国际比赛上超过 600 分的女选手。

汉城奥运会开始了,但高敏的比赛开始较晚,她要一周后才出发。每天训练之余,高敏看的电视、报纸上都是关于奥运会的消息,而中国队的表现不佳,高敏感觉压力很大。

到了奥运村以后,高敏看到形形色色的各国运动员,既感到好奇,又有些紧张,好在预赛顺利比完了,虽然分数不是很高,但毕竟还是第一名。

决赛开始了,在跳前五个规定动作时,高敏跳得不好,但她打定一个主意,就是不管跳得好不好,出水面的时候都保持微笑,既保持信心,又能给裁判留下好印象。果然,高敏认为不佳的动作,裁判依然给出了不错的分数。

自选动作开始了,运动员们到了自选动作都会纷纷上难度,但也会因此跳不好而名次下降,而高敏则是非常有信心。

跳第八个动作时,苏联队一名水球选手在高敏腾空的时候突然大叫一声,全场都听见了。然而高敏全神贯注比赛,竟然完全没有注意到。当高敏第九个动作做完后,比分已经遥遥领先,她出水时又露出招牌式的微笑。

十个动作完全比完,高敏微笑着接受大家的祝福,又微笑着站上领奖台,听着雄壮的国歌在奥运赛场回荡。18 岁的奥运冠军高敏又将为下一个奥运周期而拼搏。

高敏忍着伤病在世锦赛上艰难卫冕

奥运夺冠归国之后，高敏得到了很多荣誉。1988年底，徐益明教练带领高敏等运动员前往西沙群岛接受爱国主义教育。高敏看着保卫祖国边疆的战士，内心深受感动，下定决心再拼搏四年。

在接下来的两年，高敏获得了一系列比赛的冠军，并在1990年北京亚运会上，和两位体育元老许海峰、张蓉芳一起成为最后点燃火炬的主火炬手。

亚运会后，高敏回到自贡的家，但在家里感觉腰痛难忍，整晚都疼得睡不着觉。高敏只好提前回北京治疗腰伤。回到北京后，腰部检查问题不大，可高敏却发现自己胳膊伸不直了。

想想两个多月之后，第6届世界游泳锦标赛就要开始了，高敏担心自己的状态连决赛都进不去，她向队里请求换人。在队里对她耐心进行康复训练和心理辅导之后，高敏慢慢恢复信心，前往澳大利亚参加世锦赛的跳水比赛。

到了澳大利亚，高敏在训练时肩伤发作，胳膊只要一举过头顶就疼。最终，高敏在打封闭的情况下，咬牙坚持完成比赛，获得1米板和3米板两枚金牌。

决赛前意外看到的一句话坚定高敏卫冕的信心

1992年巴塞罗那奥运会开幕了，高敏和前一届奥运会一样，要在开幕一周后才赶往西班牙。在上海集训时，高敏心里明白，这是她最后一周跳水训练了，能不能卫冕，就看这一周的情况。

由于4年前兵败汉城，这次出征巴塞罗那，中国代表团非常低调。外界普遍认为，只有高敏的跳水，才是中国队最稳的金牌项目。对此，高敏的压力也很大。

在预赛上，高敏因为动作失误，排在两名外国选手之后名列第三，在世界大赛上，高敏很少出现这样的情况。回到奥运村，高敏对安慰她的朋友说："我只能硬着头皮上了，中国代表团已经拿不少金牌了，不差我这一块。"

但高敏的父亲却非常坚定，他坚持认为，既然高敏决赛还没比，怎么就能认定她没戏了呢？

1992年8月2日，决赛开始了。决赛前，高敏随手翻了一本杂志，正好看到孟子的话:"天将降大任于斯人也……"她一下子想到这么多年来苦练跳水,如此多的伤病、磨难,正是为了成功的这一天。

在比赛中,高敏的最大对手是来自独联体(苏联解体后,其国家队员在巴塞罗那奥运会上以独立国家联合体的名义组团参赛)的选手拉什科。

在规定动作中,拉什科一直对高敏保持微弱领先优势。但在第七跳,拉什科在自选动作上失误,仅得 30 多分,被高敏一下子反超。

当高敏跳完所有动作后,身后虽然还有两名选手没比完,但她深知自己已稳获巴塞罗那奥运会女子 3 米板金牌,想到这里,她又笑了。

1992 年 11 月,高敏在退役告别仪式上,拍卖了 1991 年第六届游戏世锦赛跳水比赛所获得的金牌,因为这是她在最艰难的情况下获得的,因此高敏觉得非常珍贵。最终金牌被拍卖出 78 万元。其中一半拍卖费用,高敏捐给了北京奥组委,用来申办 2000 年北京奥运会;另外一半,高敏捐给了四川省体育学院,成立了高敏奖学金。

登山双子星：
踏遍七大洲最高峰

资料

姓名：王勇峰　　姓名：李致新

性别：男　　　　性别：男

项目：登山　　　项目：登山

代表荣誉：踏遍世界七大洲的最高峰

"为什么要登山？因为山在那里。"这是著名登山家乔治·马洛里的名言。1924年6月8日，马洛里在尝试攀登珠穆朗玛峰的时候不幸遇难。

对于登山家来说，山是那么的迷人。对于王勇峰来说，每当从他嘴里说出"珠穆朗玛"这四个字时都显得深情无比。山究竟美在哪里，又给予人们什么？每个人心中都有自己的答案。

从 1988 年开始,王勇峰和队友李致新一起,用了 11 年的时间踏遍了全球七大洲的每一个制高点,谱写了壮丽的篇章。

登山的梦想由一代又一代的爱好者来延续

新中国成立后,登山这项艰苦而又伟大的运动,一直在政府支持下,进行不断挑战。

1960 年 5 月 25 日凌晨 4 点 20 分,中国登山队队员王富洲、贡布、屈银华将五星红旗稳稳地插上珠穆朗玛峰,完成了人类历史上首次从北坡登顶珠峰的壮举。15 年后,1975 年 5 月 27 日,中国登山队女队员潘多和队友们再次冲击珠峰,成功登顶。

到了 1992 年,两个中国登山家开始筹划登遍全球七大洲最高峰的壮举,把老一辈登山家的梦想进行传递和延续,这两个人就是王勇峰和李致新。

王勇峰和李致新都是 20 世纪 80 年代初学地质的大学生,一同在中国地质大学水文系读书。

1984 年,中日联合登山队在玛卿岗日进行训练的时候遇到了雪崩,王勇峰和李致新等大学生第一次面临生死抉择,他们不顾自己的安危,奋力抢救队友。第二年,两人又放弃登顶的机会,抢救日本队员的生命。

这些出色的表现,为他们进入中国登山队递交了合格的答卷。

1988 年,王勇峰和李致新一起登上南极洲最高峰文森峰,此后李致新又登上了珠穆朗玛峰。从此开始,登遍七大洲最高峰成为两人的心愿。

1992 年登山战略研讨会上,王勇峰和李致新提出这个难度很大、很新颖的议题,议题确立后,如何实现也成为一个艰巨的任务。

但令当时所有人都没想到的是,王勇峰和李致新为了完成这个任务,前后历时 11 年。

水文系出身的王勇峰非要进地质系才能进的登山队

少年的王勇峰在内蒙古的集宁成长,他从小在父亲的要求下长跑锻炼意志。但小学的王勇峰非常淘气,在马路上撒钉子看自行车爆胎,跑庄稼地里去偷玉米、白薯,总之是一个大人眼中的坏孩子。

上了初二以后,王勇峰因意外拿到市里的数学竞赛二等奖,一下子学习开窍了,最后考入了地质大学。

在地质大学,王勇峰在一次学校的5000米比赛里认识了李致新,并成了好朋友。

1984年,地质大学要成立登山队,王勇峰非常想参加。但登山队并不要水文系的学生,只要和高山工作密切相关的地质系和矿产系。水文系出身的王勇峰不信命,他想争取一下。

作为校运动队的队员,王勇峰开始四处活动,到系里、到体育教研室、到团委,王勇峰无论到哪儿都是一句话:我要登山。

王勇峰参加了学校的全部测试内容。登山队招24人,但最后有200多人报名。第一关是负重30公斤爬台阶,半个小时的测试,一半人被淘汰了。第二关体检,因为学校对登山队员的要求也不是特别清楚,所有项目都要检查,连近视也不行。第三关,要做低压舱实验,在相当于8000米高度的情况下,回答一些非常简单的问题。

王勇峰连过三关,成为24人中的一员。由于24人中有人退出,王勇峰想到了学弟李致新,他动员李致新也报名。

同样水文系出身的李致新在王勇峰的指点下,去找了负责此事的纪老师,一顿软磨硬泡后,纪老师同意了李致新的请求,但有两个要求,第一要体检过关,第二要系里同意。

李致新随后找到了系主任,系主任痛快答应了,但要求李致新把功课安排好。

好不容易爬上峰顶,却发现文森峰的主峰在旁边

1988年,王勇峰和李致新在摸爬滚打4年以后,跟随中国登山队参加了中国、日本、尼泊尔联合攀登珠穆朗玛峰的活动。

按照计划,李致新所在的队伍从珠峰北侧登顶,王勇峰所在队伍从南侧登顶,最终在珠峰会师。但当李致新从北侧成功登顶后,王勇峰没有从南侧登顶,两人错过会师的机会。

该年年底,王勇峰和李致新前往南极洲,计划攀登极洲第一高峰文森峰,这是改革开放后中国人第一次在海外登山。

在文森峰山下,王勇峰和李致新签了一份"生死合同",这是一份所有去南极的人都会签署的照会。照会上说,由于当地环境恶劣,因此组织方对参加本次探险活动人员的生命安全概不负责。

在照会上,还有特别注明的一点:如果发生意外,尸体就地掩埋,不能运送回国。

队伍到达文森峰的一号营地,老天就开始示威,天气一下变了,在风雪中,帐篷一次又一次被狂风吹倒,能见度只有几米了。在雪原上,帐篷是唯一的庇护所,如果帐篷没了,等待大家的只有死亡。

李致新、王勇峰以及50多岁的中国女科学家金庆民合力筑起三道半人高的冰墙。在冰墙的庇护下,帐篷安全了。

第二天,风力减弱,他们开始建立二号营地、三号营地……

12月2日,是突击主峰的日子,王勇峰和李致新7点就起床,这时气温在零下40℃左右。9点46分,两人塞上两块巧克力准备出发。历尽千辛万苦,两人小分队在下午2点30分登上峰顶。

然而到了峰顶之后,新问题出现了:右侧的山峰怎么看着比这边高?下撤的时候,李致新确认,他们把二号峰当主峰来爬了。

是回营地休息,还是继续攀登?好在南极当时是夏天,已进入极昼,一直是白天,那就继续攀登。

突击主峰的路更加艰难,最后一段路是近70度的冰坡,闪着寒光立在面前。王勇峰和李致新一前一后,交替向上攀登,越到山顶,风也越大。

17点左右,李致新和王勇峰登上海拔5140米的山顶,高举五星红旗,两人抱在一起,眼睛湿润了。

想爬遍七大洲最高峰的梦想被当成痴人说梦

在文森峰的大本营,李致新和王勇峰与来自世界各地的探险家聊天,得知世界上很多探险家把登上世界七大洲的最高峰当成自己的目标,第一个实现这个目标的人是加拿大登山家马罗,他从1975年到1986年历时9年完成这一目标。

这些谈话深深打动了两个年轻人,两人偷偷合计,七大洲的最高峰中最高的是珠峰,李致新已经登顶,王勇峰也到达8000米高度。而最难到达的就是文森峰,从智利到南极的飞机往返机票要15000美元,他们也成功了。

两个二十五六岁的年轻人商定,要把五星红旗插遍七大洲最高峰。回到北京后,他们开始宣传自己的这一目标,但大家不以为然:两个年轻人不知深浅,才登了两个山头就痴心妄想。

然而,王勇峰说干就干,为了能在海外登山和外国人交流,他身上不可或缺的就是随身听和单词本,随时随地学英语。

王勇峰是个认定事情就不放松的人,他虽然不知道在哪一年能爬上七大洲的哪一座山峰,但是他时刻准备着。

到了1991年,王勇峰和李致新还没有开始他们的计划。其实两人已经准备好了,先要爬最难的,就是位于北美洲最高峰麦金利峰。然而两人却没有钱。

在当时,国内很难找到赞助,那就想办法在国外找赞助。在半年多的时间里,王勇峰用他刚学会的英语开始给国外写情深意切的信,然后等待。

在攀登麦金利峰的过程中,有七名登山家遇难

1992年,在漫长的等待中,一位曾和他们一起登过山的美国友人打来电话,当得知他俩正在筹款攀登麦金利峰时,对方说:"你们不用找赞助了,费用我包了。"

到了麦金利山脚下,王勇峰指着西侧的那座山说是主峰。李致新调侃道:"你再说一遍,哪个是主峰?"

有了在文森峰错登二号峰的教训,王勇峰心虚了,李致新指着远处的山峰说,那才是主峰。

就在出发的当天,一个坏消息传来,第二天晚上将有一场10年来最大的暴风雪袭击麦金利峰。对于这场大雪,所有人心里都有些发怵,王勇峰、李致新找到一个前人住过的雪坑,把它挖深、扩大,并筑了一道一米高的雪墙。

暴风雪让王勇峰和李致新五六天都只能待在帐篷里,陪伴两人的是一个随身听,《只要你过得比我好》听了一遍又一遍,那也是两人内心的真实写照。

风雪稍微小一点之后,王勇峰两人坚持往山上走,到了4号营地后,意外发现麦金利峰的主峰就静静地矗立在他们面前。看到主峰后,王勇峰精神振奋,一下有了干劲。

冲击主峰的日子到了,李致新和王勇峰采取了交替保护的方式冲击顶峰。所谓交替保护,用最简单的话来说,就是把自己的性命交付到对方手里,这11年,他

们都是这么做的。

在海拔 6194 米的麦金利峰,两人走着走着都有点神志不清了,甚至地上有裂缝都不知是怎么过去的。

渐渐地,王勇峰不知该往哪里走了,身体转了一圈儿,再也找不到更高的地方。王勇峰愣住了,突然,他大喊起来:"致新,这是顶峰,我们登顶了!"

值得记忆的是,就在王勇峰、李致新登顶的这十几天里,麦金利峰有 7 名探险家遇难,足以见证这次攀登的艰难。

"咱们总算把七大洲的目标完成了"

在此后的几年里,王勇峰独自登顶珠穆朗玛峰,随后两人又一起攀登了南美洲的阿空加瓜峰、欧洲的厄尔布鲁士峰、非洲的乞力马扎罗峰。

其中,王勇峰攀登珠穆朗玛峰最为危险,登顶之前,王勇峰的右眼因为高山反应失明了,他硬是凭着一只眼睛,站到了珠峰之巅。然而在下撤途中,他被倒挂在第二台阶上,失踪了 28 小时。

每当提起这些事,李致新就懊悔不已,他觉得应该陪着王勇峰一起去。

1999 年 6 月 23 日,王勇峰和李建新登上了大洋洲最高峰查亚峰。在登顶前几米,李致新哭了,他和王勇峰又一次把五星红旗插在了一个大洲最高峰。

在下撤过程中,下起了暴雨。在离营地还有 5 分钟距离的地方,王勇峰摸到了最后一根绳索,这就意味着他们已经平安下山。摸到这个绳子的时候,王勇峰对李致新说了登顶后的第一句话:"咱们总算把七大洲的目标完成了。"

崛起时代

(1991—2000 年)

1990 年是中国体育奋斗的一个分水岭。

在 1990 年以前,中国体育如一个闯入者,跌跌撞撞,为每一个成功欢呼的同时,对失败也难以客观理智地分析。

1988 年中国奥运代表团在汉城(今韩国首尔)奥运会上获得 5 金,比上一届奥运会一下子少得 10 枚金牌,在众多给奥运选手写的信里,也不乏辱骂的言语。

那个阶段,中国体育还和世界现代化体育有一定的距离,成绩更多是依靠顽强的斗志和不断吃苦拼搏得来的。冲出亚洲、走向世界是中国体育切实的目标。

1990 年亚运会,中国代表团以碾压式的成绩站在亚洲之巅,世界,我们已经来了。

1991 年开始,中国体育全面发展,已不满足在局部或某个小突破口上取得成绩,中国体育开始用现代化的手段武装自己,训练更科学、营养更均衡,并开始尊重、注重运动员的特点和心理变化。

体育的发展最直观体现在世界大赛上,在 3 届奥运会上,中国代表团虽然还不能站在世界之巅,但已经牢牢把握住第二军团领头羊的位置。到了 2000 年悉尼奥运会,中国甚至隐隐形成有和美国、俄罗斯三强分庭抗礼的局面。

这成绩不是一蹴而就的,是 20 世纪 80 年代体育奋斗厚积薄发的结果。在 1992 年巴塞罗那奥运会上,中国游泳姑娘力夺 4 金,创造泳池奇迹。但实际上,在 1988 年汉城奥运会上,中国泳军夺得多枚银牌,已经让世界刮目相看,1991 年游泳世锦赛上,钱红成为第一个中国游泳世界冠军,已经是水到渠成的事情。

中国能成为跳水梦之队,也是在这个时期得到充足的发展,从 1984 年 1 金到 1988 年 2 金,再到 1992 年伏明霞、孙淑伟、高敏三星闪耀,逐步完成称霸跳台的伟业。

20 世纪 90 年代,中国体育也进行了多项尝试,虽然有得有失,但为将来开了好头、吸取了经验。

1993 年北京代表中国奥委会第一次申办奥运会,虽然最终在 2000 年奥运会主办权争夺上输给澳大利亚的悉尼,但振奋了国人的心,从参加奥运会到申办奥运会,我们国家一步一步强大起来了。

这次申办过程为日后留下了宝贵的经验,此后,北京在 2001 年和 2015 年分别申办 2008 年奥运会和 2022 年冬奥会,均取得成功,这和当年的探路是分不开的。

1992 年,中国男足聘请了改革开放之后的第一位洋教头施拉普纳,带来的影响力之大令人瞠目。虽然施拉普纳最终没能带领中国男足进军世界杯,但也为中国体育打开了一扇门。此后,中国在多个项目上聘请外国教练,在击剑、皮划艇等多个项目上都取得成功。

2002年,中国男足正是在前南斯拉夫教练米卢蒂诺维奇的带领下,打入韩日世界杯,实现了冲出亚洲的梦想。

与此同时,中国人也频频打入欧美人士垄断的体育赛事。1991年,谢军战胜苏联选手齐布尔达尼泽,成为第一个欧洲之外的国际象棋世界冠军。

1999年,篮球选手王治郅因1996年奥运会上的出色发挥,被美国职业篮球联赛达拉斯小牛队(现中文名改称独行侠)在选秀大会上选中,在日后成为第一个登陆世界篮球顶级联赛的中国选手。

中国正在与世界接轨。在崛起时代,中国体育不再仰视世界,中国体育开始平视世界。

谢军:
闯入国际象棋殿堂的中国人

资料

姓名:谢军

性别:女

项目:国际象棋

代表荣誉:4 次国际象棋个人世界冠军

3 次奥林匹克团体赛冠军

在中国的智力运动中,国际象棋和中国象棋、围棋并列为三大棋。然而,从国际象棋俗称西洋棋就知道,它和中国象棋、围棋不一样,是舶来品。

虽说国际象棋被普遍认为起源于印度,但发展却是在欧洲,尤其到了 20 世纪70、80 年代,苏联是国际象棋的霸主,男、女世界冠军的头衔被他们牢牢把握。

1982 年,女棋手刘适兰成为第一个获得国际象棋女子特级大师称号的中国选手,这在当时尚不知国际象棋为何物的中国人心中仍引起巨大波澜。

1988 年底，国际象棋国家集训队成立，提出女子个人、女子团体、男子团体、男子个人"四步走"的冲击世界冠军方案。国象女单夺冠的重任，就压在年仅 18 岁的谢军身上，这是第一炮，一定要打响。

从中国象棋"被迫"转行去下国际象棋

从小在北京长大的谢军，一开始学的是中国象棋，这也是那一代国际象棋棋手都会经历的历程。

在一次北京市儿童比赛中，谢军拿到了冠军。中国象棋全国冠军胡荣华还曾在北京棋院指导过谢军下棋。

但就是在北京棋院，谢军"被迫"转行去下国际象棋了。原因是当时北京棋院有个中国象棋非常厉害的女将谢思明，教练们觉得，既然中国象棋有"大谢"盯着，那么"小谢"还是转行在国际象棋的地盘上发展吧。

对于这样的决定，谢军一开始心里有几分不情愿，但随着时间的推移，她也开始被国际象棋六十四个黑白格子迷住，渐渐地，国际象棋成了她事业的重心。

初学国际象棋时，谢军经常听教练讲芮乃伟、刘适兰和谢思明三位女棋手的故事，这三人分别在围棋、国际象棋和中国象棋上开拓了一片天地。

教练让谢军仔细思考她们身上独到的地方，希望谢军能集这三名女棋手的特长于一身，将来必有所成。

但年少的谢军却认为，自己能达到任何一个人的水准都遥不可期，教练怎么会给自己定这么高的标准？

但谢军下棋既认真又有天赋，1984 年和 1985 年，她两次获得全国国际象棋全国少年冠军和成年组第 6 名。

1986 年，国家集训队成立，承担争夺女子世界冠军的重担，就这样压在谢军为代表的这一批青年棋手的身上。

但当时苏联已称霸国际象棋女子世界冠军几十年，时任冠军玛雅·齐布尔达尼泽在国际象棋棋后宝座上已经坐了十年，怎么能把她拉下马呢？

和等级分第一的男队主力学棋，一开始很吃力

在当时的中国体育训练中，由男运动员带领女运动员发展、女运动员在国际赛场上突破的方式很普遍，国际象棋也定下来"男帮女"的方案。

国象集训队的教练们根据棋手的棋风和开局习惯走法，给谢军安排了当时国内等级分第一的男队主力队员叶江川。

一开始，谢军并没有想过有朝一日能冲击世界冠军，只是想单纯提高自己的棋艺，至于能下到什么程度，脑子里并没有概念。

跟着叶江川学棋，训练方式变了，训练量一下子大了，这让谢军一下子有些适应不了，有时想问一些问题，都不知该什么时候张嘴。训练时紧张的情绪、艰苦的环境，反而让谢军锻炼出一种顽强拼搏的斗志。

1989年9月，谢军拿了全国个人锦标赛冠军，这让叶江川觉得她下棋有些入门了。

10月份的全国青年锦标赛在北京举行，为了锻炼女棋手，特意把男女编排在一起比赛。由于谢军前几轮下得不错，连赢了几盘，就坐到了第一台，这是国际象棋个人赛的一个惯例，成绩越好，台次越靠前。

能战胜男棋手，让谢军很高兴，但让她没想到的是，等来的不是表扬而是批评，"这步棋走得不够好""这局面怎么能这么处理""如果对手那么走你就难受了"。这让谢军暗下决心，非要把比赛下好不可。

比赛下到一半，叶江川随男队出国比赛，谢军耳根清净了不少。但没人在一旁帮着分析局面，谢军反而非常不习惯，甚至在比赛中会感觉底气不足。

等叶江川从欧洲回来，知道谢军夺冠后，并没有说什么，但开始为谢军制定训练计划，训练的重点也慢慢转移到谢军身上。

输棋之后，叶江川先带谢军散心

1990年，谢军和叶江川第一次以师徒身份出征世界冠军候选人挑战赛的八强赛。

比赛地点位于格鲁吉亚的一个城市，谢军和叶江川先要坐飞机向西飞，赶到莫斯科，再从莫斯科向东飞回到高加索地区的第比利斯，再坐三个小时的汽车赶

往比赛地点。

等谢军赶到比赛场地，已经是开赛前一天的晚上9点了，她来不及放下行李就赶去参加开幕式进行抽签。由于一路劳顿外加时差的原因，谢军一直晕乎乎的。

参赛的一共有八名女棋手，进行单循环比赛，赢一盘得1分，和棋双方各0.5分，输棋则0分。所有比赛结束后，积分最高的两名选手将再进行候选人决赛，谢军要做的，是至少要位居前两位。

比赛前5轮，谢军3胜1和1负，处于领先地位。第6轮，谢军面对一位出线无望的对手，既想利用先手击溃对手，又想求稳，就在犹豫之间，竟然被对手击败。这让谢军非常懊恼，积分也掉到和其他两人并列第二位。

这时局势对谢军非常不利，她只有赢棋才有可能晋级决赛。最后一局谢军执黑后走，赢棋难度本来就很大，面对的又是实力最强的一号选手，怎么办呢？谢军一方面悔恨自己的失利，另一方面又对战胜强手感到信心不足，这让谢军饱受煎熬。

奇怪的是，叶江川没有利用这个时间好好讲讲棋，反而是带她到离赛地很远的一个集市上散心。这让谢军明白了老大哥的良苦用心，心情一下子舒缓了许多。此后叶江川帮助谢军制定了一套战术，利用对手想赢怕输的心理，设下圈套，一举击溃对手。

随后，谢军在1991年2月于北京举行的候选人决赛上，以3胜3和1负积4.5分的成绩，提前一轮战胜对手马里奇，获得向卫冕世界冠军齐布尔达尼泽挑战的机会。世界冠军，看上去只有一步之遥了。

在赛前没有人相信谢军能赢，有些话还很难听

1991年9月，国际象棋女子世界冠军锦标赛决赛在菲律宾首都马尼拉开赛。比赛一共有16轮，在位的世界冠军齐布尔达尼泽只要拿到8分就可以卫冕成功，而作为挑战者，谢军必须拿到8.5分才能挑战成功。

在赛前，没人看好谢军能挑战成功，有些话还说得很难听。对手的实力和在世界棋坛的地位，都是当时的谢军没法比的。

在前往马尼拉以前，谢军在家住了两天，本来是应该和父母团聚，但这两天谢军都躺在床上，不想吃也不想动，头昏沉沉的，接着又因为扁桃体发炎而发烧，紧急赶往医院治疗。出发前，谢军和父母说好不去机场送行，她觉得送人的滋味不好受。

临出发前,谢军接受国内媒体采访,问到胜算时,谢军回答是 50%。但同样的问题,齐布尔达尼泽在回答苏联媒体采访时,表示她就等着比赛后回国庆功了。

听到这些声音,谢军心有不甘,"比赛还没开始,凭什么就认为我不行呢?是骡子是马,也要遛遛才行。"虽然齐布尔达尼泽是什么样的人,谢军不清楚,但她下过的 219 盘对局,谢军心里记得清清楚楚。教练戚惊萱和叶江川也仔细给她分析、研究过,就凭这些,谢军心里有底。

到了马尼拉,谢军意外发现齐布尔达尼泽和她住在酒店的同一层。在走廊相遇,齐布尔达尼泽也认出谢军,对她笑笑:"您好。"谢军也点点头:"您好。"

第 13 局,对手开始在胸前画十字祈祷

前两局棋,谢军和齐布尔达尼泽均战成和棋。第 3 局,谢军先行一举冲破对手防线,率先取得胜利。获胜后,谢军觉得,世界冠军对抗赛也不过如此。

但随后风云突变,第 4 局在稍微占据优势的情况下,谢军却痛失良机输棋。而在第 5 局执白先行的情况下,谢军又被对手全面压制。连输两局棋,从 2 比 1 到 2 比 3,谢军的内心非常不好受。教练组决定递交停赛一天的申请,让谢军尽快从失利的阴影中走出来。

休息日,谢军拿出一双开口的鞋,请人去修理。对方一看,说:"这鞋这么旧了,还修什么?扔了算了,再买新的。"

但谢军很不高兴,"得胜鞋,这两天就是因为没穿它才输棋的。"代表团深知这不是谢军迷信,而是一种心理平衡,于是赶紧找人把鞋补上。

随后几局棋,谢军稳定了情绪,并在第 8 局拒绝对手和棋提议后,利用对手的致命错误赢得比赛,把比分扳成 4 比 4 平。这是整个对抗赛的一个转折点。

随后的两盘棋再次战和,而谢军却觉得她一定可以赢到最后。随后比赛如她所愿,第 11 局和第 13 局谢军都赢了,比赛胜利的天平已严重向谢军倾斜。其中第 13 局开赛前,谢军敏锐地发现,齐布尔达尼泽开始在胸前画十字祈祷了。

10 月 29 日,第 15 局比赛开始了,此时谢军以 8 比 6 领先,只要在随后的两局比赛中任意战和一局,谢军都将成为新的世界冠军。

比赛到了第 62 回合,回天无力的齐布尔达尼泽提和了。她走上前,握住谢军的手:"祝贺你成为新的世界冠军,你下得比我好,胜利属于你。听说明天是你的生日,祝你生日快乐。"

第三次夺冠后，给大波尔加回了一封有理有利有节的公开信

夺冠后的第二天，是谢军 21 岁生日。菲律宾华侨们纷纷整版整版地在报纸上刊登广告庆祝谢军生日。

谢军深受感动，她觉得自己只是做了一个棋手该做的事情——奋力拼搏去夺取胜利，华侨们的深情厚谊让她常常感叹不知如何回报。

在告别仪式上，谢军把她在生日宴会上收到的 8000 美元红包捐赠给了受火山爆发困扰的菲律宾灾民。虽然这个红包远远超过当时谢军的月收入，但她认为还是把这笔钱留在菲律宾更好。

获得世界冠军后，谢军没有停下攀登国际象棋世界高峰的脚步，在 1993 年 8.5 比 2.5 大比分战胜挑战者约谢里阿妮，成功卫冕。

在 1996 年对抗赛输给匈牙利波尔加三姐妹中的老大苏珊·波尔加后，谢军渴望能从对手手中夺回世界冠军头衔。但因为苏珊·波尔加多次找借口回避比赛，对抗赛一再推迟。最后，国际棋联裁定，由谢军对阵俄罗斯选手加利亚莫娃，16 局棋获得 8.5 分夺冠。

1999 年，谢军战胜加利亚莫娃，第三次获得世界冠军头衔。赛后，谢军针对苏珊·波尔加的不实言论，写了一封有理有利有节的公开信进行回击。

2000 年，国际棋联改变世界冠军比赛规则，由挑战人制变成锦标赛制。谢军参加了第一届世界女子锦标赛，并最终夺冠。谢军也成为在两个赛制上都夺得国际象棋棋后的第一人。

此外，谢军还在 1998 年、2000 年和 2004 年三次代表中国队，和队友一起获得国际象棋奥林匹克团体赛冠军，结束了俄罗斯的称霸地位。

从棋手到教学，谢军跨出了令人惊讶的一步

2006 年开始，谢军将重心转向了教练岗位和行政工作，2010 年更是跨出了令外界很惊讶的一大步，来到首都体育学院出任副院长。

谢军在北师大读书 21 年，她很喜欢在学校里搞学术、做学问的氛围，这次的

工作调动也算是得偿所愿。

然而到了高校后，谢军发现挑战是巨大的，她接触了很多从未涉及的领域，"不会就学、不懂就问"，她的态度非常端正。棋手的经历对于她现在的工作帮助非常大，棋手很重视逻辑思考，而逻辑是一切的根本。做事有计划，加上肯学习，谢军整个思路还是比较清楚的。

2019 年，谢军开始分管科研工作。在冬奥会的时代大背景下，冬奥的课题也成为谢军的主要方向，这让她和好朋友、冬奥会第一枚金牌得主大杨扬又有了很多交流合作的机会。

在谢军的字典里，似乎从来没有畏惧这个词，而乐观、好学、坚韧，应该是对她人生最准确的诠释了。

王义夫：
奥运六朝不老枪

资料

姓名：王义夫

性别：男

项目：射击

代表荣誉：1992 年巴塞罗那奥运会射击冠军

　　　　　2004 年雅典奥运会射击冠军

　　1984 年洛杉矶奥运会，王义夫在奥运第一战获得铜牌，一同参赛的是比他大 3 岁的许海峰；1988 年汉城奥运会，王义夫第八，射击队中有小他 3 岁的黄世平；1992 年巴塞罗那奥运会，王义夫一金一银，队中有小他 8 岁的张山；1996 年亚特兰大奥运会，王义夫在遥遥领先的情况下最后一枪因严重脑供血不足而出现失误，获得银牌后晕倒，队中有小他 12 岁的杨凌；2000 年悉尼奥运会，王义夫获得银牌，队中有小他 17 岁的蔡亚林；2004 年雅典奥运会，44 岁的王义夫再夺一金，队中有小他 24 岁的朱启南……

崛起时代

王义夫在赛场奋斗 20 余年，历经 6 届奥运会，筑起了一道荣誉的丰碑。

13 岁时父亲花 27 元买了一把老式气枪

王义夫从小爱枪，这是有家族传统的。王义夫的父亲是军人出身，非常喜欢玩枪，言传身教之下，王义夫也跟着喜欢上了枪。看到儿子和自己有共同的爱好，父亲当然要大力支持。

1973 年，王义夫 13 岁的时候，他父亲花 27 元买了一支老式气枪。在当时，27 元将近一个人半个月的工资。有了这把枪，王义夫爱不释手，从此和枪结下了半生之缘。

1976 年底，王义夫父亲的老战友来串门，听说王义夫对枪特别着迷，于是推荐他去辽阳市业余射击学校学习。到了学校，王义夫才发现，自己原来的动作要领并不规范，只属于野路子。在学校里，王义夫开始认真学习基本功，学习射击的理论知识。

每天放学，王义夫都要横穿辽阳市，从东头的家里骑自行车一个多小时，赶到西边的射击学校去训练。

一开始，王义夫学习的是步枪，后来他听说手枪的难度更大，就缠着老师更改项目。当时手枪组有几名学员，只有一把枪，要轮流进行训练。当一个人在持枪训练时，往往别人都是站在那里看着。只有王义夫端起一块砖头，熟悉射击的感觉。

训练不到半年，王义夫夺得辽宁省射击比赛的第二名。从那时起，他搬进了射击场，白天练晚上也练。

一年以后，王义夫进入了辽宁省射击队，并在入队一周后的实弹考核中，打出 562 环的成绩，这在全队引起轰动，王义夫自己也萌生要夺取全国冠军的念头。

果然这个愿望很快就实现了，1978 年 5 月，王义夫在一次全国性的比赛中，获得两个项目的冠军。

当时的手枪射击比赛，只需要在规定时间内射出 60 发子弹即可，谁的总环数最高，谁就是冠军。王义夫是出了名的快枪手，别人通常要一个半小时比完，他不到一个小时就比完了。而且他的弹着点分布均匀，成绩稳定。

有了这些成绩和特点，王义夫在 1979 年被招入国家队。

进入国家队后，王义夫的目标自然就水涨船高，不再满足于全国冠军，他要为国争光，想当亚洲冠军、世界冠军。

1980 年的亚洲射击锦标赛,是王义夫第一个国际大赛,他在比赛中太想打好了,然而毕竟年轻缺乏经验,最终名落孙山。

1983 年底,国家队组织奥运集训队,备战洛杉矶奥运会射击比赛。队中一共有 6 个人,王义夫是成绩最好最稳定的选手。在队内三场选拔赛上,第一名是王义夫,第二名是许海峰。

1984 年 7 月 29 日,洛杉矶奥运会手枪慢射比赛开始,这是该届奥运会第一个产生金牌的项目。前两组,王义夫分别获得 97 环、96 环,这个成绩相当出色,仅次于许海峰的两组 97 环。

但在接下来的第 3 组比赛中,王义夫打出 7 环,这是专业选手在世界大赛上少有的坏成绩。王义夫要求自己冷静、再冷静,最终他打出了 564 环。

比赛全部结束后,当王义夫得知自己比冠军许海峰只少两环,名次却落到第三时,非常懊悔,觉得刚才如果能再稳一点,是可以多打几环的。和许海峰并肩站在领奖台上,王义夫感慨万千,望着五星红旗升起,他暗暗发誓自己也要获得奥运冠军,再让国旗在奥运赛场飘扬。

然而,愿望虽然很好,但现实总是很残酷。在 1988 年汉城奥运会上,王义夫颗粒无收,而在 4 年前大放异彩获得 3 金的中国射击队,也仅由黄世平与许海峰获得一银一铜。

放下包袱改变风格,成了王义夫的首要任务

当时王义夫没想明白的是,他的一个技术风格严重影响了他在世界大赛上的成绩。对于这一点,他的主管教练张恒心里一清二楚。

张恒早在 1981 年初次担任王义夫教练时,就对他的快枪手风格提出异议。但因为他很快被派往体育学院去深造,因此这件事就耽搁了下来。1986 年,张恒再次成为王义夫的教练,他看准王义夫技术上和思想上的弱点,准备好好改造一番。

张恒发现,王义夫一到国际大赛上,心里总会有顾虑,会不断给自己增加心理压力,这也严重干扰了他的比赛情绪。

张恒和王义夫约法三章,他规定,只要王义夫在手枪慢射中打出两个 9 环,就要手离枪套,重新握把,并要空枪预习两次以上才能再进行实弹射击。在气手枪比赛中,只要出现一个 9 环,就必须暂停,让头脑恢复清醒,想明白后,才能再次射击。

有了这些规定,王义夫改变了快枪手的风格,逐渐变得扎扎实实,性格也变得

沉稳起来。

努力付出终于得到回报。1990年,洛杉矶射击世锦赛上,王义夫分别在男子10米气手枪以689.7环获得冠军、自选手枪慢射以665环获得冠军,这是王义夫出道10年来第一次获得射击的世界冠军。

接下来的训练重心就是备战1992年巴塞罗那奥运会,王义夫又会取得一个什么样的成绩呢?

王义夫决心把一环的差距追回来

1992年7月26日下午,巴塞罗那奥运会男子自选手枪决赛开始。和8年前的赛制不同,这次比赛分预赛和决赛,预赛前8名进入决赛,将再比10枪。

王义夫成为进入决赛的8人之一,如果夺冠,这将是中国代表团在巴塞罗那的奥运第一金。

虽然前两枪都是8环,但王义夫遵从张恒的指导,放慢比赛的速度,慢慢找感觉。连续3个10环,王义夫的成绩从第7位攀升到第3位,并在第9枪追到第2位。只差一环,但最后一枪,王义夫和对手都打出了9环,他只能屈居亚军。

好在王义夫还有一项比赛,他将在两天之后参加男子气手枪比赛。

但令人没想到的时候,在男子气手枪的预赛中,王义夫第一组比赛就出师不利,10发子弹只得了95环。按这样的水准,王义夫60发子弹很难达到580环,那样别说冠军,连决赛都有可能进不去。即使侥幸进决赛,因为预赛成绩带入决赛,落后太多也很难夺冠。

张恒教练赶紧趁他休息时进行提醒:"2月份加拿大世锦赛上,你第一组不也是95环吗?最终还是打到了590环。不要紧,放开打。"

王义夫稳住心神,最终以585环的成绩进入决赛,排在8个选手中的第二位,其中第4组10发子弹获得100环。

预赛第一的选手是罗马尼亚的巴比,成绩是586环,冠军很有可能就在他和王义夫之间产生。但决赛还没开始,巴比就领先王义夫一环,王义夫决心把这一环差距追回来。

下午的决赛，还是和两天前一样，在老时间老地方举行。对于王义夫来说，环数已经不重要，如何稳定心理是关键。

　　上场前，同样是国家队射击选手的妻子张秋萍对王义夫说："你有实力，你的最大对手就是你自己，战胜自己，你就赢了。"老队员许海峰也跑过来安慰他："不怕，第二的位置最好打。"

　　气手枪的决赛和预赛不同，决赛的环数是带小数点的，即使射中靶心，最靠近中心的可以得到10.9环，而挨着边的就只是10.0环，因此需要更高的精准度。

　　7枪过去了，王义夫还落后巴比0.8环。说来也奇怪，落后的不着急，领先的倒是有点着急了，看迟迟甩不开王义夫，巴比有点沉不住气，第8枪打完，领先距离只剩0.4环，第9枪打完，领先的距离只剩0.1环。这时，胜利的天平开始向更稳定的王义夫倾斜。

　　最后一枪，巴比出枪很快，但却大失水准，只有8.9环。王义夫实现逆转的机会来了。

　　最后一枪，王义夫把枪举起又放下，然后又举起又放下，他在找射击的最佳感觉。他看了看屏幕上巴比的弹着点，调节呼吸后，举枪扣响扳机。

　　没等报靶员公布成绩，王义夫已经举起双臂进行庆祝，他心中有数，这枪至少在9.6环以上。

　　成绩出来了，9.7环，王义夫在最后一枪实现逆转，反超巴比0.7环夺冠，圆了他奥运金牌梦。

双眼漆黑一片，王义夫仍凭感觉扣响扳机

老枪不老，王义夫还在继续。

1996 年 7 月 20 日，亚特兰大奥运会气手枪决赛即将开始，王义夫又一次担负着为中国代表团夺取第一金的重任。

在比赛中，王义夫一路领先，最后一枪前已积累起 3.8 环的巨大优势。但在最后一枪时，王义夫脑供血不足，突然两眼漆黑什么都看不到了，这时时间所剩无几，王义夫只好凭着感觉扣响扳机，6.5 环。所有人都惊呆了，不明白发生了什么事情，就连以 0.1 环成绩超越王义夫的冠军选手也目瞪口呆。

就在大家吃惊的时候，王义夫却缓缓倒在地上，随后被担架送往医院。在担架旁，王义夫的妻子张秋萍泪流满面。

虽然这届奥运会上，王义夫没有获得金牌，但他顽强拼搏的精神却鼓舞着每一个人。

恢复健康后，王义夫依然征战在赛场上，在 2004 年雅典奥运会上，王义夫以 690.0 环的成绩再次获得男子 10 米气手枪的金牌。这离他第一次参加奥运会已经过去 20 年。在 6 届奥运会上，王义夫一共夺取了两金三银一铜，完美地交出了自己的答卷。

庄泳：
中国泳池第一金

姓名:庄泳

性别:女

项目:游泳

代表荣誉:1992 年巴塞罗那 100 米自由泳金牌

中国奥运游泳第一金

资料

1984 年洛杉矶奥运会,12 岁的庄泳请假去看朱建华奥运会跳高比赛的电视转播,教练批准了,随口问她:"什么时候能看到你在奥运会比赛?"

第二天的游泳比赛,庄泳又坐到电视机前,当教练说:"我真希望你们能在四年后的奥运会上为国争光。"庄泳的声音又响亮又干脆:"老师,看我的。"

四年后的汉城奥运会上,庄泳在 100 米自由泳比赛中获得银牌,为中国获得泳池里的第一块奖牌,也远远超过了上一届第 17 名的成绩。但庄泳很懊恼,因为她要的是金牌。

小姑提议,让爱游泳的庄咏改名叫庄泳

说起来,中国体育和游泳是有缘的。中国有长长的海岸线,南方江河湖泊众多,处处是水乡,因此也培育了众多游泳爱好者和游泳健将。老一辈游泳选手吴传玉参加了 1952 年赫尔辛基奥运会的比赛, 穆祥雄在 1958 年和 1959 年三次打破蛙泳的世界纪录。

但说来也怪,改革开放后,许多项目都发生了翻天覆地的变化,体操、跳水、射击、举重等项目都已在世界上崭露头角,乒乓球、女排更是成为世界霸主,但游泳迟迟没能在世界上打开局面。

何时能为国争光？老一辈游泳教练们很着急，直到庄泳、杨文意、钱红、林莉等一批女孩子横空出世。

庄泳出生时因为嗓门洪亮，父亲给她起名叫庄咏。但她没来得及确定自己在音乐上是否有天赋，就在不到6岁的时候进了游泳班。

1979年夏天，上海市卢湾区少体校游泳教练徐仁惠到游泳班选材，看中了这个个头大、身体轻的好苗子，把庄泳带到了少体校。

庄泳的姑姑说，这孩子手大脚大，说不定这一划一蹬，还可能出个水上"皇后"呢，就提议把"咏"改成了"泳"。从此，庄泳开始了游泳的专业训练。

在同龄孩子里，庄泳的独立性很强。9岁的时候，庄泳第一次去外地比赛，别人都哭成泪人一样，庄泳却咬咬牙，尽管眼睛也有点发红，但楞没让眼泪掉下来。

为了给庄泳增加营养，徐仁惠让自己的母亲每天都给庄泳做她爱吃的红烧大排、油焖虾等，这美味让庄泳赞不绝口，"走了那么多地方，都没有奶奶做得好吃。"

"四年之后奥运赛场看我的"

1984年洛杉矶奥运会开始后，庄泳特别关心中国选手在奥运会上的成绩，每当国旗升起、国歌响起，庄泳的心也跟着"扑通扑通"剧烈跳动，她期待自己也有在奥运赛场为国争光的那一天。

有一天，同为上海选手的朱建华将参加跳高比赛，庄泳向徐仁惠教练请假去看电视转播，教练同意了，顺口说了句："什么时候我能看到你在奥运会上比赛？"这句话一下子戳中了庄泳的心。

第二天，庄泳又要求看奥运会的游泳比赛，但当时中国游泳的最好名次是第17名，连决赛都没进去。看着庄泳和小伙伴们在为运动员加油，徐仁惠趁机开导她们："你们要好好练，下一届奥运会，谁能进国家队，谁就要进决赛。"庄泳的声音又响亮又干脆："老师，看我的。"

庄泳后来回忆，从小她就把游泳当成自己毕生的事业，真正投入进去，就无法割舍对水的热爱。庄泳给自己设的目标很远大，她认为，目标越大，动力就越大。奥运冠军，就是庄泳给的终极目标，只是那时看起来，目标还遥不可及。

1984年10月，庄泳进入上海市游泳队，那时她已是100米、200米、400米和800米四项自由泳比赛的12岁全国纪录保持者。她在全国的同龄人里已领先一步。1985年，庄泳在全国青少年运动会上夺取3金，引起国家队教练注意。1985年

2月,庄泳进入国家集训队,成为总教练陈运鹏的得意门生。

庄泳深知国家队这种地方不是随便呆的,既不是荣誉的跳板,更不是混日子的地方。庄泳明白国家队竞争的激烈性,她只有拼出成绩,才能抬头挺胸走路。

起跳时犹豫一下,与金牌失之交臂

经过科学训练和个人的刻苦努力,庄泳成绩突飞猛进。

很快,庄泳就有了自己的全国纪录。在1987年8月的环太平洋游泳锦标赛上,庄泳又和队友合作打破4×100米自由泳接力的亚洲纪录。15岁的庄泳已经成为希望之星。

到了1988年,庄泳的成绩又有所提高,4月和5月两次赛事上她各有一项成绩排名世界第二。

1988年9月19日,庄泳在汉城奥运会上获得女子100米自由泳的银牌,这是中国奥运史上的第一枚游泳奖牌。冠军是民主德国(现已与联邦德国合并为德国)选手、世界纪录保持者奥托,她在汉城奥运会的泳池里一共夺得6金。

输给名震天下的奥托,又取得历史性的突破,这对16岁的庄泳来说,非常难得。但庄泳并不满足,她觉得如果自己入水能再快点、如果冲刺能再给力,她还是有机会能拿冠军的。

原来在起跳入水时,庄泳以为有人抢跳,犹豫了一下,就这么一犹豫,她晚了半拍,成为最晚入水的人。尽管教练认为庄泳的成绩和奖牌已经非常出色,但庄泳却非常不服气。

第二天的女子4×100米自由泳接力,庄泳又有了和奥托同场竞技的机会。由于庄泳在前一天的比赛非常出色,教练组决定让庄泳游最后一棒。

庄泳在最后一棒游得非常出色,但因为前面落后太多,庄泳最后第四个到达终点,中国游泳队也痛失这个项目的奖牌。庄泳伤心得哭了,从小有强烈集体荣誉感的她把责任都揽到自己身上,没获得奖牌,比自己100米自由泳没夺得冠军还难过。

奥运会回来后,庄泳对妈妈说:"走着瞧,下届巴塞罗那奥运会看我的。"

在游泳世锦赛上打了一个翻身仗

庄泳是个不服输的姑娘，有了目标就绝不放松，而且有计划有思路。这一点，教练组也深有体会。

有一次，教练提了一个训练方案，看庄泳默不作声，以为她没有听进去，于是让庄泳写个思想汇报交上去。庄泳的汇报非常有条理，详细写明应该如何训练，如何分节点达到训练目标。教练看后非常满意，意识到她是个非常自觉、有想法的人，因此加倍在庄泳身上下功夫。

在随后的 4 年，庄泳的目标都是围绕着奥运会转，一连 4 个春节都没有回上海老家过。她跟着教练上高原、赴东欧，到各处进行训练，目标就是 1992 年的奥运金牌。

这时庄泳已进入青春期，身体不断发育，体重增加对游泳运动员来说是非常大的麻烦。庄泳每天克制自己的饭量，很长一段时间里，每天只吃二两主食，实在饿了，就吃一块饼干。她定时称重，只要发现超标，就一定要把体重减下来。

在北京集训，庄泳也很想去逛逛街，去公园玩玩，但一想到训练、比赛、奥运会，庄泳不由自主地向游泳池走去。

1991 年初在澳大利亚佩思的游泳世锦赛上，中国泳军打了一个翻身仗，由钱红率先在蝶泳上为中国夺得第一个世界冠军，紧接着庄泳在女子 50 米自由泳上、林莉在女子 200 米混合泳及 400 米混合泳上都获得金牌。

中国姑娘在泳坛的成绩也震惊世界，从此，庄泳、杨文意、钱红、林莉、王晓红被称为"五朵金花"，庄泳成为巴塞罗那奥运会 100 米自由泳冠军的有力争夺者。

汤普森横空出世成为最大拦路虎

在巴塞罗那,庄泳遇到了一个强有力的对手——美国 19 岁的女大学生汤普森。

在奥运会即将开赛前,美国按惯例在国内进行了奥运选拔赛,汤普森一鸣惊人,以 54 秒 48 的成绩创造了 100 米自由泳的世界纪录,这个成绩压了庄泳赛季最好成绩 55 秒 12 一头。

到了巴塞罗那,庄泳不断被记者提问,询问她对奥运夺冠形势的看法、对汤普森口出狂言要夺取奥运 4 金的评价。

但庄泳的教练却安慰她:"现在注意力都在汤普森身上,这对你来说是好事,压力会减小很多。你不用管世界排名,决赛枪一响,什么纪录都没用。"教练告诫庄泳别受干扰,只有笑到最后的人才笑得最好。

庄泳也连连点头,在游泳队的形势分析会上,庄泳表示:"一切都要到一个游泳池里游过才算数。"

1992 年 7 月 26 日,这是巴塞罗那正式比赛的第一天,上午就有 100 米自由泳的预赛。

在预赛中,庄泳 55 秒 78 获得第四组第一名,进入晚间的决赛。汤普森发挥出色,以 54 秒 69 的成绩打破奥运纪录,高居预赛成绩第一名。

在晚间的决赛中,汤普森将游黄金水道第四道,庄泳则在第二道。这对庄泳来说并不是一个坏消息,因为汤普森在比赛中将看不到庄泳的情况,难以做出有效的判断。

为游泳队获得中国奥运史上第一金

决赛开始了,庄泳站在第二泳道的出发台前做着准备动作,她很有信心,还向在第七泳道的队友、同样来自上海的乐靖宜做出加油的手势。

枪响了,8 名选手一起跳入水中,经过短暂的潜泳后,把头露出水面,奋力划水向前。在场的观众里,汤普森的支持者众多,许多美国人挥舞着星条旗为汤普森加油。

崛起时代

113

庄泳的状态非常好，第一个出水，已抢先别人半臂距离。50米后，庄泳第一个转身，成绩是26秒46，紧接着，汤普森也转身，落后了0.08秒。转身之后，两人齐头并进，庄泳能不能把握住优势夺冠，就在最后这50米。

看台上的美国拉拉队员拼命为汤普森呐喊助威，在场的中国观众也不示弱，为庄泳鼓劲。

到边了，庄泳和汤普森几乎同时触壁，两人都浮出水面，看向大屏幕。屏幕上金光闪闪的大字显示着最终的结果：庄泳不仅获得第一，还以54秒64的成绩打破汤普森在上午创造的奥运纪录。

庄泳的金牌是中国代表团在巴塞罗那奥运会上夺取的第一金，更是中国游泳史的第一金，这是中国游泳40年传承才获得的成绩。

在庄泳的带动下，中国游泳队出色发挥，一扫四年前在汉城奥运会只夺银不见金的阴霾，由钱红在100米蝶泳、杨文意在50米自由泳和林莉在200米混合泳上再夺三金，成功地打了翻身仗。

庄泳赛后说："这是我一生最开心、最难忘的时刻，为了这一刻，我奋斗了15年，从汉城到巴塞罗那我已经等了4年。"

庄泳夺冠后，全国妇联发来贺电，并号召全国广大妇女为庄泳而自豪和骄傲，喊出向庄泳学习的口号。

伏明霞:
惊世一跳载入《时代》周刊

姓名:伏明霞
性别:女
项目:跳水
代表荣誉:年龄最小的奥运冠军
　　　　　1992 年奥运会跳台冠军
　　　　　1996 年奥运会跳台、跳板双料冠军
　　　　　2000 年奥运会跳板冠军

　　1992 年巴塞罗那奥运会上,未满 14 岁的伏明霞在露天跳台上惊世一跳,成为中国奥运史上最年轻的奥运冠军。这个纪录已经难以打破,因为此后国际奥委会规定,只有年满 14 周岁的运动员才能参加跳水比赛。

　　欧美各大媒体争相报道,美国深有影响力的《时代》周刊还把伏明霞的照片放在封面。

4年后,伏明霞在亚特兰大奥运会上成为跳台、跳板双料冠军,成为1960年后又一个实现这一伟大创举的女运动员。

但谁又能料到,当年刚改学跳水的伏明霞,曾为自己是个旱鸭子而苦恼呢?

因关节柔韧性差,伏明霞没能像姐姐一样练体操

1978年8月16日,伏明霞出生在湖北武汉,是中国第一位跳水奥运冠军周继红的老乡。

20世纪80年代初,伏明霞的父亲伏宜军在一次偶然的机会,被路边一则招生广告吸引,那上面写着武汉市业余体校体操班要招收小学员。伏宜军很感兴趣,和妻子商量后,决定把7岁的姐姐伏明燕和5岁半的妹妹伏明霞一起送到体操班去学习。

为了让两个孩子能更好地补充营养,一个月只有80多元工资的伏宜军想尽办法,为了能让两个女儿经常吃上鸡蛋,伏宜军在家里养了母鸡;每到周末,伏宜军就到河边钓鱼改善生活;为了补充维生素,烟瘾很大的伏宜军咬咬牙戒了烟,给孩子们买水果。

虽然伏明霞和姐姐一样有运动天赋,两人的发展轨迹却并不一样。伏明燕身材匀称,爆发力强,很快就在市体校冒尖,被招收进了省体操队,并在全国比赛中崭露头角。

但伏明霞的体操路却有些艰难,虽然她也有灵气,胆子也大,可是关节的柔韧度却不理想,这对体操选手来说,是个非常大的问题,等于断了伏明霞的体操路。

怎么办呢?天无绝人之路,这时有人把伏明霞推荐给了跳水教练胡德美。胡德美问7岁的伏明霞:"你喜欢跳水吗?"伏明霞大声说:"喜欢。"她虽然没跳过水,但在电视上看到过跳水比赛,觉得又紧张又刺激,心里充满羡慕。

但学跳水有个很重要的前提,那得学会游泳,可伏明霞还是个旱鸭子,怎么办?

第一次跳水，伏明霞在 10 米高的跳台上站了两个多小时

在伏明霞之前，中国还曾有个运动员在不会游泳时就敢于跳水，那就是中国第一个跳水世界冠军陈肖霞。都有个"霞"字，伏明霞也想试试。

为了教会伏明霞学游泳，伏宜军用了个土办法，在伏明霞的腰间系上一根绳子，另一端缠在自己手上，拉着她去游泳池下水扑腾。扑腾了一周后，伏明霞兴奋地向大家宣布："我不再是旱鸭子了！"

进入胡德美的训练班后，伏明霞开始艰苦的训练。她先是在弹床上练习翻腾，剧烈的翻转常常会让人头晕目眩，严重时还会呕吐，而一个不小心，人有时还会落到海绵垫外面。

让伏明霞更痛苦的是压韧带。按照教练的要求，伏明霞在家里让父母轮番在腿上坐 10 分钟。她每次都疼得眼泪都掉下来，急着问父母："到时间了吗？到时间了吧？"

第一次上 10 米高的跳台，伏明霞害怕了，站在跳台上只是哭，不敢跳。两个多小时过去了，天都快黑了，伏明霞还是没有跳，教练也依旧在下面一声不吭地等着。

看来不跳是不行了，伏明霞咬了咬牙，一狠心，直挺挺地从跳台上跳下来。

第一次参加少儿比赛，伏明霞成绩不理想，得了倒数第一名，但教练一点都没责怪她，反而表扬她："你看，你在比赛时一点都不慌，在跳台上稳稳地，像一个老队员。"

在教练的鼓励下，伏明霞进步很快，她在 1987 年 9 月，被湖北省跳水队教练于芬选中，进入省队。而随着于芬在当年 12 月调入国家队，伏明霞也跟着来到了北京。

最年轻的奥运冠军成为《时代》周刊封面人物

在国家队三年多时间里，伏明霞脱颖而出，将和队中的大姐许艳梅一起，代表中国队参加 1991 年初在澳大利亚佩思举行的游泳世锦赛，那时她还只有 12 岁出头。

赛前，伏明霞听说于芬教练不去世锦赛，她有点着急了，教练不在场的比赛，她觉得心里没底。伏明霞赶紧跑到于芬的房间请求："给我写一份动作要领吧，比赛

时可以再背一遍。"于是于芬慢慢讲,伏明霞趴在桌子上认真记下每个动作的要领。

1991年1月1日,伏明霞在世锦赛的跳台预赛上,毫不畏惧、身轻如燕,最终居然获得第二名,仅比排名第一的队友、1988年奥运会10米台冠军许艳梅低20多分。

美国名将克拉克也被征服了,她赞叹说:"她真是个天才,是个精灵。"

1月4日的决赛上,伏明霞越跳越好,超越了所有对手,不仅领先了许艳梅,也甩开最终排名第二的苏联名将罗申娜20多分。伏明霞夺冠后,成为年龄最小的世界冠军,被载入吉尼斯世界纪录。

看着稚气未脱的冠军,许多运动员和教练上前对伏明霞祝贺,纷纷与这位小冠军拥抱。

回国后,伏明霞给于芬带回一个棕色的袋鼠玩偶,是一个顽皮的小袋鼠,神气活现地坐在袋鼠妈妈的育儿袋里。这是伏明霞给恩师精心准备的礼物,也表达了她的感激之情。

伏明霞刚进国家队时,被培育的计划是参加1996年奥运会,现在看来,她可以直接准备1992年奥运会了。

1992年7月27日,伏明霞在巴塞罗那的露天跳台上一飞冲天,成为史上最年轻的奥运跳水冠军,那时她还不到14岁。她在比赛中的英姿,也成为美国著名杂志《时代》周刊的封面。

成为中国奥运史第一个跳台跳板双料冠军

四年后的亚特兰大奥运会,转瞬到来。

伏明霞要在亚特兰大奥运会上同时参加跳台和跳板两项比赛,这是中国代表团参加奥运会以来的第一次,在她之后,也没有人能同时参加跳台和跳板比赛。

在跳水运动员的一般成长轨迹中,岁数小的时候柔韧性好,可以做出高难度动作,但体重轻压不住跳板;成长以后能压住跳板但在跳台上就没有优势了,因此往往都是从跳台向跳板转变,同时能称霸跳台和跳板的人,可谓凤毛麟角。

在奥运会历史上,德国女选手克雷莫尔在1960年罗马曾获得双料冠军,美国著名男选手洛加尼斯则在1984年和1988年两次获得奥运双料冠军。现在,伏明霞也将冲击这个荣誉。

然而在出征前,伏明霞的身体状况很不好,感冒、发烧,眼睛还出了问题。

1996 年 7 月 28 日，18 岁的伏明霞和更年轻的郭晶晶联袂出征 10 米台决赛。在郭晶晶经验不足接连失利的时候，伏明霞稳定发挥，前 5 个规定动作已取得领先优势，后 5 个自选动作更是发挥得酣畅淋漓，最后以领先第二名 40 多分的优势，成功卫冕。

在随后的跳板比赛中，形势对伏明霞更加不利。跳板比赛，中国代表团派出的主力选手是谈舒萍，她在这四年几乎无敌于天下，伏明霞只在 1995 年世锦赛赢过谈舒萍一次。

但是谈舒萍却在预赛中发挥不佳，最终失去决赛资格，夺冠的重任压在伏明霞肩头。但因为身体不适加上跳台比赛的劳累，伏明霞在预赛中仅获得第 4 名。

深感压力的伏明霞和教练紧急商议对策，决定降低难度动作，来确保比赛的稳定性。

在决赛的自选动作比赛中，伏明霞和俄罗斯名将拉什科比分一直咬得非常紧。在这样的情况下，拉什科心理失衡，第三跳仅得 43 分，被伏明霞一下子拉开距离。最后一跳后，伏明霞无可争议地获得了金牌，成为中国奥运跳水史上的第一个台、板双料冠军。由于 2000 年奥运会开始增加了双人比赛，选手很难同时兼顾跳板和跳台的单人比赛，因此，伏明霞这一伟大成就也很难被后人打破。

在清华读了两年书后，伏明霞决定复出

奥运归来后不久，伏明霞收到了清华大学的录取通知书。从 8 岁开始跳水，10 年来集训比赛的生活让伏明霞感觉疲惫，她想换个方式生活。

在清华校园里，伏明霞感觉到少有的宁静，课程也是按照自己实际情况制定的，学习中文、历史和英语等。除了上课，其他时间都由自己来支配，伏明霞充分享受这样的时光。

但伏明霞还是不自觉地关心跳水。1998 年 1 月游泳世锦赛期间正值伏明霞要准备期末考试，但是她还是抽空看了跳水比赛。

1998 年 3 月，伏明霞有了复出的念头，但到下定决心，伏明霞几乎用了半年时间。7 月中旬，伏明霞找到已担任清华大学跳水队总教练的于芬，表达了自己想复出的念头。

找完于芬后的第三天，伏明霞开始了训练计划，而第一步就是减轻体重。由于退役两年，伏明霞身体不可避免比当运动员时要重。当时正值暑假，伏明霞没有回家，每天在校园里坚持跑步、做力量训练，并减少饭量，目的只有一个，就是能把体重减轻到适合跳水的重量。

开学后，伏明霞的任务更重了，每天上午去上课，中午乘一个小时班车赶到训练馆训练，午睡也只能在车上睡。而吃完晚饭回到宿舍，已经是晚上 9 点多了。

在于芬的眼里，觉得复出后的伏明霞明显成熟了，更加懂事，训练时只要稍微点拨一下，她就会知道如何去做。

经过训练后，伏明霞的状态很快恢复，9 个月后就获得全国冠军，并在世界大学生运动会上战胜包括老对手拉什科在内的世界名将，获得 3 块金牌。

复出两年后，伏明霞在 2000 年悉尼奥运会上，虽然和郭晶晶在女子 3 米板双人跳上没能获得金牌，但在随后的个人比赛中，她战胜了队友郭晶晶最终夺冠。

这是伏明霞连续 3 届奥运会上获得的第四枚金牌，毫无疑问成为当时跳水界的女子世界第一人。四金一银的成绩，让伏明霞成为中国选手在奥运会上的最好成绩，这一纪录，到 2012 年奥运会才被邹凯打破。

伏明霞在跳水领域里的成就，也得到世界各大媒体的认可。2000 年，美国《体育画报》评出了 20 世纪最杰出的 100 名女性运动员，伏明霞位列其中。

李小双：
一鸣惊人的"团三周"

资料

姓名：李小双
性别：男
项目：体操
代表荣誉：1992 年巴塞罗那奥运会男子自由体
操冠军
1996 年亚特兰大奥运会男子个人
全能冠军

20 世纪 80、90 年代，中国体操队一向有"李家军"的称呼，因为姓李的名将非常多。李小双则是李家军承上启下的代表性人物，他在巴塞罗那奥运会上的"团三周"技惊四座。

"团三周"全称为团身后空翻三周，这是当时体操技术难度最高的跟头，谁能在比赛中成功完成这个动作，谁就有可能拿到这个项目的金牌。

中国选手多次在比赛中采用这个动作，但包括李小双在内，全都失败了。就算在训练中，李小双"团三周"的成功率都非常低，但想在奥运会上夺冠，非要拿出这个看家本领不可。所有人都为李小双捏了一把汗。

眼看进入国家队的机会要没了，李小双急哭了

1973 年，李小双和孪生哥哥李大双出生在中国著名的体操之乡——湖北省仙桃市。中国体操队一共产生过两名奥运男子个人全能冠军，分别是李小双和杨威，都来自仙桃。

6 岁时，李小双和哥哥一起开始学体操。1983 年，兄弟俩又同时进入湖北省体操队。但李小双进入国家队的道路却非常坎坷。

1985 年初,湖北体操队进京,说是到国家队集体观摩,实际上不过是让国家队挑人。刚满 11 周岁的李小双在队中年龄最小,但却练得格外卖力。7 天过去了,只有队友黄力平被留下,李小双跟着其他人返回了省队。

少年的李小双还体会不到挫折感,技术上不过关,那就继续练,等待下一次机会吧。

1988 年,李小双又一次进入国家集训队,但这次时间更短,只有 4 天就回来了。这次李小双有点坐不住了,什么时候才能进国家队呢?当时的湖北省体委主任也觉得,李小双的能力不错,不进国家队有点可惜。在他推荐下,李小双成为国家队的编外人员,由苏越多教练带训。

对此,李小双暗下决心,要成为国家队的正式成员。他决定去争取青运会的全能冠军,有了全能冠军,就不愁进不了国家队。

1989 年,李小双在全国青运会的双杠比赛中,落地时扭伤了脚,李小双的眼泪止不住流下来。这一哭,让中国体操队总教练高健感到很纳闷,这伤看着也不重,怎么会哭成这个样子?高健问李小双:"为什么哭啊?"李小双回答:"冤得慌,进国家队的机会又没有了。"

看到李小双要强的样子,高健笑了,他告诉李小双,只是跟腱被挤了一下,问题不大,只要能忍住疼痛,就能继续比赛。

李小双一听来了劲头,立即不哭了,忍着疼痛又参加了全能比赛,还获得了冠军。

在体操队内部会议中,高健认为李小双成绩好、斗志顽强,加上气质出众,拍板让李小双正式进入了国家队。

刚进冠军组时李小双心里有点怕

和大双一起进入国家队以后,小双发现,要想在国家队立足,还要进入黄玉斌教练带领的冠军组。

能进入冠军组的队员,都是体操国家队参加世界大赛核心骨干,当时组里有两名世界冠军李春阳和李敬,李小双在湖北省的队友黄力平也被选入了冠军组。

但让李小双没想到的是,1989年底他也被调入冠军组,成为5名队员中年龄最小的选手。李小双不禁偷偷和哥哥说:"我有点怕。"

进了冠军组,训练量和训练要求都完全不一样。黄玉斌觉得,李小双原来的动作不细腻,必须在他动作规范性上下功夫,一点一点去纠正他的错误。

不断重复以前的老动作而不上新难度,训练量又非常大,李小双不禁私底下向黄玉斌求情,希望能对自己放松一下。但黄玉斌却不答应,并告诉李小双,亚运会就在眼前,希望他能抓紧机会。

1990年亚运会在北京举行,这是中国第一次举办大型综合型赛事。参加亚运会是当时每一个运动员心中的梦想。李小双当然也希望参加亚运会,只是没想到机会能来得这么快。听说自己有机会参加北京亚运会,李小双来了精神,

在1990年初的几次国际比赛中,李小双多次站上领奖台,这一进步也让教练组看在眼里。7月份的亚运选拔赛上,李小双获得个人全能第二名,顺理成章成为亚运参赛主力队员。

在亚运会上,李小双获得男子团体和自由体操两枚金牌,这让他非常兴奋和自豪。身挂金牌,李小双退场的时候,看台上有人探出身子问他:"夺这个金牌能给多少钱?"这句话让李小双别扭了好多天,为国争光带来的荣誉,怎么能用金钱衡量?

自己的弹跳力比柳金还好,为什么不练"团三周"呢?

亚运会归来以后,李小双把目标放在了1991年的体操世锦赛上。为此,李小

双找到黄玉斌,要求练当时动作难度最高的"团三周"。

"团三周"是自由体操比赛中的动作,需要人在自由体操的场地里经过短暂助跑后,腾空而起翻转三周,然后落地。落地的时候要站稳,摔倒、跨步或者出界都不行。在世界比赛中,只有当时苏联名将柳金做到过,中国运动员还没在世界比赛中成功过。现在,李小双决定向这一难度发起冲击。

李小双选择这个动作有自己的想法,这个动作难度高,也意味着分数高,收获大。李小双的弹跳能力要比柳金出色,他觉得柳金能做,自己应该也可以。

在黄玉斌的指导下,李小双把动作进行分解,把每一部分的每个动作都不断加强练习,然后再连贯起来,反复练习。但这个动作确实难度大,成功率低,李小双很快吃到苦头。

1991年4月,李小双进行成套动作的测试,但由于腿上发力过猛,他的脑袋先着地。队友们赶紧抬着李小双去找医生,医生诊断为轻微脑震荡,必须卧床休息。这让李小双心急火燎,正练得热火朝天,怎么能停下来呢?

伤后没几天,李小双就坚决要求去参加在日本举行的比赛。黄玉斌答应了,但要求李小双只出席不参赛。到了赛场,李小双又忍不住要求参赛,看着徒弟强烈的求胜欲望,黄玉斌答应了,但坚决不同意他比"团三周"。

在此后一年多的比赛中,李小双一直渴望能完成"团三周",但始终没能如愿。

1991年的体操世锦赛上,李小双并没能练出"团三周",在自由体操比赛的开场动作,李小双就出现了严重失误。

1992年4月的世界体操单项锦标赛上,李小双做"团三周"又一次失败。但他并不气馁。李小双明白,想在奥运会上比出好成绩,他必须练好"团三周"。

李小双大脑一片空白,只有"团三周"的动作要领记得格外清楚

1992年5月份,李小双的母亲来到北京,去体操队看望他们兄弟俩。在临别时,母亲对哥俩说,她梦见了他俩都参加了巴塞罗那奥运会,其中一个还获得了冠军。

听到这样的说法,兄弟俩既惊异又兴奋。很快,参赛名单下来,李小双和李大双都进入了中国奥运代表团名单。

在男子团体决赛上,兄弟俩和队友们一起努力,战胜了日本、德国等强队,获

得银牌,这一成绩也大大突破了上一届奥运会第4名的成绩。

和哥哥一起站在领奖台上,望着国旗升起,李小双感到非常温暖,这是中国体育第一次有双胞胎一起站上领奖台,一起为国争光。从领奖台上下来,李小双不由得想到,妈妈的预言已经成功了一半,那另一半呢?

单项比赛开始了,中国体操女队陆莉旗开得胜,在平衡木项目上,第一个出场就夺得满分10分,为体操队率先获得一金。李小双和男队队员们看着小妹妹的成功,决定也要争取金牌,做出大哥哥们的表率。

在自由体操决赛前的队内准备会上,李小双提出夺冠的目标,并表示,想夺冠就必须要使用"团三周",这是他和黄玉斌已准备两年的动作,虽然成功率不高,但值得放手一搏。

体操队为此进行了激烈的讨论,大家都觉得这个动作收益和风险并存,看到李小双求战心切,最终同意他使用"团三周"。

开完准备会,李小双发现自己手心都是汗,大脑几乎一片空白,唯有"团三周"的动作要领记得非常清楚。

上台前黄玉斌拍了拍肩膀:加油干!

1992年8月2日晚,巴塞罗那奥运会自由体操决赛就要开始了。在参赛的8名运动员中,李小双第七位出场。所有的竞争对手都在关心李小双是不是会使用"团三周",每当有人问起,李小双都点了点头。

在赛前,李小双放松自己心情,还在休息室里好好睡了一觉,醒来后觉得头脑非常清醒。

比赛开始了,前面的选手不断有上佳表现,高分也频频出现。李小双明白,想冲金牌已在此一举。这时,他想起大双的鼓励:"只要你放开比,一定会成功。"李小双觉得信心十足。

要上场了,黄玉斌拍了拍李小双肩头,这次他没有重复动作要领,而是简单提示李小双:"想好要领,加油比!"李小双点了点头,站在自由体操比赛的地毯一角做准备,显得斗志昂扬。

开始了,李小双向裁判组举起右手致意,然后开始加速起跑。只见他腾空而起,低头抱膝,在空中后空翻三周,然后砰的一声,稳稳站在地毯上。"团三周"的成功让李小双信心十足,他行云流水般做完了主要动作。

要做结束动作了，李小双听到看台上有人清晰喊着："别光想站，要发力跳，甩起来。"这是李大双的声音。李小双听到哥哥的提醒，准确无误翻完了最后一串跟头，像钉子一样钉在地毯上。

这是历史上第一次有人在奥运赛场成功完成"团三周"动作，全场响起了雷鸣般的掌声，李小双高举双手向观众致意。由于掌声太热烈，李小双的手只好一直挥舞着无法放下来。

裁判打出了 9.925 的高分，这是场上的最高分，观众又一次爆发出热烈的掌声，这是属于李小双的金牌。在 8 月 2 日晚，来自白俄罗斯的体操天才谢尔博一晚力夺 4 金，但锋芒仍被李小双的"团三周"所掩盖。

在颁奖仪式上，李小双站在冠军领奖台上，听着《义勇军进行曲》响起，泪水夺眶而出。

获中国奥运史上第一个体操个人全能冠军

巴塞罗那奥运会归来后，李小双和李大双在欢迎的人群中，一眼看到了母亲瘦小的身影。完成了母亲的心愿后，哥俩准备再练 4 年。

1993 年冬训，李小双的肩部开始剧烈疼痛。白天只要动一下，双肩都会针扎一样疼，而晚上常常因为肩痛而不能入睡。为了比赛，李小双积极配合队医治疗，并抓紧肩部力量练习。

1994 年广岛亚运会，李小双忍着肩伤获得团体、全能和自由体操三枚金牌。同年的体操世锦赛上，李小双和哥哥一起站上了冠军领奖台，和队友们一起获得了阔别 11 年之久的男团金牌。

1996 年初，李大双受伤，基本告别了亚特兰大奥运会，李小双心里明白，这次奥运会要靠自己了。

在亚特兰大奥运会的男团决赛中，李小双出现失误，最终中国体操队又一次获得奥运银牌。对此，李小双异常痛苦，给远在北京的哥哥打电话诉苦，在哥哥的劝解之下，李小双决定在两天之后的个人全能比赛中打个翻身仗。

男子个人全能比赛，所有人都明白，这是来自中国的李小双和来自俄罗斯的涅莫夫之间的较量。

第一项比赛,李小双是自由体操,但他因伤已经无法再完成"团三周"的动作,由于难度不高加上落地不稳,李小双落后涅莫夫 0.113 分。几项比赛下来,两人的比分咬得非常紧,第五个动作之后,李小双总分落后涅莫夫 0.038 分。

最后一项比赛了,黄玉斌提醒李小双,要沉住气,顶住才是唯一出路。李小双集中精力,连串的高难度动作一气呵成,最后稳稳落地。这是一次真正意义上的险胜,六个动作做下来,李小双的总比分只比涅莫夫高了 0.049 分。

李小双成为中国奥运史上第一个体操个人全能冠军,在领奖台上,李小双又一次泪洒赛场。

1997 年,李小双退役,但人们难以忘怀他在巴塞罗那奥运会上一鸣惊人的"团三周"。

崛
起
时
代

张山：
战胜男子汉的中国姑娘

资料

姓名：张山
性别：女
项目：射击
代表荣誉：1992 年巴塞罗那奥运会双向飞
碟冠军

　　1992 年 7 月 28 日，巴塞罗那奥运会的射击双向飞碟比赛正在举行颁奖仪式，突然，获得银牌和铜牌的两名男选手，把获得金牌的中国姑娘张山高高举起，张山也兴奋地向观众挥动双手致意。

　　张山的成功堪称空前绝后，这是一个现代版的"花木兰"故事。奥运会比赛分为男子项目和女子项目，少数项目会有混合比赛，比如乒乓球、羽毛球的混合双打，游泳的混合接力等。但只有射击项目里的双向飞碟，有男子和女子混编在一起比赛。

在张山之前，没有一名女选手能在该项目中进入前六名。张山表现了女枪手的英姿，在预赛和半决赛中 200 发 200 中，最后在决赛中奇迹般获得金牌。在张山之后，这个项目被拆分成男子双向飞碟和女子双向飞碟。张山战胜男子汉的神话，也永远凝固在奥运史册中，无人能再次实现。

就要准备高考了，张山接到参加射击集训的通知

1968 年 3 月，张山出生在一个知识分子家庭，父母都是老师。

张山从小独立、胆子大，她住的院子里有 11 个孩子，就她一个女孩，岁数也最小，但男孩子玩的东西，她样样精通。

张山 6 岁上学，很快就成为校篮球队的小队员。每天早上五点半起来，张山都是独自一人穿过黑乎乎的巷子，从来不要父亲送。张山就是从那时开始，逐渐形成独立生活、独立思考的能力，同时也锻炼了她的自信和胆量。

张山的求知欲也很强，不到 10 岁时，张山已经读了高尔基的《童年》、奥斯特洛夫斯基的《钢铁是怎样炼成的》等名著。她从小就有不服输的劲头，想干什么就一定要干成功。12 岁时，张山成为校篮球队队长。

1984 年夏天，张山已经高二了，要代表南充市去参加省篮球比赛。这时，省队射击教练江泽祥到张山的学校选队员。

和张山一起参加选拔的，一共有 9 女 1 男 10 名队员。第一次试射的时候，别人都不敢开枪，只有张山胆子大，连开了两枪，两只碟靶被打得粉碎。

尽管张山持枪的动作不标准，看着很别扭，但却能打中目标。这说明张山的协调性好、感觉好、有自信，这正是飞碟射击运动员应有的素质，江泽祥决定把张山带到射击队。

几个月后，省队通知张山去参加省射击队的集训，这是要为第二年的全国青少年运动会培养、选拔运动员。

但张山却有些犹豫，因为她即将高考，她的物理学得很好，老师也对她进行重点培养，张山不想辜负老师的努力。

看着女儿有点心动，张山父亲安慰她，就当去参加一次夏令营，不行就回来。

"你现在什么都不是，来了就什么都是了"

暑假过去后，经过 40 天集训的张山已经爱上了射击，她觉得如果能让她再去集训，一定有机会作为主力去参加全国青少年运动会。一个多月后，通知果然来了，让张山去集训半年。

学校的老师们听说后，纷纷劝张山的父亲，认为张山人聪明、学习成绩好，不能因为集训而耽误了她高考。

但张山不这么想，她告诉父亲，高考的话，今年考不上还有明年，但从事射击的机会只有这么一次。张山父亲支持了她的决定，和学校申请停学一年，如果被退回来，那就继续上学。

让张山始料不及的是，她从小进行的篮球训练居然对射击训练有很大帮助。飞碟训练和气手枪、气步枪的训练并不一样，飞碟训练需要动起来，人要跟着飞碟飞起的方向进行转动，协调性要非常好，而张山得益于从小进行篮球锻炼，早早打下基础。

张山的进步神速，她的成绩也直线上升。1987 年，张山获得全运会第五名，并在一次国际友谊赛上打出了 200 靶 198 中的好成绩，超过世界纪录一靶。

1989 年，张山被刘继升教练调入国家队。张山当时大感不解，刘继升手下有 5 名队员，3 名世界冠军 1 名全国冠军，而她只是一个全国亚军。张山说："我什么都不是，为什么调我入队呢？"刘继升笑着说："你现在什么都不是，进来后就什么都是了。"

很快，张山在全国射击冠军赛上以 195 中的成绩，第一次登上全国冠军的宝座。而她和巫兰英、冯梅梅合作，又拿到了世界飞碟锦标赛女子双向飞碟的团体冠军。

训练时手太顺了，张山不得不故意打一次脱靶缓解压力

1992 年 7 月 18 日，张山跟着教练刘继升来到了巴塞罗那。虽然将和男选手同场竞技，但刘继升觉得，自己的学生有可能会上演一场"巾帼不让须眉"的好戏。

张山也信心满满，在这个项目上，女选手还从未进入过最后的决赛，她要突破一下这个历史记录。

说来也怪,从第二天的训练开始,张山的手就特别顺。脱下代表团团服,张山换上熟悉的射击服,跟着教练去靶场适应场地。刚到靶场,张山就觉得,这飞碟射击场真是太美了,令人心旷神怡,它等的人一定不是男子汉,而是她这个来自东方的女子。

张山试了试枪,她感觉非常好,每一枪都命中碟靶。张山内心非常高兴,激动得不行,觉得幸福来得太突然。

张山想成为中国第一个双向飞碟 200 中的运动员,这也意味着她将以满分的成绩进入决赛。在此之前,中国最好成绩是 199 中。

在 5 月份开始的奥运备战训练中,张山曾 3 次打出 200 中的成绩。有一次,张山曾偷偷翻开刘继升教练的训练日记,发现上面写着,张山很有希望在奥运会上获得 200 中的成绩。从那一刻起,张山就坚定了自己的信心。

已经是第 4 天训练了,张山依然是百发百中,这让她压力倍增。到最后,她不得不故意用脱靶来缓解一下压力。

张山在训练中的表现也引起了外国男选手的关注,看到张山,他们纷纷竖起了大拇指。

200 发 200 中,张山在资格赛上实现了自己的目标

7 月 25 日,比赛正式开始了。参加比赛的一共有 60 名选手,其中包含张山在内,一共有 6 名女选手。

第一天的比赛,张山沉着冷静,从上靶位到举枪瞄准,再到跟踪目标,运枪击发,张山都旁若无人,从一个靶位打到下一个靶位,枪枪命中目标。第一天的 75 靶,张山一枪不失,取得开门红。这一天,75 中的除了张山外,还有 3 名男选手。

第二天依旧要打 75 靶。由于第一天的成绩太好,张山成为男选手、记者和观众关注的中心,每个人都想过来和她聊两句。

双向飞碟每组比赛时间为半个小时,然后等待下一组比赛的时候,有一个半小时的休息时间。所有的场下时间,张山都抱着赛场上唯一一支"中国造",戴上墨镜,耳朵里塞上耳塞,进入一种半睡眠的状态。想搭讪的人,看到张山这种模样,也都望而却步了。

张山当日又打了个 75 靶全中,成为进入半决赛的二十四名选手之一,环顾四周,张山发现只有她一名女选手晋级了。

崛起时代

131

被淘汰的几名女选手都纷纷上前向张山祝贺,并希望她能替女选手出出气。

第三天的半决赛一共有50靶。由于前两天张山的成绩很好,中国射击队特意安排一名已经被淘汰的男选手担任张山的保镖,替她阻挡不必要的打扰。

张山又一次50发50中,平了美国男选手的世界纪录,并打破奥运会纪录,张山的成绩引起了轰动,靶场一下子进来了三四千人。

张山也凭借着这一成绩进入了最后的决赛,将和其他5人争夺冠军。她心中暗暗想,一定要夺取金牌,为女同胞们争一口气。

何振梁拉住张山的手:祖国人民太感谢你了

决赛开始了,张山显得特别冷静,给人一种"傲慢"的感觉。这是张山在领先位置上有意给对手施加压力。张山认为,一名好的射击选手,同时也应该是一名好演员。

第四靶和第五靶,张山接连脱靶,排名也从第一位掉到第四位,但她却显得气定神闲,胸有成竹。

等张山再次走上靶位,准备射击的时候,她看了一眼记分牌,却让她目瞪口呆,原来她脱靶后,位于她前列的三名选手都接连脱靶,她又列在首位,真是如有神助。

当最后一声枪响在山谷回荡时,"张山张山"的喊声此起彼伏,张山知道自己已获得冠军,她举起双手向四周的观众挥手致意。225枪223中的成绩,让张山力压秘鲁选手获得冠军。

在双向飞碟比赛的奥运史上,还从来没有一个女选手能脱颖而出成为冠军,张山成为第一位站上最高领奖台的姑娘。由于从1996年亚特兰大奥运会开始,这个项目已经分为男、女两个比赛项目,张山竟成为绝无仅有的性别大战冠军。

张山在人群中一眼看到满含眼泪的国际奥委会副主席何振梁。何振梁拉住张山的手,动情地说:"太感谢你了,祖国人民太感谢你了。"面对镜头,张山露出了灿烂的笑脸,记者们才发现这个东方女性并不傲慢,于是纷纷围了上来。

在颁奖仪式上,银牌和铜牌两位男选手,非但没有因为输给女性而沮丧,反而非常敬佩能战胜男选手的张山,两人合力把张山高高举起,而张山激动得向观众们挥手致意。

回到奥运村,中国选手纷纷向张山祝贺,只是令他们大吃一惊的是,张山居然是个姑娘。原来,张山这个略显男性化的名字,一直让人以为是个五大三粗的男子汉。这一意外,让张山高兴得合不拢嘴。

张山在 1993 年获得全运会冠军后,进入四川大学学习。1998 年,张山复出,再度进入国家队。在 2000 年悉尼奥运会上,张山没能进入前六名的决赛。

但张山表示:"我没有遗憾,只要能参加悉尼奥运会,这几年的功夫就没有白费。"

邓亚萍：
乒乓王国的小个巨人

资料

姓名:邓亚萍

性别:女

项目:乒乓球

代表荣誉:1992 年巴塞罗那奥运会乒乓球
女单、女双双料冠军
1996 年亚特兰大奥运会乒乓球
女单、女双双料冠军

1991 年世乒赛上,18 岁的邓亚萍战胜朝鲜名将李粉姬,获得女单金牌。时任国际奥委会主席萨马兰奇对邓亚萍说:"等你在巴塞罗那奥运会上夺冠,我亲自为你颁奖。"

一年后在西班牙,邓亚萍先是和队友乔红合作,获得女双金牌,并在女单比赛中一路过关斩将,在决赛中又以 3 比 1 战胜队友乔红,站在了奥运殿堂的最高领奖台上。萨马兰奇兑现诺言亲自颁奖,亲切地拍着邓亚萍脸颊大加赞许,并邀请邓亚萍去位于瑞士洛桑的国际奥委会总部做客。

但谁又能料到,在邓亚萍初学乒乓球的时候,一度因为个矮,差点儿被拒之门外呢?

刚进河南省队就被退回来,理由是个矮没前途

自 1988 年乒乓球进入奥运会以后,女单项目的冠军奖杯一直被中国代表团牢牢揽在怀里,先后诞生了多位统治乒坛的名将,被网友们亲切称为"大魔头",邓亚萍就是第一代"大魔头"。从她开始,中国女将势不可挡、横扫千军,被传为一代佳话。然而,因为邓亚萍受身体条件所限,她的乒乓球之路起步显得非常艰难。

1973 年,邓亚萍出生在河南郑州,从她很小的时候就开始学打乒乓球,这也算是女承父业。邓亚萍的父亲邓大松曾是乒乓球运动员,后来成为乒乓球教练。邓大松常带着幼小的邓亚萍去离家不远的河南省工人文化宫乒乓球室。

从 4 岁半第一次站到乒乓球台前开始,邓亚萍就没少吃苦。够不着球台,邓大松就给邓亚萍脚下垫上小凳子,小邓亚萍就在凳子上对父亲打过来的球左推右挡。

冬天的时候,练球的地方没有暖气,邓亚萍手冻得像小馒头一样。每天训练前,邓大松都要给邓亚萍买 5 个豆沙包增加营养。

在自身刻苦训练和父亲的精心培养下,邓亚萍 9 岁的时候就获得了全国少年乒乓球比赛儿童组的团体和单打冠军。邓亚萍因此被调入河南省队集训。但没多久,邓亚萍就被省队退回来了,理由是:个子太矮,没有发展前途。

邓亚萍的个子到底有多矮?可以对比一下,和邓亚萍同时代的选手乔红、乔云萍成年后身高均是 1.62 米,邓亚萍的后辈张怡宁成年身高 1.71 米、丁宁 1.73 米,邓亚萍成年后 1.55 米。

被退回去以后,邓亚萍哭得撕心裂肺,因为几厘米的差距,被认为没有前途,邓亚萍心有不甘。

想到从前听父亲讲容国团的故事时立下自己长大也要当世界冠军的志愿时,邓亚萍又拿起乒乓球拍苦练起来,她在等待机会,希望用刻苦的训练来弥补身高的不足。

小小的邓亚萍不知道的是,当时在北京也有一个打乒乓球的男孩,同样因为身高问题被拒之门外。后来这个男孩和邓亚萍一样,在巴塞罗那奥运会上获得冠军,他就是王涛。

国家队主帅张燮林一锤定音：应该给她个机会

　　很快，李凤朝教练把九岁的邓亚萍招进了郑州队，同时入队的还有被省队退回来的选手。大家一致的目标就是打败河南队。

　　邓亚萍训练更加刻苦，她成天闷在由浴室和石棉瓦棚子充当的简易训练房里不出来，日复一日地在里面练球。艰苦的环境不仅磨炼了她的球技，也磨炼了她的意志。

　　邓亚萍在跑步、打球的时候，往往还会身穿沙背心、腿上绑着沙袋，进行负重训练，一会儿工夫，她就满身是汗。

　　功夫不负有心人，1985 年，12 岁的邓亚萍和队友在中南五省乒乓球比赛中打败了河南队，而邓亚萍凌厉的球风和舍我其谁的气势给人留下了深刻印象。河南队新任主教练眼前一亮，他多次找邓亚萍做工作，终于把邓亚萍又带回了省队。

　　到了省队，邓亚萍有了更多和成年运动员交手的机会，她先后战胜戴丽丽、耿丽娟等多位世界冠军，并在全国性的比赛中获得女团和女双冠军。

　　邓亚萍入选国家队被提上议事日程，然而这次又卡壳了，理由还是她个子矮，看不到前途。

　　经过多次会议后，国家女队主教练张燮林决定把邓亚萍招入国家队。张燮林教练眼光独到，他认为，别人都认为邓亚萍个矮是劣势，但对邓亚萍来说有可能是优势。正因为邓亚萍个子矮，看到的球都高，每一个球都会变成机会球。张燮林觉

得，这一特点再加上邓亚萍打球积极主动、攻击力强的特点，她一定会有所作为。最后，张燮林一锤定音："邓亚萍很有潜力，应该给她个机会。"

与萨马兰奇约定，奥运会夺冠他将亲自颁奖

进入国家队之后，邓亚萍练得更加努力，成绩也进步得越来越快。从1987年进入国家青年队，到1990年成为国家成年队的一号主力，邓亚萍仅仅用了3年时间。

至今国家集训队都流传邓亚萍当年刻苦训练的传说，比如每天总是最晚去食堂吃饭；再比如训练的时候放两双球鞋，一双湿透就换另一双等等。

刻苦训练的故事或许每个人都一样，但每个人面对困境展示出的斗志却又各不相同。

1989年，16岁的邓亚萍出征世乒赛。也许别人都记住了她小小年纪就和乔红配合获得女双冠军的光荣战绩，但邓亚萍记住的是她在女单16进8的时候输给了朝鲜名将李粉姬。这是她第一次在对外比赛中输球，而她整个职业生涯对外比赛也只输过5次。

回来以后，邓亚萍发疯一样刻苦训练，展示出一股拼到底的劲头。无论是训练还是比赛，邓亚萍都咬紧牙关、怒目圆睁，显得斗志昂扬、威风凛凛。

时任国家队领队姚振绪回忆："一提跟邓亚萍比赛，对手就害怕，她一上场就像要'咬'人家一口似的。"

1991年世乒赛女单决赛，邓亚萍又对上老对手李粉姬。邓亚萍信心十足："我苦练两年，不就是为等这一天吗？"反观李粉姬，未战先怯，球打得像丢了魂一样。很快，邓亚萍仅用45分钟就以3比0的比分获胜，获得女单冠军。(当时乒乓球赛制5局3胜，每局21分制)

邓亚萍这一胜利，也开创了一个邓亚萍时代。萨马兰奇亲自为邓亚萍颁奖，这是他作为国际奥委会主席第一次为乒乓球运动员颁奖。萨马兰奇亲口对邓亚萍承诺，如果在巴塞罗那奥运会邓亚萍还能夺冠，他将再次亲自颁奖。

和乔红合作,拿下中国奥运史上第一枚女双金牌

1992 年巴塞罗那奥运会,邓亚萍和乔红既是队友,也是对手。她俩先要在女双比赛中配对组合,争取夺冠;随后的女单决赛,邓亚萍和乔红分别是一二号种子,很有可能在决赛中相遇。

虽说邓亚萍经常在各种比赛的决赛中战胜乔红,但两人的关系还相当不错,尤其是在双打比赛中更加默契。

巴塞罗那的女双半决赛,邓亚萍、乔红对阵韩国名将玄静和洪次玉。这是一场惊心动魄的较量,双方比分咬得很紧,很难有一方能拉开两分以上的差距。

第一局比赛,邓亚萍、乔红在 17 平以后连丢 4 分,先输一局。这让中国代表团副团长、乒乓球老世界冠军徐寅生看了直摇头。

随后的比赛,邓亚萍和乔红配合默契,利用对手想赢怕输、思想包袱重的弱点,连续两个 21 比 17 把比分扳成 2 比 1 领先。

第四局比赛刚打一半,另外一个看台传来好消息,另一对中国选手高军/陈子荷已率先进入决赛。邓亚萍、乔红毫不手软,迅速以 21 比 12 战胜对手,以总比分 3 比 1 进入决赛。

两对中国选手争冠军,金牌已经落入中国代表团囊中,邓亚萍、乔红随后战胜队友,获得双打比赛冠军。这是中国奥运史上的第一个女双金牌,在 1988 年奥运会上,中国选手没能在女双项目上夺冠。

女双金牌到手,邓亚萍该好好想想女单金牌的事情了。

萨马兰奇信守诺言亲自为邓亚萍颁奖

女单比赛开始了,张燮林给邓亚萍下了任务,要把女单金牌拿下来。

第一轮,邓亚萍对阵匈牙利名将巴托菲。匈牙利的实力已今非昔比,邓亚萍很快战胜对手晋级,将面对老对手朝鲜选手俞顺福。

一年前,俞顺福曾在世乒赛上战胜过邓亚萍,这是邓亚萍为数不多的外战败绩之一。

1991 年世乒赛,朝鲜和韩国联合组队参赛,朝韩联队一路打入女团决赛。担任中国队一号主力的邓亚萍在女团决赛第一场比赛中登场对阵俞顺福。因被裁判在第一局中 4 次判发球违例失分,邓亚萍情绪失控,输掉第一局,并最终以 1 比 2 的比分失利。那次世乒赛,中国队失去了女团冠军。

在奥运会上遭遇俞顺福,邓亚萍技术和心理素质明显高出她一截,顺利地战胜对手晋级。随后,邓亚萍又淘汰韩国名将玄静和,与队友乔红会师女单决赛。

决赛一开始,邓亚萍就打出了气势,21 比 6、21 比 8 轻取前两局。随后,乔红采取主动,猛攻邓亚萍反手,扳回一局。第四局比赛,乔红又是一路领先,但在关键时刻被邓亚萍抓住机会,以 23 比 21 反超。从而,邓亚萍以总比分 3 比 1,获得了奥运会乒乓球女单冠军。

邓亚萍是乒乓球奥运史上第一位两金获得者,也是第一位在一届奥运会获得两金的选手。此后,这样的神话又无数次在中国乒乓球选手身上上演。

萨马兰奇遵守诺言,早早来到贵宾室观战,并亲自为邓亚萍颁奖。萨马兰奇拍着邓亚萍的脸颊大加赞赏,并邀请邓亚萍前往位于瑞士洛桑的国际奥委会总部参观。

后来,萨马兰奇又多次为邓亚萍颁奖,两人的友谊非常深刻,这对祖孙情也成为奥运史上的一段佳话。

为北京举办 2008 年奥运会献力献策

1996 年亚特兰大奥运会上,邓亚萍和乔红再次合作,战胜对手刘伟、乔云萍获得女双冠军。随后,邓亚萍在女单决赛中,战胜中国台北选手陈静,蝉联奥运女单冠军。

1997 年世乒赛在英国曼彻斯特进行,邓亚萍获得了女团、女双、女单三项冠军。24 岁的邓亚萍,依然在乒坛上具备强有力的战斗力,但国际乒联更改比赛规则,邓亚萍深受影响。

邓亚萍开始淡出国家队,并先后在清华大学和剑桥大学学习英语。1998 年 9 月,邓亚萍宣布退役。

说起学英语,这还和萨马兰奇有关。邓亚萍当时已是国际奥委会运动委员会委员,每年要参加一两次奥委会的会议,但邓亚萍语言不通,只好随身带翻译。萨马兰奇几次提议她好好学英语，方便沟通和演讲。

　　但在这之前，邓亚萍的训练、比赛实在太忙了，根本抽不开身，所以每次见到萨马兰奇，她都会觉得很不好意思。退役后，邓亚萍终于可以有时间好好学英语了。

　　2001 年 2 月，北京申办 2008 年奥运会进入倒计时，正在英国读书的邓亚萍回国参加申奥工作，并担任 5 位申奥形象大使之一。

　　邓亚萍非常关心北京申奥。早在北京第一次申奥的时候，邓亚萍就曾利用萨马兰奇在巴塞罗那奥运会上为她颁奖的机会，向萨马兰奇介绍北京的申奥工作。

　　2001 年 7 月 13 日，邓亚萍在莫斯科举行的国际奥委会第 112 次会议上慷慨陈词，做了申奥演讲。她和其他几位北京申奥大使的演讲，得到了参会者热烈的掌声。

　　最终，萨马兰奇宣布，北京获得了 2008 年夏季奥运会的主办权。

　　此后几年，邓亚萍又开始投入到北京奥运会紧张的筹备工作中。

陈跃玲：
一路走出田径"零的突破"

资料

姓名：陈跃玲

性别：女

项目：竞走

代表荣誉：1992 年巴塞罗那奥运会女子

十公里竞走冠军

　　1992 年巴塞罗那奥运会，新增了女子十公里竞走项目，这是陈跃玲的强项。对此，陈跃玲很开心，这是她的运气，用陈跃玲家乡话来说，她第一次参加奥运会就"赶上了"。

　　但陈跃玲也很苦恼，她打破女子 10 公里竞走世界纪录后，在世界大赛上总是遭遇不顺，常常会因为技术动作变形，被三张红卡罚出场外。为此，陈跃玲心里没底。

　　但这些问题老教练王魁都考虑到了，如何应对巴塞罗那炎热的天气、如何应对爬坡、如何应对红卡，王魁为此制定了一套详细的战术，对陈跃玲开始了魔鬼训练。

崛起时代

看见大灰狼也要硬着头皮往山里跑

田径是运动之母,而且在历届奥运会,金牌最多的大项都是田径,但中国人在奥运会上奋斗了50余年,始终与田径金牌无缘。

1932年,刘长春远赴重洋参加洛杉矶奥运会,在100米比赛中名落孙山。1960年和1968年,来自中国台湾省的运动员杨传广和纪政,分别在十项全能和80米跨栏项目上夺取奖牌,但仍与金牌无缘。

1984年洛杉矶奥运会,朱建华获得男子跳高的铜牌;4年后,李梅素又在汉城奥运会上获得铅球铜牌。

1992年,中国田径夺冠的接力棒交到了来自辽宁省铁岭市的姑娘陈跃玲的手里。

1969年12月24日,陈跃玲出生在铁岭市法库县一个叫陶屯村的地方。陈跃玲家里有八个孩子,她排行第七。陈跃玲小时家里很穷,但她从不避讳这一点,她说:"贫穷给了我自尊和自强。"

陈跃玲从小喜欢跑步,从山里到学校去上学,陈跃玲常一路跑着去。老师们看见陈跃玲喜欢跑,就让她进了学校的体育班。

陈跃玲在山里跑,什么都会遇上。有一天早上,陈跃玲起得特别早,出门的时候天还没亮。刚出屋门,陈跃玲就看到不远处有个灰不溜秋的东西,看到她后撒腿就跑。陈跃玲发现那是一只大灰狼,但她没有吓得进屋,而是像往常一样往山里跑。陈跃玲心里不是不怕,但她就是倔脾气,再怕也要硬着头皮进山。

冬天,山里下雪了,陈跃玲跑的时候,不小心会摔进冰窟窿里。但陈跃玲拍拍屁股爬起来,抖一抖袖口和裤脚的雪,像没事人一样接着跑。14岁的寒假,陈跃玲一天没在家歇着,天天在山里跑,这也培养了陈跃玲的韧性和勇于吃苦的精神。

有一天,陈跃玲被老师叫去,发现老师要她们学一种很奇怪的走路方式。几轮测试之后,陈跃玲因为领悟能力强,姿势做得标准,被招进竞走队。

几个人聚在陈跃玲的房间痛哭:凭什么罚我?

1984年,15岁的陈跃玲在县运动会上爆出冷门,刚改练竞走不久,就拿了比赛冠军。

1985年，陈跃玲被著名田径教练王魁选入辽宁省体校，一年后进入省体工队。在那里，陈跃玲的训练更加艰苦，每天早上都做10到15公里的长跑，下午还练习20公里竞走，一年365天，几乎天天如此。因为常年地走，陈跃玲脚上常常磨出血泡，至于磨掉皮，也是家常便饭的事。

跟着王魁训练，陈跃玲进步很快。在1987年全运会上，陈跃玲先是在5000米比赛中获得银牌，接着又在10公里竞走中打破徐永久保持的世界纪录，开始在竞走界崭露头角。

但那时的中国竞走，一到世界大赛上就被裁判盯住。竞走和跑有个很大的区别，就是不能双脚同时离地，一旦被裁判发现有双脚同时离地的动作，就会被出示红卡。当吃到三张红卡，就被罚出比赛，必须要退场。那时的中国队员常常会因为吃到三张红卡被罚出场，即使没有吃满三张，也会因为不敢发力走太快，从而失去竞争冠军的机会。

1987年在前南斯拉夫萨格勒布举行的世界大学生运动会上，陈跃玲因为求胜心切，动作有些变形，结果吃到3张红卡被罚出场外。

让陈跃玲更伤心的是1991年在美国加州圣何塞举行的世界杯竞走赛上，她一路领先，结果仅走了七八公里就被罚下。

陈跃玲下定决心不干了，路过旧金山的时候痛痛快快玩了一把，准备回国就和竞走"拜拜"，和教练"拜拜"。

回到宾馆，几名队友一起跑到陈跃玲的房间里痛哭流涕，陈跃玲一面捶墙一面喊："凭什么罚我？凭什么罚我？"

在回北京的飞机上，陈跃玲一本正经和王魁说，她不干了，而且是说什么都不干了。

大夏天也要穿着长衣长裤来适应巴塞罗那的炎热

看着陈跃玲痛苦的表情，王魁耐心地劝说徒弟。

王魁表示，首先要从自身上找原因，他已经有一套训练办法，应对屡屡吃红卡的问题，也会针对巴塞罗那奥运会比赛进行专项训练，他会从技术上下手，帮陈跃玲去力争奥运金牌。

其次，王魁告诉陈跃玲，她作为一个农村孩子，能到旧金山来比赛，都是祖国的培养。"现在刚出点成绩，遇到点小挫折就撂挑子，能对得起谁？"王魁反问。

最后，王魁劝陈跃玲，明年的奥运会第一次有女子10公里竞走比赛，这既是陈跃玲的强项,又是她的福分,怎能轻易放弃?

被王魁劝说后,陈跃玲动心了,决定重新投入到艰苦的训练当中,把挫折当成对自己的考验,她要重新站起来。

在冬训的时候,陈跃玲的运动强度提升到历史最高水平,平均每天都在 20 公里以上。在昆明的第 3 周,陈跃玲 7 天时间里一共走了 223 公里,平均每天在 30 公里以上,相当于每天都要走出 4 万多步,妥妥占领当下微信运动的榜首位置。

在训练中,练技术动作是首当其冲的,王魁就是要靠规范的动作,减少陈跃玲被罚红卡的机会。陈跃玲步幅大,容易给裁判造成腾空的误会。为了改变这个印象,王魁要求陈跃玲把多年养成的 1.25 米步幅改成 1.15 米。步幅减小后,陈跃玲又把步频提高,以维持速度不变。

针对巴塞罗那的炎热天气,王魁也进行了针对性训练。在备战奥运会的这一年,王魁从不让陈跃玲穿短衣短裤。早上的晨跑,王魁让陈跃玲长衣长裤再穿上尼龙风衣,下午训练依旧是长衣长裤。王魁把陈跃玲装在"口袋"里闷着,练就耐热的本事。

训练时,王魁也常常挑炎热的中午时间。有一次,王魁带陈跃玲结束从高原训练回到北京,正赶上北京历史高温天气,地表温度能达到 55℃。王魁一看高兴了,让陈跃玲进行 3 个 4 公里测验。陈跃玲咬牙走完两个,休息了一阵,又咬牙站起来接着走……汗水、泪水模糊了她的眼。

100 米外就能听到陈跃玲的呼吸声

陈跃玲还对爬坡路线进行了有效应对。

巴塞罗那城里没什么平路,都是坡道。因此王魁断定比赛场地会有坡道。一年的时间里,王魁带着陈跃玲专门找有坡的地方练,哪里坡大去哪里练,陈跃玲就此也就练出了上坡的技术和能力。

大连市旅顺区有块 203 高地,陈跃玲天天在那里训练。那里的山路陡,长度有 800 多米,陈跃玲一次得走 10 个来回。陈跃玲一练就练到坚持不住,心怦怦跳,就像要从嘴里吐出来一样,心率能达到每分钟 220 多下。给她做计时的队友说,离 100 米就能听到她呼吸的声音。

陈跃玲训练时,一开始是女队员跑着带她、男队员走着带她。到后来,男队员都走不过陈跃玲,在后面喘着粗气咕咕:"我怎么连女队员都追不上呢?"陈跃玲听着心酸,明白大家都是为了她在付出,奥运夺冠的愿望更强了。

离巴塞罗那开赛前一个多月,陈跃玲跟着王魁来到田径队在青海多巴的训练基地。陈跃玲每天都要在一段公路的上坡走,高原上本来就缺氧,陈跃玲还要加大训练的强度,步频达到每分钟 240 步。这样高强度的训练,目的就是加强她的爬坡能力。

奥运会比赛前看场地,陈跃玲和王魁都笑了。比赛将在一条 500 米的路上走10 个来回,然后经过一段 1300 米的大上坡进入体育场。这个坡道非常陡,在巴塞罗那的大夏天,慢慢走都会满头大汗,但陈跃玲却走得非常轻松,这一年的刻苦训练没有白费。

看着伊万诺娃追上自己,陈跃玲感觉有些不可思议

1992 年 8 月 3 日晚,女子 10 公里竞走比赛开始了,陈跃玲脱掉长裤,觉得非常轻松、凉快。

看着赛道上密集的裁判,陈跃玲想起王魁在赛前的嘱咐:不管对手多慢,前 8公里都不要领先。陈跃玲明白,枪打出头鸟,她走得越快,被裁判盯上的机会也就越多。因此陈跃玲按照赛前教练的部署,和队友们走在第一集团的中间,而且有意拉开了距离。

在 7 公里位置,独联体(苏联国家联合组队参加了 1992 年奥运会)选手们集体冲出集团,一路领先。陈跃玲见此,也冲出集团紧跟其后。到了 8 公里开始上坡了,王魁在约定的位置上向陈跃玲一挥手,陈跃玲心领神会:这是教练让她超过去。

陈跃玲运用在旅顺和多巴苦练的上坡技术,憋足劲逐渐超越了对手。虽然此时有裁判上来给陈跃玲一张红卡,但陈跃玲并不惊慌,一来她这一年纠正技术已经很少犯规;其次终点已经不远,这才是她第一张红卡,并不要紧。

然而,在下坡就要进体育场的时候,陈跃玲发现一名独联体选手伊万诺娃已奋力追了上来。伊万诺娃是一年前的世锦赛冠军,是陈跃玲这次奥运会最重要的对手。

陈跃玲觉得有点不可思议,自己上坡时明明落下伊万诺娃很远的距离,怎么她眨眼就追上来了?陈跃玲一边想着一边第一个进入巴塞罗那奥运会的主体育场,还剩最后 400 米,她只要能领先走完一圈,冠军就到手了。

看到有选手进入体育场,全场观众开始欢呼起来。在还剩300米的时候,伊万诺娃竟然超过了陈跃玲。

金牌失而复得,陈跃玲热泪盈眶

伊万诺娃超过陈跃玲后,一路向终点冲去。看着对手冲过终点,陈跃玲内心不是滋味,她以44分32秒第二个冲过终点,比另外一个独联体选手快了一秒。

伊万诺娃非常高兴,手举国旗尽情挥舞,陈跃玲看到此处伤心落泪,她为自己没能实现夺金目标而难过。

但戏剧性一幕出现了,15分钟后,国际田联技术官员楼大鹏突然跑到陈跃玲面前,告诉她:"你是冠军,伊万诺娃犯规跑了,被罚下去了。"

原来伊万诺娃在入场后,有明显两脚腾空的奔跑动作,体育场的大屏幕上也放出她犯规的慢动作。在最后194米时,裁判向伊万诺娃出示了取消资格的红牌,但伊万诺娃却不顾一切第一个走到了终点,并忘乎所以挥动国旗庆祝。

听说金牌失而复得,陈跃玲惊异得不敢相信,直到拿到第一名的领奖通知书,她才热泪盈眶。她的队友李春秀也因此递补到铜牌。

但这时,田径赛场上已经进入下一个比赛项目,陈跃玲失去了身披国旗向观众致意的机会,这给陈跃玲留下了不少遗憾。

做完兴奋剂检测后,陈跃玲回到奥运村已经是半夜了。陈跃玲发现王魁仍在等着她,两人紧紧握着手,一句话都说不出来。中国田径经过60年的努力,终于通过这对师徒一起实现了奥运金牌梦想。

回到家乡,陈跃玲不忘自己农家儿女的本色,她把金牌挂在启蒙教练的脖子上,感谢教练对自己的培育之情。在归队前的践行宴会上,陈跃玲毫不犹豫点了几个家乡菜,她说自己是吃农家饭长大的,不会忘记农村对自己的恩情。

刘国梁：
横空出世的"怪球手"

资料

姓名：刘国梁

性别：男

项目：乒乓球

代表荣誉：1996 年亚特兰大奥运会乒乓球男子
单打、双打双料冠军

　　20 世纪 80 年代末，中国乒乓球男队陷入了低谷，以瑞典选手瓦尔德内尔为首的一批球员成为中国队的苦主。1989 年、1991 年和 1993 年，瑞典男团获得世乒赛三连冠。瓦尔德内尔更是在 1989 年和 1992 年分别获得世乒赛和奥运会男单冠军。谁能战胜瓦尔德内尔，就成为中国乒乓球男队的一个重大课题。

　　1992 年 6 月，中国公开赛在成都进行，一名 16 岁的男孩以一种怪异的打法战胜了瓦尔德内尔，并率中国二队最终得到了团体赛冠军。一瞬间，中国所有的乒乓球迷都记住了这个男孩的名字——刘国梁。

崛起时代

从小就产生"当世界冠军"的愿望

刘国梁1976年出生在河南新乡,父亲刘占胜是当地的一名乒乓球教练。刘占胜给两个儿子分别起名叫国栋和国梁,就是希望哥俩能成长为国之栋梁,长大以后为国争光。

在刘国梁很小的时候,刘占胜就在家里用线吊起一个乒乓球,训练儿子的眼神、感觉。当刘占胜发现刘国梁的反应比一般孩子都快,就断定他是个打乒乓球的料。

每晚的睡前故事,刘国梁都会听刘占胜讲述乒乓球运动员拼搏的故事,尤其是容国团的故事让刘国梁记忆深刻。因此,从刘国梁懂事起,"当世界冠军、为国争光"就成为天经地义的事情,除此之外再也没有其他想法。

6岁起,刘国梁进入新乡市业余体校,正式跟着父亲学打乒乓球。由于当时个子矮,刘国梁打球总要踮起脚尖。刘占胜担心这样会让刘国梁技术动作变形,就请人按比例打了两张小乒乓球台,让兄弟俩训练。这让兄弟俩日后的基本动作非常规范。

为了能让小刘国梁更加专注,刘占胜想尽了办法,在训练课上不断"翻花样"来吸引他注意,还设立了五花八门的奖品,从好吃的香肠到好玩的弹弓,什么都有。

上小学后,刘国梁每天白天上学,下午4点放学后再到一墙之隔的训练馆去练球,一直要打到晚上9点才回家。当年每周只有星期日一天休息,这天刘国梁虽然不用去上课,但却要到训练馆进行全天训练。一年365天,刘国梁只有大年初一上午可以休息,因为他要跟着父母去给长辈们拜年。

从8岁起,刘国梁和哥哥参加河南省少儿乒乓球比赛,连续三年和哥哥一起蝉联单打的冠、亚军。

有一天,刘国梁的班主任找到刘占胜,告诉他,刘国梁非常聪明,不如别打乒乓球了,去考大学。刘占胜一口否决了。

进国家队第一天,就在日记上写上要夺奥运冠军

1986年,才10岁的刘国梁被八一队破格录取。两年后的1988年,刘国梁又被破格招入国家青年队。进入青年队的第一天,刘国梁在日记上工工整整地写上:"夺世界冠军、夺奥运冠军,为国争光。"

1988年正好是乒乓球奥运元年，韩国选手刘南奎在父老乡亲们面前获得乒乓球史上第一枚男单奥运金牌。中国队在奥运会上出师不利,这个结果激励了刘国梁。

刘国梁入队后,很快转入尹霄组,和孔令辉成为同门师兄弟。当时整个乒乓球队都在讨论技术转型,大家普遍认为传统的正胶直拍快攻已经走到头,技术上没有优势,因此必须改革。但刘国梁发现,当别人都开始直拍改横拍后,只有他还被要求用直拍。

刘国梁想不通,觉得直拍不行了为什么还要自己打,这不是成心不让自己得世界冠军吗?

尹霄开导刘国梁:"你头脑灵活,球路凶,变化快,适合打直拍,再说,什么打法都有可能拿世界冠军,只要你自己肯努力。"

实际上,虽然刘国梁依然在用直拍,但和以前并不相同,需要在直拍反面贴一块海绵反胶皮,有了它就可以学会和掌握弧圈以及弹打技术,所以后来这一技术也被称为"直拍横打"。

一开始,刘国梁对这种新技术特别感兴趣,觉得很新鲜。

但好景不长,刘国梁在1990年一次全国性比赛中接连输球,甚至输给以前从未输过的对手。刘国梁一气之下,偷偷把反面的胶皮给撕了。这让尹霄非常生气。

尹霄继续给刘国梁做工作:"你的各方面条件并不比江嘉良这批世界冠军强,如果继续走直拍老路,别看现在赢球,但拿不到世界冠军。现在这条路虽然艰苦,但却是可以看到未来的。"

刘国梁听懂了尹霄的话,不再闹情绪,开始苦练直拍横打的技术。

战胜瓦尔德内尔,让16岁的刘国梁一夜成名

1991年,中国乒乓球队败走日本千叶,男团获得历史最差的第7名,男单最好成绩是马文革和韩国选手金泽洙并列第3名。

在这种情况下,蔡振华成为中国乒乓球队主教练,而刘国梁和孔令辉随着尹霄教练从青年队升入国家队。

国家队训练,针对性要强很多,对抗强度也更大。在蔡振华的严格指导下,刘国梁认真琢磨直拍横打技术,并在比赛中逐渐找到感觉,实力进一步提升。

真正让刘国梁体验到新技术威力的,是1992年6月在成都进行的中国公开赛。这次比赛,东道主中国队派出两支队伍参加男团比赛,16岁的刘国梁所在的

中国二队都是年轻队员,本意是来练兵的。

但谁也没想到,在男团 1/4 决赛,中国二队对阵韩国队,刘国梁作为主力登场,干净利落地以两个 2 比 0 战胜韩国名将金泽洙、姜熙灿,帮助二队晋级四强。

在半决赛上,刘国梁对上了代表瑞典出战的瓦尔德内尔,这是近几年中国队无人能敌的对手。刘国梁却非常轻松,反正自己是小字辈,输球也没什么。刘国梁越是这样想,打得越放松。瓦尔德内尔对直拍横打技术闻所未闻,完全不适应刘国梁的打法,很快就败下阵来。

刘国梁能赢瓦尔德内尔,中国二队能赢瑞典,这个消息迅速在全国乒乓球迷之间传播,刘国梁一夜之间闻名全国,许多人把未来战胜瓦尔德内尔、夺世界冠军的期望放在刘国梁身上。

在决赛中,刘国梁又战胜世界第一削球手李根相,帮助中国二队战胜朝鲜获得冠军。

这一次实践成功,让刘国梁感受到新技术的威力。但他没想到,新的危机又很快来临了。

哥德堡世乒赛失利后,刘国梁苦练基本功

刘国梁战胜瓦尔德内尔后,一些乒乓球元老都认为他的基本功不扎实,应该继续打磨。

但刘国梁更愿意下心思去研究"前三板"的威力,对练枯燥无味的基本功总是提不起兴趣。

1993 年,刘国梁成为哥德堡世乒赛主力队员,但团体赛第一场,刘国梁就输了。此后的比赛,刘国梁虽然一直上场,但教练们始终感觉他没有发挥出原有的水平,让人不放心。到了决赛,刘国梁没能再上场,眼睁睁地看着队友们输给瑞典队。

回国后,刘国梁苦练基本功,用他自己的话来说,就是"卧薪尝胆、闭门苦练",几乎一年的时间,他都没有出门比赛,而是系统性弥补自己的短板。

1994 年 10 月,因在法国尼斯进行的世界杯团体赛和日本广岛亚运会比赛时间冲突,刘国梁和其他年轻球员一起,前往法国参赛。

因为没有思想包袱,中国队表现出奇的好,一路杀进决赛,又遇到老对手瑞典队。在决赛中,刘国梁作为头号主力,连胜瑞典名将卡尔松和佩尔森,帮中国队 3

比 1 卫冕。

回国以后，紧接着就是冬训，刘国梁又一次埋头苦干，练得非常刻苦。尹霄教练发现，刘国梁这次真的变了。以前封闭训练，刘国梁能有一个星期完全投入就不错了，这次刘国梁从头到尾始终如一地坚持下来，连尹霄都觉得很不容易。

刘国梁心里明白，真正雪耻的地方是 1995 年的天津世乒赛，他要一扫哥德堡世乒赛的阴霾。

对上瓦尔德内尔，刘国梁又一次使出秘密武器

1995 年天津世乒赛，中国男队从瑞典手里重新夺回阔别六年的男团奖杯，让刘国梁略为遗憾的是，他决赛没能上场。

刘国梁迅速调整，把注意力放到单打比赛中。连续战胜卡尔松、萨姆索诺夫等名将后，刘国梁在 16 进 8 的比赛中遇到瓦尔德内尔。瓦尔德内尔当时虽然已经 30 岁，但状态仍然非常好，在和中国的团体赛决赛中接连战胜王涛和马文革。

刘国梁和瓦尔德内尔战成 2 比 2 平，决胜局以 5 比 10 落后。就在瓦尔德内尔以为胜券在握的时候，刘国梁使出新研发的秘密武器——反胶接发球抢攻，和瓦尔德内尔打成 19 平。最后两分，刘国梁毫不手软，坚决使用新打法，21 比 19 取得胜利，以 3 比 2 的比分晋级 8 强。

那一年的世乒赛，中国队成绩格外好，男单前四名居然被中国队包揽，其中决赛是在刘国梁与孔令辉之间展开，最终孔令辉战胜刘国梁夺冠。

世乒赛之后，中国队用了一整年时间备战 1996 年的亚特兰大奥运会。对于自己能否入选奥运阵容，刘国梁着实担心了一阵。

名单公布后，蔡振华告诉刘国梁，选拔时间比较长，千万别因为现在入选奥运阵容就松了一口气，参赛不是目的，目的是到奥运会上拿成绩。

但在临出发前，刘国梁的状态并不稳定，一个月之内多次在队内输球。对此，刘国梁心里明白，光着急是没有用的，还是要找到解决办法，放平自己心态，才有希望在奥运会上取得好成绩。当年世界单男格局，有实力登顶的球员有十多人，刘国梁琢磨，还是一场一场慢慢拼吧。

奥运夺取双冠,圆了儿时的梦想

到了 1996 年奥运会举办地美国的亚特兰大,刘国梁的第一个印象是热,第二个印象是怎么这么多记者啊。

当年奥运会,乒乓球先比双打,然后是单打。刘国梁一开始的心思都放在双打上,研究怎么与孔令辉配合,确保能和王涛、吕林会师决赛。

男双比赛,刘国梁、孔令辉一开始就遭遇强敌,比得很苦,但仍一路过关斩将,并在决赛中战胜队友获得金牌。不过,刘国梁的精力和体力也被消磨很多。

单打比赛,每个有实力夺冠的球员都在盯着中国队的孔令辉和王涛,这让刘国梁的压力反而减轻不少。只有中国队第一次训练时,瑞典的教练跑来观察刘国梁。蔡振华毫不客气得对那个教练说:"别来看了,说不定没对上我们,你们就输了。"

结果这话真让蔡振华说对了,就在瓦尔德内尔即将对阵刘国梁前一轮的比赛中,意外输给代表加拿大出战的前中国运动员黄文冠。

但尹霄并不认为黄文冠就比瓦尔德内尔好打,因为他和刘国梁的打法近似,会更了解刘国梁的进攻手段。因此尹霄加紧对刘国梁进行相应的指导。

果然刘国梁第一局就输了,而且是特别难看的 9 比 21。第二局开始,刘国梁发挥抢攻的优势,连扳三局,进入四强,并在半决赛淘汰老对手罗斯科夫进入决赛。

和男双决赛一样,男单决赛的对手还是王涛,这让刘国梁心里怪怪的,怎么又碰上队友了?尹霄还是那句话:"放开了,好好打。"

在决赛中,刘国梁面对常常战胜自己的老大哥王涛时内心非常平静,只是认真对应每一个球,慢慢积累优势,最终冠军水到渠成。

当最后一个球落地时,刘国梁和王涛放下球拍紧紧拥抱在一起。从刘国梁刚入队开始,王涛就是队里的老大哥,几年来给了刘国梁太多帮助。拿到金牌,刘国梁从内心感谢王涛。

成为中国第一个拿遍奥运会、世界杯、世乒赛冠军的选手

奥运归来,刘国梁仍然延续胜利的步伐。在 10 月份的世界杯赛上,战胜赛弗、瓦尔德内尔等诸多高手获得冠军。

拿了奥运会和世界杯冠军,刘国梁离乒乓球大满贯只差一个世乒赛男单冠军了。当时世界上只有瓦尔德内尔拿遍奥运会、世乒赛和世界杯单打冠军,刘国梁想成为中国第一人。

1997 年曼彻斯特世乒赛,刘国梁成为中国队男团主力。在帮助中国队连克瑞典、韩国、法国队夺冠后,刘国梁体力透支,在单打第一轮就被淘汰出局。

1999 年,世乒赛进行改革,将团体赛与单项赛事分开进行,这对刘国梁来说是个非常好的消息。刘国梁在当年荷兰埃因霍温的单项世乒赛上,在男单决赛中战胜 19 岁的马琳,成功夺冠,成为中国夺得乒乓球大满贯第一人。

2000 年悉尼奥运会,刘国梁再一次打入男单和男双决赛,但这一次在两个比赛中双双输给了队友。

2002 年,刘国梁退役,并担任国家队教练,此后他培养出多名世界冠军,马龙等人均在刘国梁指导下成长为连夺世锦赛、世界杯和奥运会的大满贯选手。

占旭刚：
力王向死而生

资料

姓名：占旭刚
性别：男
项目：举重
代表荣誉：1996 年亚特兰大奥运会举重男子
70 公斤级冠军
2000 年悉尼奥运会举重男子 77 公
斤级冠军

2000 年悉尼奥运会因举重比赛级别更改，占旭刚被迫从 70 公斤级改成 77 公斤级。

在抓举比赛中，占旭刚遭遇希腊举重运动员米特鲁的强有力冲击，抓举结束时，他已落后对手 7.5 公斤，这意味着他与冠军基本无缘。

挺举比赛，占旭刚只有第三把举起 207.5 公斤杠铃才能有机会夺冠。这是一个他平时训练都举不起的重量。台下的米特鲁已经开始庆祝，教练告诉占旭刚："就剩这一次机会了。"占旭刚大喊一声："举不起，死在这里算了！"

这句话掷地有声，随着电视直播传到了千家万户。

占旭刚定下目标：不仅要拿冠军，还要破纪录

1974年，占旭刚出生在浙江省衢州市，出生时就是一个小胖子，从小显示了他的体育潜力。

上学后，占旭刚成为班级的体育委员。小学三年级时，占旭刚凭借身体素质和出众的爆发力，被选入县体校练举重。

1987年，13岁的占旭刚在40公斤级少儿组比赛中取得非常突出的成绩，被省举重队教练陈继来发现，特招入省队，前往杭州进行正规的举重训练。

1993年5月，在捷克进行的世界青年举重锦标赛上，占旭刚连获抓举、挺举和总成绩三枚金牌，这是他第一次在世界大赛上亮相。

良好的表现让占旭刚敲开了国家队的大门。1994年1月1日，占旭刚坐上了前往北京的火车，从浙江省举重队正式调入国家集训队。

来到北京，还不到20周岁的占旭刚既兴奋又紧张，但他性格内向，不善言辞，遇到事情总喜欢憋在肚子里，这导致他关键时刻总是"狠"不起来，不像那些比赛型选手，赛事越大越会"人来疯"。

主管占旭刚的教练杨汉雄看到这点后开导他："你有没有感觉你比别人更紧张？"看到占旭刚默不作声，杨汉雄接着说："遇到比赛紧张是正常的，每个人都会紧张，但这需要有个度，不能总是紧张，也不要紧张过头。多参加比赛，有了经验就不会紧张了。"

在杨汉雄的指导下，占旭刚慢慢开了窍，成绩也越来越好。1994年的世界青年举重锦标赛、亚运会，乃至1995年全国锦标赛、亚洲锦标赛，占旭刚都拿到了冠军。

这时，20出头的占旭刚身高已长到1.70米，但他努力把体重控制在比赛级别所需要的70公斤。和身高相比，这个体重显得有点瘦，但占旭刚却力大无比，被队友们称为"力王"。

这时的占旭刚一改刚出道的腼腆样子，越是到大赛，越是兴奋有力量，所以他还有个称号叫"战则刚"。占旭刚给自己定下了一个目标：不但要拿冠军，还要破世界纪录。

崛
起
时
代

第一次冲击纪录闹了乌龙,第二次冲击纪录只维持3分钟

但没想到破纪录的愿望竟然一波三折,久久都没能实现。

在1995年的亚洲锦标赛上,占旭刚在挺举第一把成功举起185公斤后,第二次试举就要了193.5公斤,目的是打破193公斤的世界纪录。

在当年的举重比赛中,杠铃增加重量必须是2.5公斤的倍数,但破世界纪录时,可以增加0.5公斤重量,不过比赛成绩仍是2.5公斤的倍数。也就是说占旭刚如果举起193.5公斤打破世界纪录的话,他的成绩仍是192.5公斤。

由于杠铃一下需要增加8.5公斤,负责加重量的工作人员出了差错,只加到了188.5公斤。看着显示屏上显示的193.5公斤,占旭刚非常兴奋,稳稳举起杠铃。当显示成功的三盏白灯亮起,占旭刚高兴得向欢呼的人群挥手致意。

但一分钟后,一名技术官员发现了这一重大错误,得知自己并没有破世界纪录,占旭刚如同被人泼了一盆凉水,一下子蔫了,第三举也没能破纪录。

1995年举重世锦赛上,占旭刚以347.5公斤的成绩,实现了夺取世界冠军的梦想,但可惜的是,他并没有机会冲击世界纪录。

1996年亚洲锦标赛,占旭刚在赛前训练中不慎受伤,但他在抓举比赛中仍咬牙举起了160.5公斤,打破了160公斤的世界纪录。但仅仅3分钟后,久未露面的朝鲜选手金明南举起161公斤的重量,占旭刚的世界纪录只保持了3分钟。

在挺举比赛,占旭刚因腰伤受阻,金明南则举起193.5公斤,又一次打破世界纪录。

占旭刚牢记这一幕,发誓要在即将开始的亚特兰大奥运会上与金明南一决高下,不仅要拿金牌,还要破掉对手的世界纪录。

斗智斗勇,占旭刚连破三项世界纪录

1996年7月24日,亚特兰大男子70公斤级比赛就要开始。在赛前训练中,占旭刚和金明南被安排在了一个场地。

在训练中,金明南有意给占旭刚施压,和占旭刚比着练,还要压占旭刚一头。杨汉雄教练告诉占旭刚,练好自己的,别管他,是骡子是马,到赛场上见。

在训练时,杨汉雄暗中观察,发现金明南时不时也用手去摸腰,于是偷偷指给占旭刚看,告诉他对手也有伤,不用怕。

在赛前填报开把(即第一举)重量时,杨汉雄报了抓举155公斤和挺举190公斤。这个重量非常高,尤其是挺举,就是奔着世界纪录去的。

朝鲜教练一看,这不是压了自己抓举155公斤和挺举185公斤一头吗?朝鲜教练匆匆地把抓举重量提高到160公斤。

抓举比赛,占旭刚非常出色,先后举起155公斤和160公斤。而金明南却连续两把160公斤失手,在第三把奋力一搏才成功。这时金明南和占旭刚成绩相同,但占旭刚还有一次试举机会,金明南已经没有了。

说起来,举重是个斗智斗勇的比赛,选择开把重量非常重要。占旭刚第一把155公斤成功,心里有了底,冲击160公斤就是水到渠成的事。而金明南在赛前改了开把重量,结果乱了方寸,拱手把机会让给占旭刚。

第三把试举,占旭刚毫不手软,举起162.5公斤重量,破掉金明南的世界纪录,并在抓举成绩上领先了对手2.5公斤。

挺举比赛,占旭刚宜将剩勇追穷寇,第一举就举起190公斤。这时金明南只剩最后一举,只有举起192.5公斤才有机会获胜,但他最终失败。

奥运冠军已经到手,但占旭刚并不满足,他要冲击挺举和总成绩世界纪录,在最后一次试举一把举起195公斤,打破金明南的挺举世界纪录,357.5公斤也创造了总成绩新的世界纪录,比他在世锦赛夺冠时重了10公斤。

奥运夺冠归来,占旭刚的比赛级别被取消了

亚特兰大奥运会后,女子举重运动在全世界蓬勃发展。1997年,国际奥委会宣布,女子举重成为2000年悉尼奥运会正式比赛项目。

这对中国体育来说,是个好消息,因为中国女子举重开展得非常出色。果然在日后的奥运比赛中,女子举重成为中国代表团获取金牌的一个重要宝藏。

但这对占旭刚本人来说却是一个坏消息,因为奥运会为了控制比赛规模,要求国际举联在增加女子比赛同时要保持参赛人数不变,因此国际举联调整了男子比赛的级别,从10个级别减为8个。占旭刚所在的70公斤级没有了,他只能减重

到 69 公斤，或者增重到 77 公斤。

这让占旭刚非常苦恼，他 1.70 米的身高，控制 70 公斤已经非常不易，再减 1 公斤难上加难。但要增加 7 公斤到 77 公斤，他将毫无优势，一切要从头再来。而那些减轻重量降到 77 公斤的选手，将压占旭刚一头。77 公斤级和 70 公斤级还有个重大不同，那就是 70 公斤级更适合亚洲人参加，而 77 公斤级会有大量欧美选手加入，增加了比赛的难度。

占旭刚也曾犹豫过，一度想回浙江读大学，但考虑到自己还年轻，就这么放弃举重舍不得，他决定再拼一把。

此时离悉尼奥运会还有 3 年时间，占旭刚依然想重回巅峰。这时，由于杨汉雄升任举重总教练，占旭刚的分管教练变成王国新。占旭刚在王国新带领下，每日在举重房挥汗如雨，刻苦训练。

当年和自己一同征战亚特兰大奥运会的队友们已渐渐离开，对此占旭刚看得很开："每个人都不可能是常胜将军，新老交替是非常正常的。但我既然要练，就要对得起关心、帮助我的人。在亚特兰大我是奥运冠军，再参加奥运会也肯定要奔着冠军去。"

占旭刚给自己增加了不少压力，他认为这也是自己的动力，只要全力付出，最后第几都无怨无悔。

1999 年 9 月，占旭刚在亚锦赛 77 公斤级比赛中创造了 206 公斤挺举新世界纪录。

但奥运会是只看总成绩的，占旭刚的总成绩在世界比赛中并不占优势，他还需要在世界大赛上树立信心，去适应新级别的比赛。

参加世界锦标赛，占旭刚遭遇诸多不顺

1999 年 11 月份，占旭刚随队来到希腊雅典参加世界举重锦标赛，一开始就有点不顺利。在机场，占旭刚发现行李丢失，里面有他参赛急需用的物品。占旭刚在机场从凌晨 1 点折腾到 3 点，急得团团转，给机场和航空公司打了好多个电话，也没能解决问题。

在商量开把重量的时候，占旭刚又有点不顺心。队里经过商议后决定，占旭刚在挺举比赛中开把举 195 公斤，这让占旭刚很尴尬。

在亚特兰大时，占旭刚在 70 公斤级别上，正是凭借 195 公斤破了挺举的世界

纪录,并最终拿到奥运金牌。但在雅典的77公斤级,挺举195公斤需要一开始就出场,基本属于龙套角色。在两个月前,占旭刚举起过206公斤,现在举195公斤开把,占旭刚觉得丢人。但经过队里做思想工作后,占旭刚决定硬着头皮上场。

比赛前称重时,占旭刚依旧不顺。在排队时,占旭刚突然有感觉想上厕所。赛前的体重是锱铢必较的,哪怕减轻一点点都是好的。在王国新示意下,占旭刚正要去厕所,却被台上点了名,再想去方便已经来不及了。称完体重,占旭刚比主要竞争对手都要重。

抓举连续两把成功后,占旭刚在第三把试举165公斤的时候,杠铃明明已举过头顶,但却鬼使神差又掉了下来。这是因为占旭刚3年没举过这一重量,准备不足,以至于肩关节最终没能撑住。

在挺举比赛,占旭刚在两次试举成功后,为了能超越对手冲击挺举金牌,要了207.5公斤超世界纪录的成绩,但这一次他又功亏一篑,翻起站立都没有问题,但在上挺的时候,杠铃又一次落下来。

最终占旭刚抓举第八、挺举第四、总成绩第四,颗粒无收。

世锦赛归来,很多人都担心这次比赛会打击占旭刚的信心。但让人想不到的是,占旭刚却信心十足。

占旭刚觉得,他在这么一系列不顺利的情况下,还能举起365公斤的总重量,比最后的冠军只差5公斤,那么只要他在冬训好好练,悉尼奥运会是完全有机会的。兴奋之余,占旭刚还和教练打赌,要在2000年春节前的队内测验里,抓举举起170公斤,挺举举起210公斤。

占旭刚的回答铿锵有力:"举不起,死在这里算了"

2000年春,占旭刚腰伤的老毛病犯了,比4年前还要严重。4月份,病稍微减轻一点,占旭刚就急着恢复训练,他和教练商量了一套适合自己的方法,既能保证训练强度,又防止伤情恶化。

由于伤病影响,占旭刚想恢复以前的状态非常困难,他就加班加点训练,进行调整。为了保持体力,他除了训练外都在房间里养精蓄锐,很少外出。

2000年9月,占旭刚出发前往悉尼参加奥运会。这次和四年前比有些悲壮,四年前是憋着一股劲,不仅要拿奥运冠军,还要破世界纪录。现在的占旭刚,成绩离世界纪录很远,能比成什么样,他心里也没底。

9月22日晚,奥运会举重77公斤级比赛开始。占旭刚出师不利,在抓举比赛中,只成功了第一把160公斤,后两次试举均失利。这个成绩比世锦赛还要糟糕,毕竟那次他举起了162.5公斤。抓举第一名成绩是167.5公斤,占旭刚已落后7.5公斤,这一差距想追回来,实在太难了,有不少人都摇了摇头。

挺举比赛开始了,这是占旭刚的强项,他举起202.5公斤的杠铃。但随后希腊选手米特鲁也举起了这一重量,而他的抓举成绩比占旭刚高5公斤,总成绩已达367.5公斤。

米特鲁和教练已经开始庆祝,相互抱在一起。占旭刚想要夺冠,总成绩也要达到367.5公斤(体重比米特鲁轻),那挺举必须要达到207.5公斤,这在所有人眼里都是不可能完成的任务,但占旭刚也必须要举。

由于伤病影响,占旭刚已经很久没能举起205公斤了,207.5公斤更是摸都没摸过。

王国新告诉占旭刚:"只有这一次机会了。"占旭刚的回答铿锵有力:"举不起,死在这里算了。"这句掷地有声的话,通过卫星传播,进入了千家万户。

占旭刚抖擞精神,站在杠铃前,大喝一声,把杠铃翻起站立,然后瞬间发力,把杠铃高高举过头顶,奇迹般地绝杀,成功获得男子77公斤级举重金牌。

王军霞：
东方神鹿跑向世界

姓名：王军霞

性别：女

项目：田径

代表荣誉：1996 年亚特兰大奥运会女子 5000 米冠军

杰西·欧文斯奖得主

1996 年 7 月 28 日晚，王军霞出现在亚特兰大奥运会女子 5000 米决赛的跑道上。王军霞的预赛并不理想，是第 12 名，这导致她决赛起跑后只位于中间偏后的位置。当比赛还剩 800 米，王军霞开始加速，远远把第二名甩在身后。

离终点还剩 30 米时，王军霞高高举起双手，面带胜利者的微笑冲过终点，"东方神鹿"笑傲赛场。

夺冠后，王军霞接住一面场外观众抛来的五星红旗，绕场慢跑，形成一道亮丽的风景线，也成为电视机前亿万观众心中的永恒记忆。

跑步上学练就了王军霞"飞毛腿"神功

1973 年，王军霞出生在吉林省吉林市的一个普通农村家庭。

小时候的王军霞，发育显得似乎比同龄的孩子都要晚，瘦瘦小小，看上去一阵风就能把她吹倒。

但别看王军霞瘦小，却特别喜欢跑步，平时也愿意和小伙伴们一起比比谁跑得快。学校开运动会的时候，同学们都会推荐王军霞上场，赢回来好多的铅笔、橡皮等文具。

12 岁的时候,王军霞随父亲返回老家辽宁省大连市甘井子区。转学后,王军霞进入一个离家 4 公里远的中学。虽然王军霞很想像同学们一样拥有一辆自行车,但考虑到家里的实际条件,王军霞咬咬牙,决定跑着上学。

一开始,王军霞跟着同学骑的自行车跑,但很快就被远远拉下。渐渐地,王军霞能和自行车并驾齐驱了。王军霞跑得越来越轻快,就算后来有了自行车,她也更愿意跑着去学校。没想到,这么跑着,王军霞日后成长为名满天下的"东方神鹿"。

1988 年,大连市举行田径选拔赛,要挑选有潜力的好苗子。王军霞也一心想参赛,憋足劲要跑出好成绩,可是学校因为经费不足,决定放弃。这让跃跃欲试的王军霞特别失望,她哭着回家向父亲表达了自己想参赛的愿望。

看到女儿哭得特别伤心,加上深知女儿喜欢跑步,王军霞父亲找到了学校,要求自费参赛。

如愿参赛的王军霞果然不负众望,在女子 1500 米比赛中第一个冲过终点。凭借着优异的成绩和良好的心肺功能,王军霞被大连业余体校的王世忠教练收入门下。

刚到体校的时候,王军霞还曾因为身材矮小、协调性差等原因受到质疑。但王军霞训练非常卖力,并在随后的一次比赛中取得非常优异的成绩,征服了所有人。王军霞从此开始正规的田径训练。

险些因肝炎失去继续奔跑的机会

1991 年，王军霞参加在河北唐山举行的全国城市运动会，因成绩优异，被辽宁省田径队选中，王军霞因此前往沈阳训练。

但好景不长，王军霞没去多久，就被查出有肝炎。虽说肝炎很容易被治愈，但对于运动员来说，肝炎很容易影响运动生命。同样出自辽宁的国足名将傅玉斌就是因为身患肝炎，在 1993 年被迫退役。

队里把患病的王军霞送回大连。但王军霞走后，队里又觉得，这是一个非常好的苗子，放弃会非常可惜，于是队里又把王军霞接回来，让她先安心治病。

在队中照料下，王军霞很快治好了病。她开始刻苦训练，在田径队指导下，大幅提高了自己的成绩，成为队中的佼佼者。

1992 年 9 月，王军霞在韩国首尔举行的世界青年锦标赛上，获得 10000 米金牌，开始在国际比赛上崭露头角。

回来以后，王军霞练得更刻苦了，并开始进行马拉松训练，从当年 10 月到次年 4 月，王军霞跑了 114 次马拉松。

4 天内两破世界纪录，"东方神鹿"的名号广为流传

1993 年，是王军霞大放异彩的一年，身高 1.60 米的王军霞在这一年三次创造辉煌。

在 8 月份举行的德国斯图加特世界田径锦标赛上，王军霞夺得 10000 米跑的金牌。这次田径世锦赛，中国代表团也创造了历史最好成绩，一共获得 4 块金牌，这一壮举至今未被超越。王军霞在比赛中跑得轻灵、快速，"东方神鹿"的名号也不胫而走。

9 月，王军霞在第七届全运会上，将保持 7 年之久的女子 10000 米世界纪录打破，跑出 29 分 31 秒 78 的成绩，成为人类历史上第一个破 30 分钟大关的女选手。

4 天之后，王军霞再次在女子 3000 米比赛中打破世界纪录。4 天之内两次打破世界纪录的壮举让世界瞩目。两项世界纪录均很快被世界田联正式承认。

然而就在王军霞披荆斩棘的时候,她得知一个噩耗,她的哥哥在几个月前因车祸去世。

就在 6 月份回家探亲的时候,王军霞还见到了哥哥,临走时正是她哥哥把她送到了车站,在车站两人相互说着关照的话,依依惜别。但就在几天之后,王军霞的哥哥因车祸去世。

考虑到王军霞在接下来的几个月赛事密集,王军霞父亲把这个噩耗隐瞒了下来,怕因此影响王军霞的状态。

10 月底,正准备远赴西班牙比赛的王军霞得知了消息,眼泪夺眶而出,她决定要用冠军告慰九泉之下的哥哥。随后,在世界杯马拉松赛上,王军霞获得马拉松金牌,实现了自己的心愿。

这一年,王军霞几乎横扫世界田径中长跑比赛,"东方神鹿"的称呼,也深深印刻在大家的脑海中。

在当年的全国十佳运动员评选中,王军霞排名第一入选"十佳",并入选世界十佳运动员。

成为中国乃至亚洲第一个欧文斯奖得主

由于在赛场上的傲人成绩,王军霞被授予 1993 年的杰西·欧文斯奖,这是田径界分量最重的奖项。

杰西·欧文斯是世界上最伟大的田径运动员,1936 年柏林奥运会上,他代表美国队力夺 4 金,并多次打破世界纪录。1980 年欧文斯去世,美国体育机构设立以他名字命名的奖项,用以奖励各国最杰出的世界运动员。王军霞是中国乃至亚洲第一个获得该奖项的运动员。

1994 年 1 月底,王军霞身穿运动服,胸前别着金色小鹿的胸章,踏上了飞往美国纽约的班机,去参加欧文斯奖的颁奖仪式。

到达纽约的第二天,王军霞接受了媒体的采访,面对镜头侃侃而谈,既向美国记者介绍了中国体育的飞速发展,也反击了一些捕风捉影的谣言。

在 2 月 1 日的颁奖晚宴上,王军霞身穿一身黑色晚礼服,从名满天下的拳王穆罕默德·阿里和 1960 年罗马奥运会两金得主鲁道夫手中接过奖杯。随后,王军霞发表了热情洋溢的感谢词,其中也包含了感谢祖国对自己的培养以及家人、亲友的帮助。她的演讲得到了现场 500 多名观众的热烈掌声。

值得一提的是，王军霞由于只穿了运动服赴美，而按照当地惯例，参加隆重典礼必须身穿晚礼服，因此主办方特意安排服装设计师给王军霞赶制了一套晚礼服，仅用一天时间就将做好的衣服送到王军霞的房间里。

2月9日，是中国传统的除夕夜，刚从美国领奖归来的王军霞出席了中央电视台一年一度的春节联欢晚会。在节目直播中，王军霞眼含热泪说："为了获得这个荣誉，真的付出了很多很多，训练非常艰苦，眼泪经常流下来。但是为了奥运会，我们还要继续苦练，要在亚特兰大为国争光。"

在毛德镇的魔鬼训练下，顺利获得奥运会参赛资格

1995年，王军霞师从老教练毛德镇。王军霞很珍惜这次机会，她渴望能在毛德镇指导下获取奥运冠军。第一次见面的时候，毛德镇就告诉王军霞，他是个严厉的教练，运动量会很大，但目的就是帮助大家成功。

回看王军霞当年的日记，可以看出师徒俩都为此付出了巨大的心血。有一次训练，王军霞跑得实在太累了，26圈以后已经摇摇晃晃。毛德镇让她下来，再慢慢跑恢复一下，这样可以尽快缓解疲劳。"一定不能走，听到没有？必须慢跑。"伴随着毛德镇的喊声，王军霞试图跑起来，可是她扶着栏杆已经迈不动腿。

每逢大赛前，田径队都会上青海多巴基地训练，那里是高原，可以锻炼心肺功能。但上高原也有一个坏处，那就是很容易食欲不振。

在高原缺氧的环境下，王军霞进行高强度训练、高体能消耗，如果这时再吃不好、睡不下，对身体是个很大的伤害。

为此，毛德镇为让王军霞能多吃点，绞尽了脑汁。作为运动员，必须每天要摄入大量蛋白质，因此吃牛肉被摆上和训练同等重要的位置。毛德镇为了王军霞能多吃两块牛肉，跟王军霞软磨硬泡，硬是看着她把肉吃下去。

有时在食堂不愿意吃了，毛德镇就把饭菜给王军霞带回去，到时间用电热炉加热。毛德镇还时不时给王军霞换换口味，想办法给她做鱼吃。

在毛德镇细心照料下，王军霞在1996年5月份的奥运选拔赛上，5000米比赛和10000米比赛都创造了当年的世界最好成绩，顺利获得了亚特兰大奥运会参赛资格。

1996年7月，王军霞在出征亚特兰大奥运会前夕，加入了中国共产党。

国旗和微笑成为王军霞奥运夺冠后的经典回忆

1996年7月28日晚,亚特兰大奥运会女子5000米决赛就要开始了,王军霞在起跑线上做着准备动作,她的主要对手是世界冠军、爱尔兰选手奥沙利文和肯尼亚选手孔加。

在此前的预赛中,王军霞的成绩并不理想,她在最终晋级决赛的15人中仅排名第12。孔加则在预赛中展示出良好的状态,最后冲线的时候超出第二名能有100多米。

为此,毛德镇给王军霞制定了战术,要她先跟跑,在终点前按照自己的身体状况,选择800米冲刺还是400米冲刺。

枪响了,奥沙利文和孔加都跑在前列,王军霞的位置不是很理想,跑在中间偏后的位置上。

前半程,王军霞跑得很稳,并且不断在心里告诉自己要放松。半程之后,孔加从队伍中冲出来,王军霞趁势从外侧加速,跟到孔加身后。两人从大部队中脱颖而出。

当比赛还剩800米的时候,王军霞开始冲刺,而孔加显得有点力不从心,被王军霞越拉越远,一圈过后已落后王军霞40多米。

在离终点还有30米的地方,王军霞高高举起双手,微笑着冲过终点线。当王军霞向看台上的观众致意的时候,一名观众向王军霞抛去了一面巨大的五星红旗。

这名观众在1988年留学美国的时候,就带去了这面国旗。奥运会开幕后,他把国旗带入了体育场,希望能在自己的偶像王军霞夺冠后,把国旗赠给她,现在终于如愿以偿。

王军霞打开国旗披在身上,微笑着绕场致意。这是奥运会田径赛场第一次有中国人身披国旗庆祝。国旗和微笑成为王军霞在亚特兰大奥运赛场上给大家留下的经典记忆。

几天后的10000米决赛,王军霞仅以0.95秒差距不敌世界冠军里贝罗,获得亚军,又一次站上领奖台。

奥运会后,王军霞选择退役,并于1999年进入中国人民大学读书,后赴美留学。

2012年,王军霞成为首批入选国际田联名人堂的运动员。

熊倪：
向命运叫板的跳水王子

资料

姓名：熊倪
性别：男
项目：跳水
代表荣誉：1996年亚特兰大奥运会男子3米板
冠军
2000年悉尼奥运会男子3米板冠军
2000年悉尼奥运会男子双人3米板
冠军

2000年悉尼奥运会，国际奥委会在跳水项目4枚金牌的基础上，又增加了双人跳水项目，金牌总数增加到8枚。这对跳水王国中国来说是非常好的消息。

但是，谁也没想到，在跳水的前3项比赛中，中国跳水队全面失利，就连两代跳水女皇伏明霞、郭晶晶搭档的女子双人3米板也没能折桂。夺金的重任压在每一位跳水选手的身上。

跳水的第四项比赛是男子3米板，第四次出征奥运会的熊倪将出场比赛，他的对手是俄罗斯名将萨乌丁。两跳之后，熊倪就落后了30多分。最后一跳了，熊倪还落后萨乌丁11分。

熊倪还会继续向命运叫板吗？

崛起时代

167

第一次上跳板,熊倪两腿打颤不敢往下跳

熊倪是个少年成名的跳水天才,但命运却有点坎坷。

1974 年,熊倪出生于湖南长沙,7 岁的时候,省业余体校要在长沙全市范围内的小学里挑选跳水和体操希望之星。熊倪从小就面貌清秀,而且比较活泼,因此来挑选的老师都很喜欢他。

当熊倪得知他跳水和体操都过关了,却犯了难,该选哪个呢?他只知道跳水是有个大池子,体操有一堆器械,至于该怎么练,他完全不清楚。带着疑问,熊倪回家求助父亲。

父亲也区分不出哪个项目对熊倪更有利,但给熊倪出了一个主意:"你先参加哪个测验,就去参加哪个项目。"就这样,熊倪选择了跳水。

一开始,熊倪坐着父亲的自行车每天去体校训练,时间长了,他于心不忍,就主动要求自己走着去体校。父亲同意了,却没想到熊倪后来逃了一周课。

第一次上跳板练习的时候,熊倪这些新队员觉得既刺激又害怕,从高空往下跳时"啊啊"的怪叫声不断。站在跳板上,熊倪双腿打颤,不敢往前迈一步,在马延平教练的一再督促下,才极不情愿地跳下去。

几次之后,熊倪越跳越害怕,决定以后再也不来了。熊倪第二天下课后没敢回家,在外面转了一圈,逛逛菜市场,看看大爷们下棋,然后再回去。纵然是这样,熊倪每天到家都会比以前早,面对父亲的疑问,他也随口找理由搪塞。

每个周末训练都是父亲骑车送熊倪去训练,熊倪知道要穿帮了,极不情愿坐在自行车后座上。到了学校,听见马教练询问这一周为什么没来,熊倪父亲什么都明白了。回家之后挨一顿揍是不可避免的,熊倪痛哭之后,忽然明白了很多道理。

为了在女孩面前逞能,熊倪第一个从 10 米高的跳台上跳下

时间渐渐过去,当初跟着马教练学跳水的学员只剩了两三个人。马教练很喜欢熊倪的悟性,在 1983 年上调到省体工大队时,把他也带去了。那时熊倪 9 岁,开

始专业训练。

第一次上 10 米台，马教练为了让大家壮胆，让五六个队员一起上去，然后依次往下跳。10 米台相当于四层楼的高度，比之前练习的 3 米板高多了。站在跳台上，大家你看我、我看你，谁都不敢第一个往下跳。

看到谁都不敢跳，熊倪突然想在几个女孩面前逞一下英雄，头脑发热就第一个跳下去。人还在空中，熊倪就开始后悔，甚至有一种极度绝望的感觉。因为这次失败的经历，熊倪用半个多月时间才开始适应从板到台的转变。

半年后，熊倪又一次在跳台上卡壳。为了参加全国青运会，马教练教熊倪做了一套动作——反身翻腾两周半抱膝，编号为 305C。这个动作难度系数并不高，但却把 10 岁的熊倪难坏了，他只翻转了两周，这也就意味着他无法用手分水，而是脚底板先触水。这把熊倪吓坏了，再上跳台时只上到 7 米高度，就怎么也不肯再上去了，面对台下路过的运动员的加油声，熊倪死活不肯再动，就这样从早上 9 点一直耗到中午 12 点，熊倪一直在 7 米处站着，既不肯上去，也不肯下来。

熊倪又一次想放弃跳水。然而回家没两天，跳水队领队就来了，经过动员之后，熊倪又回到队里开始训练。马教练看到熊倪没有发火，一如既往地进行指导。

看门阿姨问：“熊倪，你什么时候也能进国家队呢？”

马教练还是欣赏熊倪才华的。青运会后不久，熊倪队友陈青因为成绩好被选入国家队，马教练一同前往北京。让熊倪很意外的是，马教练让他做好准备一起进京。

马教练一直有意培养熊倪进入国家队，所以为 11 岁的熊倪争取了一个“代训”的机会。所谓代训就是跟着国家队训练，但编制、待遇都和正式队员有所区别。

一开始，熊倪和马教练、陈青一起住在国家体委（现国家体育总局）的地下招待所里，因为是男孩，所以要单独住。每天看着正式队员从宿舍出出入入、说说笑笑，熊倪有很强的失落感。

除了个别时间可以和国家队队员一起练外，熊倪很长时间都是跟着马教练单独练。时间长了，看门的阿姨很同情熊倪，就问他：“熊倪，你什么时候也能进国家队呢？”

对于这个问题，熊倪自己也很想知道。他知道国家队教练徐益明正带着一个组在训练，组里有高敏、许艳梅等日后的奥运冠军。有人告诉他，如果能到徐益明那个组试训,就差不多有希望进国家队了。

熊倪不知道的是,徐益明也在偷偷观察他,感觉熊倪脑瓜灵,水花压得也好,是个好苗子,想给他一个机会。

1986年1月,马教练告诉熊倪一个好消息:"徐益明通知你去他那里试训了。"几个月来,熊倪一直在等待这个机会,他太高兴了,这时他刚刚好12周岁。而比他大四岁的高敏,也不过刚刚到徐益明的组里3个月而已。

眼看一个跳水明星即将冉冉升起,但命运却小小捉弄了熊倪一把。

洛加尼斯对熊倪教练说:"很对不起"

跟着徐益明训练两年后,熊倪开始在国内外的比赛中崭露头角。是否派熊倪参加1988年汉城奥运会的选择摆在教练组面前。

有关心熊倪的教练私下告诉他:"你岁数还小,以后参加奥运会的机会有的是,这次汉城奥运会的机会并不大,别想太多。"

熊倪确实也没想太多,跟诸多名将相比,他确实是个孩子。但谁也没想到,两次队内测验,熊倪都得了第一。就这样,熊倪搭上了飞往汉城的班机。

到了奥运会,熊倪只有新鲜,没有紧张,东看看西看看,中国奥运代表团的运动员们都很喜欢这个小弟弟。让熊倪最感兴趣的,是他将和一代跳水巨星洛加尼斯同台竞技,他曾无数次从录像室里看洛加尼斯的跳水资料。

洛加尼斯是1984年洛杉矶奥运会男子3米板、10米台双料冠军,是第一个实现这一伟业的男选手。在1988年初的一次比赛中,洛加尼斯曾在3米板上被中国选手谭良德击败,熊倪认为,自己一样有机会在10米台上击败洛加尼斯。

但在3米板预赛中,洛加尼斯发生了一个意外。他在做305B(反身翻腾三周半屈体)时,后脑勺磕到了跳板上,血染泳池。随后,洛加尼斯在决赛时得到了观众和裁判的巨大同情,成功击败谭良德,卫冕3米板冠军。

到了10米台决赛,熊倪和洛加尼斯棋逢对手。一直到倒数第二轮,熊倪还领先洛加尼斯3分。但最后一跳过后,洛加尼斯却最终以总分领先1.14分的微弱优势力压熊倪夺冠。

舆论一片哗然,大家普遍认为是洛加尼斯凭借其留给裁判良好的印象,才战胜了中国初出茅庐的孩子。在赛场,就有几名运动员和裁判过来握住熊倪的手说:"你是真正的冠军。"

当天,洛加尼斯见到中国队教练,开口第一句就是:"很对不起。"

跳台上的熊倪时代没能等来,跳板上的熊倪时代即将开始

汉城奥运会归来后,美联社认为,熊倪将是未来跳台跳水上的霸主。国内体育媒体也认为,"熊倪时代"即将到来。

然而,熊倪时代最终并没到来,至少是跳台上的熊倪时代并没有到来。小熊倪4岁的孙淑伟横空出世,连续在1990年亚运会、1991年世锦赛等比赛中连续击败熊倪夺冠。

在巴塞罗那,14岁的孙淑伟惊世骇俗一跳获得奥运会男子10米台冠军。而赛前几乎整夜没合眼的熊倪只获得第3名。

奥运归来后,熊倪整天泡在宿舍里不肯出门,他曾想过退役,但却心有不甘,决定再拼搏4年。

1995年,跳水队决定让熊倪从跳台向跳板转变,这有几个原因。第一个原因是随着年龄增大,由台转板是跳水界的客观规律。第二个原因是一代名将谭良德退役,跳板上也需要人才。另外,从1984年中国参加奥运会开始,三届奥运会跳板冠军都由美国选手把持,中国选手需要在跳板上有所突破。

熊倪对此有所犹豫,毕竟离亚特兰大奥运会只有一年时间了,他能给裁判留下印象的时间并不多,7年前他正是因为印象分不足,最终屈居亚军。

1995年世界杯,熊倪第一次在跳板比赛中亮相,以0.48分的微弱差距输给俄罗斯名将萨乌丁,这让熊倪看到了曙光。而当萨乌丁跳出一个完美动作时,熊倪由衷为他喝彩,这一举动也给许多裁判留下了良好印象。

就在熊倪准备像洛加尼斯一样在奥运会上冲击跳板、跳台双料冠军时,他膝关节受伤,不得不卧床休息半个月。这给熊倪的打击很大,开始认真考虑兼项问题。

1996年的奥运选拔赛,熊倪担心因体力的问题,两面兼顾搞不好两面落选,所以忍痛放弃了跳台比赛。

让熊倪没想到的是,跳台上的熊倪时代最终没能等来,而跳板上的熊倪时代即将开始。

历经三届奥运会,终于首获奥运金牌

  在前往亚特兰大奥运会比赛前,熊倪仔细盘算了一下自己的对手:1992 年奥运冠军美国选手伦奇退役后复出,应该有 30% 的夺冠希望;和自己同龄的俄罗斯选手萨乌丁表现优异,应该也有 30% 的夺冠希望……

  熊倪认为,自己既然是一个跳板上的新兵,不如放低姿态,比成什么样子都可以接受。

  1996 年奥运会跳水比赛和以往不同,在预赛和决赛之间增加了半决赛,半决赛和决赛在同一天的上午和晚上分别进行,而决赛不再跳十个动作,跳板只需跳 6 个自选动作即可。对于熊倪来说,半决赛和决赛在同一天进行,可以少了很多煎熬,想起 4 年前几乎一夜没睡,这是一个好消息。

  7 月 28 日的预赛和 29 日上午的半决赛熊倪都一路领先获得第一,晚上的决赛,他可以在每轮比赛中最后一个登场。

  决赛是自选动作,没有动作难度上的限制,而难度又和最后的得分息息相关。每个运动员的动作难度都不一样,稳定性也有所区别,因此一开始领先并不代表能笑到最后。对此,熊倪已做好充分准备。

  果然,前两个动作熊倪领先后,队友余卓成第三个动作难度高、表现出色,一下子超过熊倪。

  就在熊倪慢慢调整,又超过余卓成时,美国选手伦奇却在第 5 轮又跳了一个难度很高的动作,裁判竟给他打出 90 分的罕见高分。差距微乎其微,这意味着最后一轮熊倪和余卓成不能有任何闪失。

  最后一轮,余卓成倒数第二个出场,完美起跳、入水,力压伦奇积分升至第一。最后一个出场的熊倪看到这一结果,心完全放下来了,中国选手已经稳获冠军,他压力一下子消失了。最后一跳是熊倪的得心应手的动作 407C(向内翻腾三周半抱膝),难度系数又很高,熊倪稳定完成了动作。

  看到自己奋斗 8 年,历经 3 届奥运会,终于获得奥运冠军,熊倪眼泪止不住流下来,他悄悄地转过身,背对着镜头让眼泪静静地流淌……

祖国召唤时,熊倪毫不犹豫选择复出

如果熊倪拼搏的故事到此为止,那么他的经历足够励志,但离传奇还有一定距离。

1997年全运会后,熊倪退役,但他许下诺言:一旦祖国需要,将毫不犹豫奉献自己的一腔热血。

1998年,中国跳水人才青黄不接,体育界领导希望熊倪能够复出。熊倪认为,被国家培养十几年,是该他回报祖国、发挥老队员作用的时候了。当年5月,熊倪开始恢复训练。由于2000年悉尼奥运会增加了双人比赛,他除了要练习3米板外,还要搭档肖海亮参加双人3米板的训练。

2000年悉尼奥运会,跳水增加了4金,各国也都加大了对跳水的投入,而中国队则出师不利,前三项女子10米台、男子双人10米台以及女子双人3米板的金牌分别被美国选手和两对俄罗斯选手获得。谁来为中国获取跳水第一金,成为压在每位选手身上的重担。

跳水的第4项比赛是男子3米板,熊倪的对手依然是俄罗斯的萨乌丁,他已是奥运两金得主,在悉尼令人吃惊地参加了男子的四项跳水比赛。

前两跳,萨乌丁发挥出色,居然领先熊倪36分。由于跳水改革后,决赛一共就6跳,所以这个差距几乎难以挽回。此时,熊倪已落到第四位,排在他前面的还有费尔南多和队友肖海亮。

第三跳,萨乌丁出现失误,熊倪凭借高质量的一跳,把差距缩小到16分。接下来两跳波澜不惊,熊倪追到第二,但仍落后萨乌丁11分。

最后一跳,命运女神再一次垂青了熊倪,萨乌丁最后一轮又出现了失误,而熊倪凭借和上一届奥运会一样的绝技407C,又一次笑到了最后。

在颁奖仪式上,熊倪抽泣的背影,和5次亲吻金牌的镜头,一直深刻地留在人们心中。

在熊倪带领下,中国跳水队也一扫阴霾,包揽剩余5金,其中也包括熊倪和肖海亮搭档的双人3米板金牌。

孙雯：
绽放的"铿锵玫瑰"

资料

姓名：孙雯

性别：女

项目：足球

代表荣誉：1996 年亚特兰大奥运会女足亚军

1999 年女足世界杯亚军

1999 年女足世界杯金球奖、金靴奖

20 世纪 90 年代，中国女足蓬勃发展，在世界上屡屡获取好成绩，在 1996 年亚特兰大奥运会和 1999 年女足世界杯上两次获得亚军，女足精神传遍神州大地。人们借助歌星田震的名曲《铿锵玫瑰》来赞美中国女足，尤其那句"风雨彩虹铿锵玫瑰，再多忧伤再多痛苦自己去背"，让每一个熟悉女足、热爱女足的人耳熟能详。

出生于上海的孙雯是这支女足的代表人物之一。18 岁的她早在 1991 年第一届女足世界杯上就代表中国队登场亮相，屡屡获得战功。1999 年，孙雯作为女足队长率队参加美国女足世界杯，打入 7 球成为最佳射手。在决赛中，中国女足和美国女足 120 分钟内踢成 0 比 0，最后点球惜败。随后孙雯赴美国足球大联盟踢球。

因为父亲的影响，孙雯从小就喜欢足球

1973 年，孙雯出生在上海，父母都非常喜欢体育。

孙雯的父亲非常喜欢足球，孙雯长大以后常被父亲带去看足球比赛，这也是她日后喜欢踢球的重要原因之一。孙雯的母亲喜欢篮球，甚至在刚刚怀有孙雯的时候，她还经常去打球。

孙雯从小也有很强的运动天赋，无论什么运动都一学就会。小学四年级时，孙雯在学校已经找不到打乒乓球的对手了。她在羽毛球上也很有天赋，简单练过一阵就被体校教练看中，但因各种原因最终没能走上专业打羽毛球的道路。

夏天的时候，孙雯会和姐姐一起去游泳，但游泳馆门票是要花钱买的，她们又不敢向大人要，就用镊子从家里的储钱罐里偷偷拿出一、两角钱，挑最便宜的时间去游泳。当妈妈知道她们拿钱是为了游泳，也没再责怪她们，只是告诉女儿们花钱要向大人要。

孙雯也喜欢踢球，和几个女孩一起天天踢，把纸团起来当球，球场就是教室的过道。班主任看孩子们乐此不疲，就建议她们自己组队参加区里的小学生运动会。

但参赛结果很不理想，倒数第二名的成绩让孙雯很泄气，队伍就此解散。这时，正赶上孙雯考初中的关键时刻，她也就放弃了踢球的想法。

有一天，体育老师突然把孙雯叫去，告诉她上海市体校招生，问她有没有兴趣。孙雯满心喜欢，但一听说老师推荐她去练举重，就变得很不高兴："我不喜欢举重，我要去踢球。"

孙雯随着父亲来到市体校考试，可是发现来应试的 65 名学生中，大部分都经过区体校的正规训练，基本功都比孙雯要扎实。孙雯不管别人如何，觉得只要有任何机会，她都会试试，失败也无所谓，就当自己长见识了。

在上午的素质测试中，孙雯表现得很好，在 65 人中排名第 5。下午的分组比赛，孙雯表现得非常投入，不过到底比得怎么样，她自己心里也没底。

考试后，孙雯随着父亲回家，等待考试的结果。

崛起时代

体校和重点中学的录取通知书同一天到家

很快，小学升初中的考试就要开始了。对于进体校的事情，孙雯实在没有把握，不太确信自己能够脱颖而出。因此孙雯开始专心准备考试，把去足球队的事放在了脑后。

凑巧的是，暑假里，孙雯居然同一天接到上海市体校和上海市重点中学大同中学的录取通知书。惊喜之下，孙雯狂奔到公用电话亭，打电话向父母报喜。

在孙雯读书的年代，考大学远比现在艰难，而进入大同中学，基本上等于一只脚已经迈进大学门槛。孙雯父亲望着数学、英语双 100，语文 85 分的成绩单，很希望孙雯去读书上大学。因为孙雯执意想去体校，她父母不惜把亲戚请到家里开导孙雯。

但孙雯一心想去体校踢球，为了说服父母，她答应不放弃读书，保证每个学期都考班级前三名，如果万一踢不成球被退回来，她就去上大学。

在孙雯的坚持下，父母妥协了。1985 年 9 月 1 日，孙雯背着书包到体校报到，开始走上足球之路，这时她只有 13 岁。

在体校，没有经过专业训练的孙雯却展示了她极有天赋的一面，不管什么动作，教一下就会，进步非常快，再加上她踢球肯动脑，体校的教练对她赞不绝口。

但体校三年毕业后，球技日渐增长的孙雯却被上海市女足拒之门外了。体校教练觉得孙雯是个人才，因此破例又让她在体校训练了一年。一年后，就在孙雯感到绝望准备放弃时，上海市女足却又把她吸收入队。

孙雯拖着伤腿为女足踢入扳平的一球

1990 年女足全国联赛，孙雯表现出色，被时任国家队主帅商瑞华看中，吸收进中国女足。

1991 年，第一届女足世界杯在中国进行，刚 18 岁的孙雯成为场上主力，并在中国与丹麦的比赛中打入一球。

1996 年 1 月初，正在备战亚特兰大奥运会的孙雯住进了北医三院，接受了左腿半月板摘除手术。手术后，孙雯的腿疼得钻心，也肿得吓人，她连洗澡上厕所都需要妈妈帮助。两个月后，孙雯的腿依然不能弯曲到 90 度，但为了能尽快恢复训练，孙雯坚持搬回体校去住。

此后，孙雯接到国家队的集训通知，拖着伤腿又赶到训练基地报到。

孙雯回忆，集训的条件非常简陋，所有队员都住在体育馆看台下的简易房里。所谓的房间，就是在一片空地上建寥寥几道围墙，加了扇门而已，体育馆的阶梯看台就是房顶，因此上面都是通的，不同房间之间声音都可以听得到，半夜一声轻轻地咳嗽都可以传出很远。

就是这样的房间，也做不到每人一间。老队员可以两人住一间，新队员只能很多人挤在一个大房间里，生活非常不方便。房间里没有什么家具，只有最简单的床、矮柜和桌子，此外没任何东西。

每天训练结束，几十名队员要排队用四五个热水器轮流洗澡。买菜、洗碗、刷锅、擦桌子，生活上的一切都要自己来。

在这样的艰苦条件下，孙雯依旧努力刻苦地训练，不想错过亚特兰大奥运会。这是国际奥委会第一次把女足带入奥运会，孙雯不想因伤遗憾缺席。

在亚特兰大，中国女足奇迹般打入决赛，将和东道主美国队争夺冠军。决赛前，女足姑娘们在更衣室里一起高唱国歌，士气非常高涨，大家热血沸腾，要放手一搏。

在场上，队员们拼抢非常积极。在中国队 0 比 1 落后时，孙雯接队友过顶长传，快速前插后破门，帮中国队把比分扳成 1 比 1。但遗憾的是，美国队凭借一个有争议的进球最终获得胜利。

归国后，孙雯曾流着泪告诉妈妈，当时实在跑不动了，她是咬着牙忍着痛才把那球踢进的。

《铿锵玫瑰》伴随中国女足征战美国世界杯

1999 年，孙雯随队参加美国女足世界杯，这是孙雯参加的第三届女足世界杯了。

在美国参赛有两大问题，一个是饮食，一个是时差。世界杯的比赛比奥运会漫长，而且不同比赛需要在不同城市来回穿梭，旅途劳累也是个重要问题。

吃惯大米白面的中国姑娘并不适应美国的黄油面包，怎么能让她们吃上可口的饭菜呢？对此，美国当地的华侨都动员起来，联系当地的中餐馆给女足提供伙食。

崛起时代

177

但时间长了也不行，一方面队伍要横跨美国东西两岸来回跑，不可能总在一个地方吃饭；另一方面，当时美国的中餐，原料、调料都已经西方化，和在国内吃的味道不一样，女足姑娘们开始自己想办法弄吃的。

于是孙雯联系当地的华侨，买了很多方便面回来，感觉比牛排吃上去还要可口。比赛才打了一半，孙雯已经把方便面吃光了，想去队友那边讨一点，可是大家都把方便面视为珍宝，没吃完的早就藏起来了。

多年以后，孙雯仍然怀念在世界杯那年方便面的辣劲儿，和那年球场上女足火辣辣的球风。

美国本土和中国一样幅员辽阔，从西到东分为四个时区，时差相差 3 个小时。由于要来回几次往返东西海岸，总是倒时差会非常不方便。因为决赛场地安排在洛杉矶，是美国太平洋时区，因此主帅马元安要求大家一律按太平洋时间作息。这也就意味着孙雯和队友们每当在波士顿或纽约比赛时，晚上都必须睡得特别晚，但好处是早上可以晚一点起床。

还让孙雯印象深刻的是，歌手田震有一首歌叫《铿锵玫瑰》，为了鼓舞女足出征世界杯，作者把其中歌词"温柔妹妹，铿锵玫瑰"改成"风雨彩虹，铿锵玫瑰"。这首歌一直陪伴女足到世界杯打入决赛。回国后，这首歌依然在喜欢女足、热爱女足的球迷之间传唱。

一曲《风中之烛》在美国赛场唱响

比赛开始了，中国女足的首场比赛就是对阵老对手瑞典女足。说来也巧，第一届世界杯 8 强赛，东道主中国队被瑞典队挡在半决赛外；第二届世界杯 8 强赛，又是东道主瑞典队被中国队挡在半决赛外。

比赛开始仅两分钟，中国女足就被攻破城池，但好在凭借金嫣和刘爱玲的进球，2 比 1 逆转瑞典获胜。

小组赛接下来两轮比赛从西海岸转战到东海岸。说来也怪，孙雯一到东海岸就大放异彩，在对阵加纳的比赛中打入 3 球上演帽子戏法（足球术语，一场比赛进3 球或以上，就称为帽子戏法），而对阵澳大利亚时梅开二度。

此后，中国女足再次回到西海岸，在 8 强赛 2 比 0 击败俄罗斯晋级四强。在半决赛，中国女足又飞行 4000 公里回到东海岸的波士顿，孙雯再次梅开二度，帮中国队 5 比 0 大胜挪威晋级决赛。此后，中国女足飞回洛杉矶备战决赛。

中国女足在这 5 场比赛中,要 4 次横跨美国全境,车马劳顿别提多辛苦,总飞行距离接近 17000 公里。反观美国,占尽主场优势,前 4 场比赛均在美国东部进行,路途比中国简单得多。而半决赛,美国队提前飞往西海岸,省去了在决赛前的一次长途奔袭,相当于比中国女足多休息了一天时间,而她们的总飞行距离不过 4000 公里。

　　在决赛前,美国记者采访中国女足训练。在对方邀请下,孙雯毫不含糊地用英语演唱了一首《风中之烛》,这是纪念 1997 年因车祸去世的英国戴安娜王妃的歌曲。

　　决赛开始了,旅途疲劳的中国女足顶住了美国女足一轮又一轮的狂攻,90 分钟内 0 比 0 打平,加时的 30 分钟内再次 0 比 0 打平。可惜的是,在最后的点球大战中,中国女足 4 比 5 落败。

　　赛后,美国主教练说,中国女足踢得非常好,应该也是冠军,美国队赢得很运气。

　　在赛后颁奖,孙雯凭借 7 个进球,和巴西选手茜茜同获金靴奖(相当于最佳射手),而凭借整个世界杯的优异表现,孙雯获得金球奖(即最佳球员)。

　　此后,孙雯赴美国足球大联盟踢球,并在 2003 年女足世界杯后退役。虽然孙雯已经退役了,但"铿锵玫瑰"永不凋谢。

王楠:

永远微笑的乒坛大姐大

资料

姓名:王楠

性别:女

项目:乒乓球

代表荣誉:2000 年悉尼奥运会女单冠军

2000 年悉尼奥运会女双冠军

(搭档李菊)

2004 年雅典奥运会女双冠军

(搭档张怡宁)

2008 年北京奥运会女团冠军

亚特兰大奥运会后,邓亚萍淡出了国家队,王楠脱颖而出成了新一代的乒坛大姐大。

和邓亚萍打球时一脸严肃不同,王楠有着招牌式的微笑。2000 年奥运会,王楠微笑着获得了双料冠军。2002 年意外兵败釜山亚运会,王楠也坦然面对失利,并很快从阴影中走出。

2008 年,王楠 30 岁,已经过了自己的巅峰状态,到了退役的年龄。但王楠心中始终有个梦想,要在北京奥运会拿到最后一块金牌,她从不曾放弃追逐梦想的脚步。

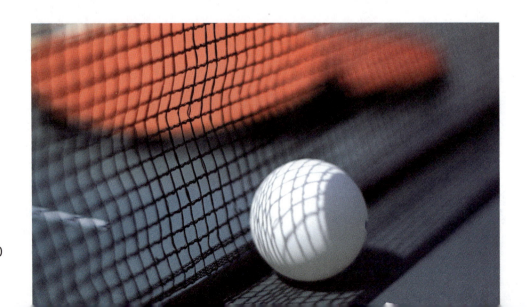

想锻炼身体,王楠被父母送去打乒乓球

北方的十月是大家最忙碌的日子,家家户户都在储存整个一冬要吃的白菜、土豆、萝卜等食品,以迎接寒冷的到来。

1978年10月,辽宁抚顺已日渐寒冷,王楠出生在一个温暖的家庭里,成为家里的第二个女孩。

小时候的王楠有些瘦小,父母对此比较发愁,想让她去进行一些体育锻炼,好让身体结实一点。偏巧有同事向王楠妈妈介绍:"我孩子在学打乒乓球,你家孩子要不要一起打?"就这样,不到7岁的王楠被送到了乒乓球学前训练班,开始学打乒乓球。

王楠每天和几个小女孩一起训练,大家彼此间的关系也都非常好。王楠日后与队友、对手都很合得来,也许就是从那时开始养成的性格。只是王楠比别人都要刻苦,在别人想偷一点懒的时候,王楠却会自觉背起书包到训练馆去训练。

小小的王楠很懂事,虽然当时并不喜欢打球、训练,也不知道当世界冠军是怎么一回事,更想和同学们一起出去玩,但想到父母对自己的关心和爱护,觉得不能辜负他们,因此加倍刻苦地训练。

1989年,王楠进入抚顺市体校,开始系统性训练。王楠天赋很高,训练时刻苦认真,教练因此也愿意更多地在她身上下工夫。

1992年,王楠进入辽宁省队,到沈阳训练。好在抚顺离沈阳不远,父母放心不下,每个周末都会带上一堆好吃的赶到沈阳,来到女儿身边。

1993年底,15岁的王楠被调入国家队。能和邓亚萍、乔红等一代名将一起训练,王楠也给自己定下了一个目标,将来要像邓亚萍那样成为世界冠军。

王楠从小有股倔脾气,立下的目标就一定要实现,为了世界冠军的目标,王楠没少流汗流泪,但哭过鼻子后会继续刻苦训练。

1994年,王楠代表中国队参加瑞典公开赛,获得女单冠军,这是她在国际比赛的第一个冠军。

崛起时代

181

世乒赛夺冠，奠定世界乒坛一姐地位

亚特兰大奥运会逐渐临近，王楠的成绩也越来越好。1995年的中国乒乓球公开赛，王楠又一次获得女单冠军。1996年，王楠的世界排名达到了第5名。

但当时国内女子单打正是邓亚萍、乔红如日中天的时候。参加奥运选拔赛时，王楠还不到18周岁，在"大场面"中慌了手脚，用她的话说，腿都有点哆嗦，因此败下阵来，无缘亚特兰大奥运会。当时王楠还无法想象，将来她会和奥运会非常有缘，在三届奥运会上获得4枚金牌，更无法想象能在北京参加奥运会并夺冠。

1997年，王楠开始成为中国女队核心队员，随队参加在英国曼彻斯特进行的第44届世乒赛，她不但和队友一起获得女团冠军，还在单打比赛中一路进入决赛，只是最终败给邓亚萍。

1998年的曼谷亚运会，成为王楠大放异彩的一刻，她获得女团、女单、女双和混双4枚金牌，世界排名也上升到第3位。成为邓亚萍接班人的有力争夺者。

1999年，王楠宿舍换了一名室友，是比她小3岁的张怡宁。面对她未来职业生涯最大的竞争对手，王楠对张怡宁关怀有加，非常照顾。

1999年荷兰埃因霍温世乒赛女单决赛上，王楠先输后赢，战胜张怡宁夺冠，这不但奠定了她在国内乒坛大姐大的地位，也奠定了她世界一姐的地位。

更难能可贵的是王楠赛后对张怡宁的态度。张怡宁告诉王楠，打到最后两局的时候，她脑子都乱了，心想自己是不是就是不如老队员。王楠安慰张怡宁，告诉她这都是正常的，两年前自己也曾这样想过，"我特别理解你的感受，曼彻斯特世乒赛决赛打邓亚萍时，我也这样想过，结果后面就没得打了。没关系，以后就不会有这些想法了。"

在新闻发布会上，王楠看张怡宁红着眼圈，还笑着打趣道："'老张（张怡宁昵称）'，还哭过了？"弄得张怡宁不好意思起来："我只稍微哭了一下，没放声大哭。"

女单争八强是王楠夺冠路上最难的一关

2000年悉尼奥运会,王楠作为世界排名第一的女单选手,随中国代表团出征。

在率先进行的女双比赛中,王楠搭档李菊,一路过关斩将,并在决赛中3比0战胜队友杨影、孙晋,获取奥运冠军。

女双比赛中,王楠虽然也遇到波折,但总算波澜不惊,和女单比赛遇到的困难相比,完全是小巫见大巫。作为世界第一、奥运会女单一号种子,王楠差点连8强都没进。

在当年的国际比赛,中国女选手最头疼的是遇到代表不同国家参赛的前中国选手,因为彼此之间的打法很熟悉。说来也怪,王楠从第二轮首次登场以后,一路面对的都是前中国选手。

作为种子选手,王楠首轮轮空,第二轮3比0轻取新西兰的李春丽,看上去顺风顺水。

但接下来的比赛风云突变,在第三轮争夺8强的比赛中,王楠遇到了新加坡名将李佳薇。王楠开局不利,前3局1比2落后,第4局居然以16比20落后对手4个赛点。也就是说随后4个球,王楠只要输一个就会被淘汰。

眼看一号种子要爆出冷门无缘8强,国内看电视转播的人很多都失望地关上了电视。但就在此时,王楠神奇般实现逆转,不仅连追4分救回这一局,而且再下一局3比2反败为胜。

进入8强后,王楠面对原名何智丽的日本选手小山智丽,这是个出了名难缠的对手。一向面带微笑的王楠频频撸着袖子,这是王楠的习惯,她只要一撸短袖,杀气就来了。果然她仍3比0力克对手晋级4强。

在半决赛3比1淘汰代表中国台湾参赛的陈静后,王楠又在决赛反败为胜,3比2力克队友李菊夺冠。

在赛后,王楠谦虚地说,自己还不能说已经取代了邓亚萍,"我很尊重和敬佩她。"

釜山亚运会成为一辈子不能忘的教训

奥运会后,乒乓球规则发生了翻天覆地的变化,这给王楠也带来了很大的冲击。

1999 年,加拿大人沙拉拉当选国际乒联主席,为了推动乒乓球运动的发展,适应新时代变化,他进行了大刀阔斧的改革。

改革变化最大的两个地方则是小球变大球和 11 分制。为了让比赛更具有观赏性,国际乒联把乒乓球从白色改成黄色,并从直径 38 毫米改为 40 毫米,球比以前要重 0.7 克,旋转和球速都有所下降。别小看这 0.7 克,这对乒乓球运动员的影响非常大,原来一拍能打死的球,就很有可能变成多拍的拉锯战。

此外,比赛也从 5 局 3 胜 21 分制变成 7 局 4 胜 11 分制,这一变化,让比赛时间缩短的同时,增加了赛事的偶然性。随着 11 分制同时进行的还有无遮挡发球,刘国梁也是因为规则改变过大,渐渐淡出比赛,进而退役担任教练。

王楠就是在这种变化下,遭遇了 2002 年釜山亚运会的惨败。在女团决赛中,王楠一个人丢掉 2 分,连续败给朝鲜选手金香美和金英姬,女队也最终输给朝鲜队。此外,她参加的女双和混双比赛也都输了,女单则输给张怡宁获得亚军。

虽然输球有很多客观理由,比如有伤在身,再比如对新规则不适应,但王楠把责任都揽到自己身上,她觉得这是一辈子不会忘记的教训。此后半年,王楠极少露面,回到训练场上继续挥汗如雨,也用时间去抹平伤疤。

半年之后,在 2003 年的巴黎世乒赛上,王楠完成女单三连冠,这是迄今为止中国唯一实现这一目标的女选手。从中国进入世乒赛以来,全世界女选手中也只有王楠达到这一高度。同时王楠还获得女双和混双冠军,向世界宣告她的归来。

爱笑、爱美、重感情,王楠和队友在一起总是很开心

乒乓球比赛,对中国选手来说,最不可避免也最残酷的就是队友间的内战。对于王楠来说,比赛是比赛,生活是生活,在场下,她和队友之间关系非常融洽,爱美、爱笑,非常大度。

王楠是个特别重感情的人,尤其是对家人,只要有了钱,她就会先给家里汇

去。不能常回家，她就每天给家里打一个电话问候一下，每个人都会聊两句，最怕有人生病或者有事瞒着她。

每次出国比赛回来，王楠总是大包小包装了很多东西，都是给家人、朋友、教练们带回的各种礼品，每个人她都会想到，让收到礼品的人心里也是暖洋洋的。

王楠很重朋友感情，喜欢和朋友们一起待着。室友开玩笑说，以后你一个人出国比赛怎么办呢？王楠很认真地说："把你们都带着。"

2000年底，同为辽宁人的好友、足球运动员曲乐恒因车祸导致瘫痪，王楠一听说此事就立即请假去看他。当着曲乐恒的家人，王楠一个劲地安慰对方，自己忍着一滴眼泪都没掉。晚上回到房间，王楠号啕大哭，张怡宁怎么劝都没有办法，只好让她发泄掉自己的情绪。

王楠很义气，也爱给队友们出主意。有一次一个年轻队友因心情不佳，晚饭后找王楠聊天。王楠一直陪对方聊到半夜12点多，直到对方心中的疙瘩解开为止。对于这点，张怡宁佩服得不得了，觉得能听她把问题说透了，比放几天假还管用。

王楠爱笑在队中是出了名的，她常常为一些事情笑得前仰后合，是队中的开心果。她常和队友开玩笑，不管是谁都能相处，非常融洽。日本乒乓球选手福原爱到中国打球，对王楠也是一口一个"王楠姐"叫着，那东北口音，和王楠像极了。

没事的时候，王楠也喜欢逛街，无论衣服、鞋子还是小饰品，一买一堆，虽然没什么时间穿，但是"看着就高兴"。

队友们和王楠在一起，都觉得特别愉快，也越来越默契，甚至一个眼神就知道对方在想什么，尤其是和王楠配对双打的张怡宁更是如此。

为了北京奥运会，王楠决定再拼搏 4 年

2004年雅典奥运会，王楠和张怡宁合作，获得女双奥运冠军，这是她第三块奥运金牌。这届奥运会乒乓球双打比赛有个变化，就是来自同一个代表团的两对选手必须位于同一半区，避免了前几届奥运会双打冠亚军由中国包揽的局面，不过这对配合默契的王楠、张怡宁来说，夺冠没遇到太多障碍，在决赛中4比0轻松击败韩国组合。

此后，王楠认真考虑了一下退役的事。到下一届奥运会，她将年满30。中国乒乓球还没有一个女运动员30岁时还能征战奥运会。但下一届奥运会可是在北京举行，能在北京获得奥运冠军，是每个中国运动员的梦想，王楠又怎肯轻易放弃，

王楠决定再拼四年。

新一届奥运会,赛制又有所改革,双打比赛改成了团体赛。这意味着,每个代表团的参赛人数,从最多4人减为最多3人。王楠想参加奥运会的难度又增大了。

2007年世界杯,王楠再一次在女单比赛中夺冠,证实了自己宝刀不老。而正是因为王楠在北京奥运会前外战的出色表现,乒乓球队决定让王楠参加北京奥运会,期待她稳定的发挥和老到的经验能帮助中国队。

果然在女团比赛中,王楠配合张怡宁、郭跃最终登上冠军宝座,也实现了自己在北京奥运会夺冠的梦想。

在随后的女单比赛中,王楠一路打入决赛,虽然以1比4不敌张怡宁获得亚军,她依然用标志性的微笑赢得全场掌声。

奥运会后,王楠宣布退役,随后步入婚姻殿堂,开始了新的人生。

李小鹏：
接过"李家军"的枪

资料

姓名：李小鹏

性别：男

项目：体操

代表荣誉：2000 年悉尼奥运会体操男团冠军

2000 年悉尼奥运会体操双杠冠军

2008 年北京奥运会体操男团冠军

2008 年北京奥运会体操双杠冠军

　　1997 年除夕夜，以奥运冠军李宁、李小双为首的几代中国体操运动员出现在春节联欢晚会的小品节目中，其中最引人注目是一个年仅 16 岁的孩子，他动作灵活，举止可爱。

　　喜欢体操的人都知道，20 世纪 80 年代开始，中国体操队有一支"李家军"——姓李的体育名将非常多。最早一批有李宁、李月久、李小平等人，其后是李小双、李敬、李春阳，如今他们又有了一个新的接班人：李小鹏。

当李小鹏从李宁、李小双两代奥运冠军手中接过接力棒后，不负众望成为体操队核心队员，并在2000年和2008年两届奥运会上获得4枚金牌。

进国家队之前，李小鹏渴望得到一双运动鞋

李小鹏1981年出生在湖南长沙，这也是体操奥运冠军陆莉和跳水奥运冠军熊倪的故乡。

小时候的李小鹏就好动，没事翻个跟头、来个侧手翻。1987年，《长沙晚报》刊登市业余体校招收体操学员的启事。李小鹏的妈妈看到启事后，就问李小鹏想不想去，李小鹏得知练体操"好玩"以后，就点头答应了。

报名后要参加测试，看看哪个孩子跳得远、跑得快，还要看腿部力量。测试回来后，李小鹏感觉还不错，果然一周后录取通知书就下来了。到了体操班后，李小鹏每天跟着教练练习，却发现身边的人越来越少，从一开始一两百人到两个月后剩十多人。李小鹏底子好，人又机灵，成功留在队中。

1989年，8岁的李小鹏被选入湖南省队集训，开始正规的体操训练。在省队，每个月都会进行一次测验，李小鹏在同一拨的8个孩子里几乎每一次都是第一名。

每一年李小鹏都会得到各种比赛的金牌，最多一年拿到过6块。1994年，李小鹏代表湖南队参加了全国青少年锦标赛，获得自由体操项目金牌。

1996年2月，教练告诉李小鹏，省队推荐他到国家队试训，让他马上回家收拾行李。进入国家队是李小鹏多年的梦想，如今这个愿望就要实现了，李小鹏非常激动。

李小鹏回家告诉父母，父母听到喜讯后也很高兴，就问李小鹏想买点什么东西带走。李小鹏一直都想要一双名牌运动鞋，但500元的价格在当时不是一个小数目，因此一直没舍得买。父母听说李小鹏的愿望后，二话没说，出门把鞋买了回来，李小鹏高兴得当时就把鞋穿上了。

当天晚上，李小鹏带着运动鞋，也带着梦想，一个人踏上了前往北京的列车。

16 岁获得团体赛金牌成中国体操史最年轻世界冠军 ▶

进了国家队之后，李小鹏一开始在王红卫教练的组里打基础，对动作进行规范。李小鹏第一次到北京，就是王红卫在火车站接站，因此他和王红卫的关系非常好。

1996 年下半年，亚特兰大奥运会后体操队需要换血，李小鹏被调入陈雄组。李小鹏学起高难度动作来进步神速，表现出来的悟性和灵气都让陈雄吃惊。

有一次，陈雄教了李小鹏一套高难度的动作，在拉了两次保险带后，李小鹏就要求上杠进行实际操作，居然一次成功。仅仅一周后，他就能在这个动作基础上增加难度，完成更艰难的动作。

1996 年底，李小鹏随队前往美国辛辛那提，参加中国、美国、罗马尼亚三国对抗赛，并随队获得团体冠军。

1997 年 9 月的瑞士体操世锦赛，临出征前，体操队领队通知李小鹏参赛，他将顶替一名有伤在身的老队员。队中的意思本来是认为李小鹏年纪尚小，让他到大赛上长长见识，为将来做准备，因此他充其量就是一名替补队员。

但李小鹏觉得，既然让自己参赛，自己就要全力去争取冠军。因此他把训练当成比赛来认真对待，高动作完成率打动了教练，他也因此获得了主力参赛的机会。

在团体决赛时，李小鹏在跳马项目中第一个上场，快速助跑以后踏在跳板上起跳后，伸手撑住跳马腾空而起，然后稳稳落地。第一炮打响以后，后面的比赛顺风顺水，中国队以绝对的优势力压俄罗斯队夺冠。李小鹏也成为中国体操史上最年轻的世界冠军。

在颁奖仪式上，国际奥委会主席萨马兰奇亲自颁奖，他也非常喜爱这个年轻的世界冠军，就如当年给邓亚萍颁奖时一样，萨马兰奇也轻轻拍了拍李小鹏的脸颊。

在这次世锦赛上，李小鹏还获得跳马比赛的银牌和自由体操的铜牌，小小少年的第一次世界大赛就收获满满。

崛起时代

189

右肘受伤后李小鹏告别了鞍马赛事

但练体操不会一帆风顺,伤病很快就找上门来。

在体操训练时,被器械刮伤或从器械上掉下来,是每个运动员都常有的事,因此胳膊擦伤或者崴脚,对李小鹏来说是家常便饭。但有一处伤则严重影响了李小鹏日后体操的发展。

1998年1月份,李小鹏的右臂突然疼得厉害,已经完全练不下去了。教练连忙带领李小鹏前往治疗运动伤病最权威的北医三院,医生看了后认为是右肘关节劳损性受伤,建议手术。

但李小鹏和教练商量再三,认为动手术风险太大,搞不好要远离体操房,因此选择保守治疗。后来有很长一段时间,李小鹏的右臂都不能向外弯曲,右手根本够不到右肩。

因为右臂的伤,李小鹏此后练不了支撑项目,其中最受影响的就是鞍马。李小鹏是个天赋很高的运动员,在跳马、双杠等多个项目上都有很强的竞争力,但练不了鞍马,就意味着他无法参加全能比赛,无法成为李小双、涅莫夫那样的全能冠军,这对体操迷来说,多多少少是一个遗憾。

不过失之东隅收之桑榆,在与鞍马及全能无缘的同时,李小鹏也开始练两项独门绝技,在日后的赛事中将发挥重要的作用。

1999年天津体操世锦赛,李小鹏随队卫冕了团体金牌,并在跳马比赛中获得单项金牌。

获得悉尼奥运会团体和双杠双料冠军

2000年悉尼奥运会,中国体操队的目标是冲击团体金牌。从1984年第一次参加奥运会以来,中国体操队已多次获得单项冠军,并由李小双在1996年获得个人全能冠军。但体现团队实力的团体冠军,中国队一次都没获得过。

1984年洛杉矶奥运会,中国体操队被裁判压分,让东道主美国队笑到最后。随后的几次奥运会,中国队都功亏一篑,与冠军无缘。现在,中国体操队已多次获得世锦赛冠军,已到了收获季节。

但在预赛时,中国体操队失误连连,被老对手俄罗斯队压了一头。而李小鹏在跳马比赛中因为倒地,无缘该项目的决赛。

男团决赛开始了,中国队第一项是双杠,这既是李小鹏的强项,也是整个中国队的强项,李小鹏和队友们出色发挥,从一开始就占据了榜首位置。

表现良好的中国队给了竞争对手俄罗斯队很大压力,他们失误连连,与中国队差距越来越大。

在最后一个项目跳马比赛中,李小鹏在中国队最后一个登场,他一扫预赛失利的阴霾,出色完成动作。当看到自己获得 9.712 高分时,李小鹏知道男团冠军已经到手,他激动得和队友及教练紧紧拥抱在一起。

获得团体冠军,给了李小鹏极大信心。在接下来的双杠比赛中,李小鹏决心和俄罗斯领军人物涅莫夫一争高下。

双杠比赛竞争激烈,第二名出场的选手已经把分数抬到 9.775 分,而第三位出场的选手分数更是在 9.8 分以上。涅莫夫第 5 个出场,他的动作干净利落,但只得到 9.8 分。

李小鹏登场了,他动作难度大,稳定性高,完成质量好,落地稳健,表现超出涅莫夫一大截,9.825 分,场下一片欢腾,又一块金牌产生了。

夺冠之后,李小鹏被体操队总教练黄玉斌和队友们抬了起来,担任裁判的李宁也从裁判席跑下来,和李小鹏紧紧拥抱在一起。

崛起时代

获得两个动作命名后在雅典奥运会败走滑铁卢

19岁成为奥运双料冠军,李小鹏已成长为体操队的领军人物,但他还不满足,要把独门绝技拿到世界大赛上亮相。

熟悉体操的人都知道,哪个运动员能在比赛中第一次完成一项高难度动作,这个动作就会被冠以该运动员的名字。此前中国有多名运动员拥有以自己名字命名的动作。李小鹏则有两项,而且是在两个不同的比赛项目上。

2002年的体操单项世锦赛,李小鹏在跳马比赛中完成"踺子后手翻转体180度接直体前空翻转体900度",被命名为"李小鹏跳"。

2003年的美国体操世锦赛,李小鹏在双杠比赛中完成"挂臂前摆屈体后空翻两周成挂臂",被命名为"李小鹏挂"。

值得一提的是,在这届体操世锦赛上,李小鹏获得团体、双杠、跳马三项比赛的金牌,他正处于体操运动的巅峰状态,2004年雅典奥运会再获辉煌看上去是顺理成章的事情。

但谁也没想到,雅典成了中国体操队的伤心地。

在团体比赛中,中国体操队遭遇滑铁卢,多人出现失误,最终仅名列第五。在自己的强项跳马和双杠比赛中,李小鹏先是在跳马比赛中一屁股坐在地上,一无所获,接着又在双杠比赛时落地跳了一小步,最终获得铜牌。

回国之后,李小鹏把自己跳马倒地的照片打印出来,时时看着,以此激励自己。

两次重伤之后,在北京奥运会上重新崛起

虽然2004年雅典奥运会遭遇惨败,但李小鹏和好兄弟杨威、黄旭等人商议,在北京奥运会上,在家门口重新站起来。他们三个人在2000年一起获得男团冠军的突破,又一起在2004年遭遇失利。

但不利因素也伴随着这位23岁的体操名将。2005年开始,体操比赛规则进行重大改变,取消了伴随体操比赛几十年的10分封顶制,同时取消并列冠军。体操评分改为难度分加完成分,这是鼓励运动员不断完成难度更高的动作,对年轻选手来说非常有利,但对李小鹏这样一身伤病的"老将"来说,就不是太友好了。

然而，老伤未好，新伤又接踵而至。2005年全运会，李小鹏脚踝受伤，随后的世锦赛上踝伤越来越重。2006年1月，李小鹏赴美国手术，这次手术让他远离大家视线有一年之久。

2007年3月，又一个噩耗传来，李小鹏在训练中落地时脚趾疼了一下，但没想到是右脚第五趾骨远端近关节处粉碎性骨折。这一伤又是一年多，而离北京奥运会已不到半年了。

听到"李小鹏可能无缘北京奥运会"的声音，李小鹏很伤心，也暗自努力，他每天早来晚走，去争取最后的机会。

2008年4月，李小鹏在世界杯德国站比赛中重返赛场，依靠难度系数7.1的动作，以16.250的高分荣获双杠冠军。5月的世界杯天津站，李小鹏又一次获得双杠冠军。

当李小鹏最终站上北京奥运会的赛场，并和队友合作夺回男团金牌时，他和杨威、黄旭等人拥抱在一起，哭成一团。

此后，李小鹏在北京奥运会上又获得双杠金牌，成为体操奥运4金王。他知道，要把体操的接力棒继续传下去了，他要传给陈一冰、邹凯这批年轻选手。

腾飞时代

（2001 年—现在）

进入 21 世纪,中国体育又提升到一个新的高度,经过崛起时代进入腾飞时代。

在腾飞时代,中国在最能体现体育综合实力的奥运会上已处于第一集团的领跑位置,形成乒乓球、羽毛球、跳水、举重、体操、射击六大传统强项,并在欧美传统项目里有所建树,先后在帆船、皮划艇、赛艇等水上项目以及田径、拳击等项目上取得突破。

2001 年成功申办北京奥运会,并在 2008 年成功举办,这是中国体育的巨大进步,更是中国发展的重要体现。从 1932 年第一次参加奥运会时刘长春的孤军奋战,到 2008 年北京奥运会闭幕式上罗格"无与伦比"的赞扬,是一次跨越时空的巨大飞越。

在这个时代,中国体育有了新目标和新动力。

2002 年盐湖城冬奥会,来自黑龙江省七台河市的运动员杨扬在短道速滑 500 米和 1000 米两个项目上获得金牌,这是冬奥会中国历史上零的突破。中国运动员从 1980 年参加冬奥会开始,22 年历经 7 届冬奥会,经过几代人的不懈努力才获得这一突破,可见历程艰辛,意义重大。

2004 年雅典奥运会,刘翔在 110 米跨栏项目上夺冠,这是中国人乃至亚洲本土选手第一次在田径直道项目上获得冠军。2006 年,刘翔在这个项目上又打破世界纪录。

中国人在田径项目上的努力没有止步,苏炳添等一批选手又在男子 100 米项目和 4×100 米项目中接连取得突破,跑进 10 秒大关,登上接力项目的领奖台。

在泳池里,继女选手上个时代已取得的重大突破后,男选手也开始乘风破浪。张琳成为第一个获得游泳世界冠军的中国男选手,紧接着多名男选手在游泳世锦赛和奥运会上也取得佳绩。

团体项目上,中国女排在 21 世纪两获奥运冠军,并在女排世界杯上屡获佳绩。2019 年,郎平率领中国女排在女排世界杯上取得 11 连胜完美登顶,回国后登上了国庆 70 周年庆典的花车。

在职业体育赛场,中国体育更是全面开花,实现了"请进来,走出去"。

2000 年后,中国成功举办了多项职业体育赛事。2002 年,上海成功举办网球大师杯公开赛,世界上成绩最好的 8 名网球男选手在上海一决高下。此后上海拥有上海网球大师赛,北京拥有中国网球公开赛,这两大赛事都是网球界仅次于大满贯的顶级赛事。

2004 年上海国际赛道开始成为 F1 比赛的重要赛场。斯诺克重要的国际赛事有一半在中国举办。马拉松比赛也在中国遍地开花。

"请进来"后，中国运动员也成功"走出去"，2002 年美国职业篮球联赛（简称美职篮）选秀，来自上海的篮球选手姚明成为选秀状元，这是美职篮历史上第一位外籍状元。篮球职业运动也开始在中国全面发展。

2006 年，来自四川的郑洁/晏紫率先在网球赛场上取得突破，获得大满贯双打冠军。随后，李娜在单打项目上更进一步，先后获得法网和澳网冠军。从此，中国选手在网球这项百年职业赛事中站稳脚跟。

在职业拳击项目中，中国选手也开始有了突破。来自贵州的小伙邹市明在连续两届奥运会上夺冠，之后转战职业赛场，成功获得拳王金腰带。熊朝忠、徐灿也先后在职业拳击赛事中获得拳王称号。女选手张伟丽则在格斗项目中获得 UFC 世界冠军。

中国体育未来依然有许多发展的空间，深受赞助商青睐的马术、航海等体育项目依然有非常大的发展潜力。

群众体育蒸蒸日上，越来越多的人对传统武术产生浓厚兴趣。中小学生体育锻炼的时间在不断增加，越来越多的学生喜欢上滑冰、跆拳道、棒球和橄榄球等体育运动，中国在这些项目上的发展也非常可以期待。

杨扬:

冰刀飞越盐湖城

资料

姓名:杨扬

性别:女

项目:短道速滑

代表荣誉:2002 年盐湖城冬奥会短道速滑女子
500 米冠军

2002 年盐湖城冬奥会短道速滑女子
1000 米冠军

　　自从 1980 年参加冬奥会以来,中国选手得过世锦赛金牌,也破过世界纪录,但始终与冬奥会金牌无缘。和第一次参加夏季奥运会就获得金牌相比,中国冬奥会的夺金之旅实在艰难。

　　2002 年 2 月 16 日,中国选手杨扬在盐湖城冬奥会上,获得女子短道速滑 500 米冠军,这是中国冬奥会史上第一金,凝结了几代冰雪人的努力。

　　此后,杨扬在 2 月 23 日再次获得奥运金牌,彰显了中国选手在冰雪项目上的实力。从此,每一届冬奥会都有中国奥运冠军的身影。

　　退役后,杨扬在国际奥委会任职,从 2020 年 1 月开始,杨扬成为国际反兴奋剂机构副主席。

从 1980 年开始,中国冰雪健儿渴望冬奥会零的突破

　　中国人和冰雪有缘,中国的北方冬季十分寒冷,"千里冰封、万里雪飘",打雪仗、堆雪人,是每个北方孩子冬季喜爱的活动。

　　但中国人和冰雪又无缘,欧美人士开展数百年的滑雪运动,直到中国改革开

腾飞时代

放后才逐渐被国人接纳。

第一届冬奥会在 1924 年举行。1979 年末,中国重返奥林匹克大家庭后,很快做出了参加奥运会的决定。1980 年 2 月,中国派出 28 名运动员参加美国普莱西德湖冬奥会。和夏季奥运会迅速实现"零"的突破不同,这次冬奥会之行,让中国代表团看到了中国选手与外国选手的巨大差距,所有参赛项目无一进入前六名。

1988 年,中国选手李琰在加拿大卡尔加里冬奥会上获得短道速滑 1000 米冠军,但这个项目当时只是表演项目,并不是正式参赛项目。

1990 年和 1991 年,王秀丽和叶乔波分别在两届世锦赛上获得速度滑冰金牌,中国冰雪界渴望在冬奥会上也能实现突破。

1992 年法国阿尔贝维尔冬奥会上,叶乔波率先在速度滑冰 500 米比赛中获得银牌,这是中国冬奥会历史上第一块奖牌。在 1000 米比赛中她再次冲击金牌,可惜最终落后冠军 0.02 秒。短道速滑也成为冬奥会正式比赛项目。在女子 3000 米接力赛中,在世界纪录创造者中国队遥遥领先的情况下,最后 20 米意外摔倒,最终与金牌无缘。

冬奥会从 1994 年开始,不再和夏季奥运会同年进行,而是相互之间错开两年。1994 年和 1998 年两届冬奥会,中国选手也多次与金牌失之交臂。叶乔波冒着瘫痪的危险,获得 1994 年奥运铜牌。陈露获得 1995 年花样滑冰世锦赛冠军,但在这两届冬奥会上都仅获铜牌。中国短道速滑迅速崛起,在众多赛事中都站上领奖台,但遗憾的是,并没有金牌进账。

夺金的重任,还需要延续到 4 年后的 2002 年盐湖城冬奥会。

奥运选拔赛名落孙山，杨扬非常灰心

1975 年，杨扬出生在黑龙江省佳木斯市。滑冰是每个东北儿童都热爱的运动，杨扬也羡慕那些每天能穿着冰刀在体校冰场上滑冰的人。

1984 年，体校老师到学校招生，杨扬特别兴奋，跟着许多同学一起到体校集训。两年之后，杨扬随父亲工作调动搬家到七台河市。七台河体校非常重视开展短道速滑运动，杨扬在这里得到了更为系统的训练。

13 岁时，杨扬进入黑龙江省体校，到哈尔滨进行训练。体校条件非常艰苦，只有一块室内冰场，供所有运动员使用，因此每个班次只能有两个小时的使用时间。

杨扬所在班的训练时间是晚上 10 点到 12 点，所以她们经常要非常晚才能回寝室睡觉。由于被教练指出腿太细、爆发力不够的缺点，杨扬就抓紧时间进行训练。半夜回来睡几个小时，第二天早上，杨扬又总是第一个爬起来，又是跑又是跳，进行晨练。

1991 年 4 月，不到 16 岁的杨扬在全国短道速滑冠军赛中获得女子 3000 米冠军，这是她获得的第一个全国冠军。

1993 年，杨扬进入国家集训队，刚入队时就遭到教练的质疑，认为她的身体素质简直还不如少年运动员。不过一上冰，教练就发现了杨扬的优点——她的冰感非常好，滑起来灵活自如，大大弥补了她在身体素质上的短板。

就当杨扬全力准备 1994 年挪威利勒哈默尔冬奥会时，她突然得了几场大病，体质迅速下降，晚上则整晚整晚失眠。在这种情况下，杨扬上冰后即使拼尽全力也无法滑出好成绩。

在奥运选拔赛前，杨扬因为病痛折磨和心情焦虑，身体一下子瘦了 6 公斤，选拔赛的成绩自然是一塌糊涂，最终只获得第 13 名。看着比自己还小的运动员都能去利勒哈默尔，杨扬很灰心，不得不收拾行装回了黑龙江。

亚洲冬季运动会上孤军奋战的杨扬战胜 4 名韩国选手

回到省队后，杨扬敏感而脆弱，别说出去比赛，就是听到比赛这两个字，都有可能情绪爆发。

好在杨扬的教练对她进行耐心开导,慢慢调理,帮助杨扬找回状态。杨扬也在关键时刻树立了信心,在运动生涯低谷时咬牙坚持了下来。

1995年,短道速滑国家队正式成立,恢复状态的杨扬成为黑龙江省唯一入选队员进入国家队,跟随中国短道速滑教父辛庆山训练。杨扬本来不具备入选资格,但辛庆山认为,黑龙江没有选手进入国家队的话,对他们发展冰雪运动非常不利,因此破格招收杨扬入队。

杨扬非常珍惜这个机会,她深知辛庆山能带出李琰、张艳梅这样的世界冠军,业务能力是非常出色的。她渴望自己在辛庆山的指导下,也能成为主力队员,到冬奥会上一展身手。

在集训中,杨扬笨鸟先飞,知道自己能力差,就自己加班加点地训练。每天早上,大家都去吃早饭了,杨扬还一个人在训练馆里打磨战术。做力量牵引,队友做两组负重的,两组不负重的,而杨扬则做4组负重的……

展现自己实力的机会很快就来了。1996年2月,第3届亚洲冬季运动会在哈尔滨举行,杨扬在女子1500米比赛中进入了决赛。决赛只有杨扬一名中国选手,却有4名韩国选手。但出人意料的是,杨扬虽然孤军奋战,却在比赛中一马当先获得冠军。这个结果让韩国选手非常失望,也让杨扬渐渐成长为中国队的主力队员。

亚冬会夺冠后,杨扬渴望能在世界最高级别的比赛中获得金牌。但在1996年世锦赛上,杨扬求胜心切,在参赛的四个项目中没有获得一项第一。

到手的冬奥会冠军因为犯规而丢失了

世锦赛回来,杨扬加紧了自己的耐力训练。杨扬的爆发力不足,这对她参加500米的比赛非常不利,因此她通过提高速度、耐力来弥补自己的短板。

在短道速滑一圈111.12米的冰道上,杨扬一圈又一圈地高速滑行,15圈后,很多选手都已经渐渐掉队,连男选手都支撑不住了。30圈后,依然坚持在赛道上的只有一男一女两名选手,男选手是李佳军,女选手则是杨扬。

1997年世锦赛,杨扬出人意料地获得500米和1000米冠军,并获得女子全能冠军,而在此前,杨扬甚至连500米全国冠军都没获得过。有了这样的成绩,杨扬憧憬着长野冬奥会。

但长野冬奥会的路一点都不顺利。在1000米比赛中,杨扬本来力压韩国选手,第一个冲过终点,但被裁判们认为是"横切犯规",冠军被取消。中国冬奥代表团官员立即向裁判委员会交涉。但裁判委员会最终坚持了原判。

虽然和队友们合作获得了 3000 米接力的亚军,杨扬仍然特别失望。她原来想以奥运会冠军的身份退役,这样壮志未酬就告别赛场未免太可惜了,杨扬犹豫起来。

队里也派人和杨扬长谈了一次,告诉她:"经过这次冬奥会,你才真正成熟起来,收获的日子还在后面。"杨扬自己也琢磨了一下,她已是短道速滑界最有竞争力的选手之一,不能中断自己冲击冬奥会金牌的梦想。

此时,对杨扬来说还有一个好消息,4 年后的盐湖城冬奥会上新增了短道速滑 1500 米项目,这正是杨扬的强项,她期待能有更好的收获。

盐湖城冬奥会第一项比赛失手了

很快,杨扬就恢复了信心,重新回到赛场。

1998 年 3 月,奥地利维也纳短道速滑世锦赛上,杨扬获得 1000 米、1500 米和 3000 米接力三项冠军,并因此成为女子全能冠军。

说起 1500 米比赛,还相当有戏剧性。比赛中,杨扬受到 3 名韩国选手的夹击,韩国采用团队战术,派出最弱的选手去冲击杨扬,意图让另外两名选手趁杨扬疲劳而反超。

果然杨扬展现出疲惫的姿态,韩国教练非常高兴,手一挥,两名韩国选手超越了杨扬。奇怪的是,杨扬在后面不紧不慢地跟着,怎么都甩不掉她。最后两圈了,杨扬突然发力,从外侧超越了韩国选手,一举夺冠。

原来在比赛中,杨扬确实感到疲惫,她深知以这样的速度是坚持不到最后的,因此有意装出疲态,让两名韩国选手冲到前面去,她跟滑节省力气,并在终点前一举超越。

此后几年的世锦赛,杨扬一直获得全能冠军,成为韩国队克星。就这样,她满怀信心地来到盐湖城冬奥会。

但没想到,杨扬在强项 1500 米比赛中,却失手了。

1500 米决赛,杨扬在最后 4 圈该冲刺的时候,队友却意外摔了出去,杨扬心里一下慌了,害怕被前面的运动员带倒。这种想法影响了她的状态,在最后的冲刺阶段试图从外道超越的时候打了个趔趄,最终只获得第 4 名。

1500 米失利后,杨扬认真总结了经验教训,给自己定好详细规划,信心满满地走上了 500 米比赛的赛场。

起跑后杨扬一骑绝尘，圆了冰雪健儿 22 年的梦想

短道速滑 500 米的比赛一共要滑四圈半，由于赛程短，起跑就显得非常重要，能冲到最前面的，往往能够获得冠军。

在预赛中，杨扬的对手实力并不强，但她仍认真对待，集中精力听裁判的枪声。发令枪一响，杨扬迅速冲了出去，第一圈还没结束，就牢牢掌握领先优势。此后的四分之一决赛和半决赛，杨扬都顺利晋级。

2002 年 2 月 16 日，500 米决赛开始了。杨扬站在里道，拥有起跑优势。她身旁则是以起跑完美而著称的世界纪录保持者、保加利亚选手拉达诺娃。枪声响起以后，杨扬迅速占据领先位置，拉达诺娃虽然反应也很快，但仍落了下风。在短短的四圈半中，拉达诺娃始终没有办法超越杨扬，只能望着她率先滑过终点。

44 秒 187！杨扬获得短道速滑 500 米冬奥会冠军，这短短不到 1 分钟的时间，浓缩了中国选手在冬奥会上 22 年来的努力。

赛后，获得银牌的拉达诺娃对杨扬大加赞扬："整场比赛没人能威胁杨扬的领先地位，今晚属于中国杨扬，也应该属于她。"

杨扬则激动地说："这块金牌属于我们短道速滑队，也属于全体中国人。对于我的祖国来说，这是第一块冬奥会金牌，是我们几代冰雪健儿的共同梦想。"

几天之后，杨扬再创佳绩，在 1000 米决赛中，与队友杨阳配合默契，分别获得冠军和季军。

2006 年，杨扬在获得都灵冬奥会女子 1000 米比赛铜牌后退役。

姚明:
移动的中国长城

资料

姓名:姚明

性别:男

项目:篮球

代表荣誉:2002 年 CBA 联赛总冠军;2002 年美
国职业篮球联赛(简称美职篮)选秀状
元;2004 年雅典奥运会男篮 8 强;2008
年北京奥运会男篮 8 强;2016 年入选
奈·史密斯篮球名人纪念堂

作为中国男篮领军人物,姚明在职业生涯巅峰时期,多次帮助中国男篮捍卫
亚洲霸主地位,并在国际比赛中保持强有力的竞争力。

2004 年雅典奥运会,中国男篮首战惨败西班牙队,24 岁的姚明大声怒吼表达
自己的不满。在第二轮对阵新西兰的比赛中,姚明一人独得 39 分,显示出强劲的
实力。

2008 年北京奥运会,姚明成为中国代表团旗手。在随后的比赛中,姚明再次
带领中国男篮晋级奥运会 8 强。

腾飞时代

姚明在 2002 年成为美职篮历史上第一个外籍状元，在大洋彼岸打出了中国篮球的精、气、神。2011 年，姚明退役。

出生于篮球世家，从小就身高惊人

中国篮球运动的起步并不晚。1891 年，美国教师奈·史密斯发明篮球运动，1896 年篮球运动传入中国天津。1936 年，中国篮球队参加了柏林奥运会，并诞生了牟作云这样的球星。

新中国成立后，中国篮球得到蓬勃发展，在学校、厂矿、居民区，到处都能看到人们打球的身影。中国篮球长期处于亚洲领先位置，多次获得亚洲冠军，并在男篮世锦赛、奥运会上都曾取得不错的成绩，提起中国男篮，很多人都能说出一长串耳熟能详的名字。

中国篮球也注重对外交流。作为世界顶尖篮球职业联赛，美职篮在 1979 年派出顶级球队华盛顿子弹队(后改名为华盛顿奇才)访华，与八一队及上海队举行两场友谊赛。上海队当时有名球员叫姚志源，他退役后与国家女篮队长方凤娣结婚，儿子于 1980 年在上海出生，名字叫姚明。

姚明从小个子就很高，上幼儿园时已达到 1.47 米。不过尽管成长于篮球世家，姚明从小的任务却是读书、上大学，因此他刚上学时并不会打篮球。

9 岁时，姚明因为身高，进了徐汇区业余体校的篮球班，开始进行篮球训练。虽然个子很高，但姚明的身材却比较单薄，他要比别人进行更多地身体训练。"每一组训练下来都累得想蹲在地上不起来，"姚明回忆，"晨训结束后，经常穿着汗水浸过的球衣去上课，那滋味别提多难受了。"

1993 年，姚明进入上海男篮的青年队，他和队友刘炜一开始每天要训练 10 个小时，每周练 6 天。在上海青年队，姚明打下了扎实的基础。按照中国篮协的要求，身高 2.10 米以上的运动员，3200 米跑用 18 分钟完成就可以，但姚明却在教练的训练下，14 分钟就跑完了。

那些让姚明发怵的体能训练，造就了姚明出色的体能和发达的下肢力量。

率领上海大鲨鱼力克霸主八一队，成为 CBA 新冠军 ▶

由于父母都打篮球，姚明也常常得到父母的指点。但是，姚明的父母从未给他定过目标，从来不说"你一定要拿第一""你一定要得冠军"或者"你一定要做到最好"之类的话，他们只是在具体问题上对姚明进行针对性辅导。

姚明 15 岁时，有一次妈妈方凤娣带他去看上海队比赛。比赛时，场上中锋做出一个非常有侵略性的动作，帮助自己拉开空当，顺利投篮成功。方凤娣对姚明说："你看到了吗，能明白自己打球'软'吗？"姚明点点头。

姚明的父亲也经常教给姚明一些动作要领，并时常和他进行一对一的对抗训练。

1997 年，姚明进入上海男篮。当时上海男篮已成功晋级 CBA，并更名为上海大鲨鱼队。

刚进入上海大鲨鱼队时，姚明经常打替补。教练告诉他："有时候比赛开始时坐板凳是有好处的，因为你可以趁机观察对方的进攻队员，看他们喜欢怎样打，发现他们那些打法是好是坏，看出他们的弱点。这样，当你上场的时候，他们对你一无所知，而你已经对他们了如指掌了。"

1998 年，姚明开始成为上海大鲨鱼的主力球员，和刘炜的配合也越来越默契。

从 1999-2000 赛季开始，姚明与刘炜合作，冲击 CBA 联赛总冠军。连续 3 年，这对黄金搭档都能率领上海大鲨鱼队进入总决赛，但前两次都输给当时的霸主八一队。2001-2002 赛季，姚明终于和队友们战胜八一男篮，成功获得 CBA 总冠军。

夺冠后，在北京时间 2002 年 6 月 27 日，姚明成功成为美职篮的选秀状元，这是美职篮历史上的第一个外籍状元。此后他在美职篮征战 9 年，在大洋彼岸传递来自中国篮球的精、气、神，并在全中国掀起篮球热，吸引更多青少年投入到篮球运动中。

奥运会第一场惨败给西班牙后，姚明觉得对不起篮球前辈 ▶

姚明 18 岁的时候就入选了王非执教的中国男篮，此后，姚明一直是国家队的常客。因为姚明在进攻端和防守端都非常出色，他也常被赞誉为"移动的中国长城"。

2000 年，姚明随队参加了悉尼奥运会，但中国男篮战绩不佳，仅获得第 10 名。

2003 年 10 月，姚明率队获得男篮亚锦赛冠军，从而获得参加 2004 年雅典奥运会的机会。为了复现 20 世纪 90 年代中国男篮多次跻身奥运会和世锦赛 8 强的荣光，姚明暗下决心，从到达雅典的那一刻起，不进入 8 强就不刮胡子。

然而海外媒体却不买账，认为中国男篮只会排在倒数第二位，仅强于非洲冠军安哥拉队。这意味着中国男篮不仅出不了线，而且会是小组的倒数第一。

中国男篮出师不利，第一场对西班牙队的比赛就大比分告负。姚明的表现也不尽如人意，仅得到 12 分，在第四节更是因 5 次犯规被罚出场外。对此姚明异常生气，认为一些老运动员为了中国的篮球事业奋斗了这么多年，却始终没有机会来参加奥运会，"而我们今天这样的表现真的很对不起他们！"

一些老队员也站出来表示支持、理解姚明的话，大家准备在第二场对阵新西兰队的比赛中放手一搏。

对阵新西兰球队时姚明爆发了，一人得分超过全队一半 ▶

与新西兰球队的比赛是当天篮球比赛的第一场，被放在上午 9 时开赛。

中国男篮吸取了世锦赛时的教训。世锦赛对阵安哥拉队时也是早上 9 时开赛，中国男篮全队 7 点起床，结果最后输了。赛后，中国男篮得知安哥拉队 6 点就起床了。

这次对阵新西兰队，中国男篮有意 5 点就起床了，用以让自己恢复清醒。这一点果然奏效，比赛打到下半场，刘炜都觉得对方核心球员还没睡醒呢。

比赛开始了，姚明一开场就非常活跃，先是两罚两中，然后两次中投得手，接着又是大力灌篮，连得 8 分帮助中国男篮取得 10 比 4 的完美开局。

在第三节的胶着阶段，姚明挺身而出，连续两次投 3 分成功，加上中投和罚球，他连得 10 分，让中国男篮保持住 10 分的领先优势。整个第三节，中国男篮所得的 22 分里，居然有 19 分来自姚明。

最终中国男篮以 69 比 62 战胜新西兰队，保住了出线的希望，姚明独得 39 分13 个篮板，比全队得分一半还要多。

有人认为，打新西兰队是姚明一个人的功劳，对此，姚明完全不这么认为："进攻时大家把球传给我，我得分多一点，但是别忘了防守可是 5 个人的事，我们只让新西兰队得了 62 分。否则，我一个人得再多的分也没用。"

走出体育馆,姚明深深地吸了一口气,感觉非常舒服。

最后一场绝地反击战胜塞黑队晋级 8 强

第三场比赛,中国男篮对阵阿根廷队。阿根廷队是本届奥运会男篮金牌有力争夺者,中国队全场并没有太多的表现机会,姚明手感不佳,仅仅得到 15 分。

中国队小组赛还剩两个对手,分别是意大利队和塞黑队。由于塞黑队实力强劲,因此中国队把出线的希望寄托在战胜意大利队身上。然而当天塞黑队意外爆冷败给新西兰队,这意味着中国队如果后两场都输的话,不仅出不了线,还有可能小组垫底。

但没想到,对阵意大利队又是一场惨败,中国队全场仅得 52 分,落后对手有 37 分之多,姚明场上的表现也不理想,仅得 9 分。

最后一场比赛,没人认为中国队能战胜 2002 年世界冠军塞黑队,很多人都认为中国队要出局了,但姚明仍保持信心,只要比赛没结束,胜负都是有可能的。其实塞黑队的成绩也不理想,4 场比赛下来,仅仅赢了意大利队一场球。

比赛前一天晚上,姚明对同屋的刘炜说:"看今天的训练情况,明天一定可以战胜塞黑队。"

这是背水一战,中国队已经没有退路。比赛开始后,中国队死死看住塞黑队得分手,姚明多次帮助全队化险为夷。虽然中国队全场比分一直落后,但比分紧咬住塞黑队不放。

61 比 63 后,姚明两罚两中帮中国队扳平比赛。此后对方犯规,姚明又一次站上罚球线两罚两中,中国队奇迹般反超比分。最终中国男篮以 67 比 66 战胜塞黑队,以 5 战 2 胜 3 负小组第四的身份晋级 8 强。

赛后,中国男篮很多队员落泪,但姚明没有哭,"人往往到了这个时候,在幸福得不行的时候,你真的想哭倒哭不出来了。"姚明说。

进入 8 强后,姚明希望能比以往有所突破,获得第 7 名,但接下来的四分之一决赛和 5 至 8 名排位赛,中国男篮都没能取胜,最后获得雅典奥运会第 8 名,平了历史纪录。

北京奥运会姚明再次成为旗手,中国队入场时万众欢呼

2008 年北京奥运会,姚明和 4 年前的雅典奥运会一样,再次成为中国代表团的旗手。

但在北京主场做旗手,和在雅典做旗手的感觉非常不同。作为东道主,中国代表团在运动员入场仪式中最后一个登场,姚明高举国旗昂首走在第一位。全场数万名观众看到姚明登场也非常兴奋,一起欢呼,"中国加油"的声音此起彼伏。姚明也非常兴奋,举起五星红旗向观众挥舞致意。

中国男篮开赛的第一场比赛就是对阵美国男篮。美国男篮由于在雅典奥运会惨败,这次顶级球员倾城而出,科比、詹姆斯等巨星悉数来华。中国男篮"明知山有虎,偏向虎山行",创造了历次对阵美国队比赛的最小分差,姚明还盖了美国队当家球星科比的帽。

在接连输给美国队及 2006 年世锦赛冠军西班牙队后,中国男篮战胜了非洲冠军安哥拉队。接下来的比赛,中国男篮至少要再胜一场,才能有机会晋级 8 强。

在第四场对阵德国队的比赛中,姚明面对德国当家球星诺维茨基毫不手软,开场就连得 4 分,并帮助中国队打出 13 比 4 的小高潮,首节以 19 比 9 取得 10 分的领先优势。

在第二节被德国队反超后,姚明在第三节又率队奋起反击,再一次确立领先优势。第四节,德国队 52 比 54 追近比分,又是姚明果断跳投得分,稳定了局面。最终,中国男篮以 59 比 55 战胜德国队,又一次进军 8 强,姚明全场贡献 25 分 11 个篮板。

姚明在赛后表示:"我们不仅要把前辈的枪扛在肩头,还要举到头上去。我们曾说要把自己交给这支国家队,我们做到了!"

进入 8 强后,中国男篮因实力悬殊,在四分之一决赛中不敌立陶宛队,无缘 4 强。

北京奥运会后,姚明因过度疲劳,几次遭遇脚部重伤,但只要伤势好转,他仍会响应国家召唤,为国效力。

2011 年,姚明宣布退役。

郭晶晶：
苦尽甘来的跳水女皇

资料

姓名：郭晶晶

性别：女

项目：跳水

代表荣誉：2004 年雅典奥运会女子 3 米板冠军

2004 年雅典奥运会女子双人 3 米板冠军

2008 年北京奥运会女子 3 米板冠军

2008 年北京奥运会女子双人 3 米板冠军

在中国，跳水队被称为"梦之队"，女子 3 米板则是其中的"王中王"。自从高敏在 1988 年奥运会首次夺金以来，9 届奥运会从未失手。

两代跳水女皇高敏和伏明霞均在这个项目上两次夺冠，如今接力棒交到了郭晶晶手里。

郭晶晶 15 岁就获得奥运参赛资格，但她的成长之路比前两位跳水女皇都要坎坷得多。为此，郭晶晶迷茫过，也掉过泪，但最终走出困境，在自己的第三次奥运之旅时站上了世界之巅。此后，在北京奥运会上，郭晶晶又先后在单人和双人比赛中卫冕成功，成为中国第一位在两届奥运会上均获得双料冠军的跳水选手。

第一次跟教练去学跳水，郭晶晶还以为是学游泳

在跳水女选手里，郭晶晶是幸运的，15 岁时就获得奥运会的参赛资格。但郭晶晶的路也是坎坷的，奋斗 3 届奥运会才获得自己的第一枚奥运金牌。

郭晶晶 1981 年 10 月出生在河北保定。小时候的郭晶晶，既淘气又胆小。

郭晶晶还在上幼儿园的时候，体校教练李芳来幼儿园挑选小队员，这时她才刚刚当跳水教练，但一眼看中了郭晶晶。郭晶晶以为老师是教游泳的，因此很开心

地跟着去了。

到了跳台上，郭晶晶傻眼了，原来跳台那么高啊。郭晶晶心里害怕，于是躲在一群人当中。其实在高台上，每个小伙伴的心里都很害怕，谁都不敢往下跳。终于有个人壮了壮胆子跳了下去，接着又跳下去一个，郭晶晶看着总躲不是办法，也就一闭眼睛跳下去了。

说来也怪，郭晶晶跳下去一次后，就不再害怕高台了，很快过了心理关，再跳就没问题了。这是郭晶晶的一个特点，虽然胆子小，但一旦突破心理障碍，就再也不会害怕了。

练跳水需要柔韧性好，但郭晶晶的膝关节柔韧性差，膝盖骨还有点外凸，为了矫正这些毛病，就需要天天压腿，为此郭晶晶没少吃苦。

10岁那年，郭晶晶在一次训练中不小心摔了一下，腿骨摔裂。教练觉得郭晶晶是个跳水的好苗子，说服她家人让其在训练馆里养伤。教练在跳水馆二楼搭了块木板，郭晶晶就躺在那里疗伤，一躺就是一个多月。训练馆的窗外就是10米的跳台，郭晶晶每天能够看到队友训练，听到他们的谈笑声。

第一次参加奥运会，郭晶晶既兴奋又紧张

1995年，郭晶晶得到崭露头角的机会，在美国亚特兰大的跳水世界杯比赛上，她与王睿合作获得女子双人10米跳台冠军，并和邓琳合作获得女子双人3米板冠军。

郭晶晶不太看重这两块金牌，总觉得分量不够。但却和王睿成为形影不离的好朋友。

就在郭晶晶觉得世界杯比赛分量不够的时候，分量够的比赛来了——她获得了亚特兰大奥运会女子10米跳台的参赛资格，那时她还不满15周岁。

郭晶晶一开始就觉得不可思议，自己是刚进国家队的新人，还缺少大赛经验，怎么会选中自己？随之而来的则是兴奋，到了赛场，她根本不知该怎么办，整个人都是有点飘的。

到了决赛，面对突然而来的压力，郭晶晶变得紧张，平时已经练熟的动作也会突然走了形。最后仅得到第五。赛后，小小少女流下眼泪，她不太甘心自己的失利。

亚特兰大奥运会归来后，郭晶晶一次在训练中突然遭遇事故，她从板上摔了下来，左小腿开放性骨折。这次伤得非常重，养了好几个月，郭晶晶的母亲专门请

假从保定来到北京照顾女儿。有伤在身的郭晶晶更心疼妈妈,觉得自己没什么事,倒是把妈妈给累坏了。

在钟少珍教练的悉心呵护下,郭晶晶有了奥运会夺金的实力

伤养好了,可是郭晶晶却面临着更大的问题,她的左腿由于长时间打石膏,石膏拆除后小腿肌肉出现萎缩,踝关节也出现问题。而这时,郭晶晶开始发育,人长高不少,体重也随之超标 10 多斤。

对跳水运动员来说,长个子和增加体重都不是幸运的事。和体操一样,在跳水项目上,长个意味着旋转半径增大,跳同样的动作难度会增大;体重增加的危害性更是不言而喻。因此很多人判断,郭晶晶的跳水生涯该结束了。

但郭晶晶和李芳都不想放弃,在 1997 年的盛夏,郭晶晶不仅恢复跳水训练,一边还要负重跑步减重。10 月份的全国运动会上,郭晶晶获得银牌,事业又出现了转机。

凭借全运会的成绩,郭晶晶再次进入国家集训队,这时她遇上了钟少珍教练。凭直觉,钟少珍觉得郭晶晶有股百折不挠的韧劲,是个可以打造的好苗子,于是她向领队申请把郭晶晶调入自己组内,开始了两人的师徒情。只是钟少珍当时没想到的是,这一配合,居然长达 10 年。

1998 年美国友好运动会,郭晶晶参加了 3 米板比赛,这时她和钟少珍才刚刚开始合作,还缺少磨合,郭晶晶也希望以一个好成绩向教练证明自己。但在做一个规定动作时,郭晶晶因为走板时踩出去太多,没办法控制动作,出现了严重失误,获得零分。

这个失误让郭晶晶非常羞愧和失望,尤其听到别人在自己背后议论"她不行了",更是难过。郭晶晶向钟少珍说:"钟教练,我不练了。"

郭晶晶后来非常感谢钟少珍当时的呵护,从此以后两人都憋着一口气练,"练得好苦啊,后来就慢慢好起来了,钟教练特有干劲儿,我们都得感谢她。"郭晶晶说。

在钟少珍的帮助下,郭晶晶成功减重 15 斤,成绩也稳步回升,多次在世界大赛上获得冠军,显示出冲击 2000 年悉尼奥运会冠军的实力。

两次冲击奥运金牌却两次擦肩而过，郭晶晶放声大哭

　　2000 年悉尼奥运会新增了双人跳项目，郭晶晶和复出不久的伏明霞搭档参加女子双人 3 米板比赛，在国内、国外都取得不俗的成绩。由于郭晶晶在单人比赛中成绩也相当出色，因此她和伏明霞联袂出征，向女子跳板跳水的两块金牌发起冲击。

　　然而在率先进行的女子双人 3 米板比赛中，俄罗斯双人选手帕卡琳娜/伊莲娜组合，合理利用了比赛中的规则漏洞，扬长避短，回避了跳水难度不如郭晶晶/伏明霞的弱点，而是加强同步感以提高同步分。最终郭晶晶/伏明霞不敌对手获得银牌。

　　在随后的单人比赛中，郭晶晶尽管在前三跳一路领先，但伏明霞却凭借第四跳高分反超郭晶晶，逐步扩大优势坚持到最后。

　　和四年前的懵懵懂懂不同，这次郭晶晶参加奥运会，目标就是奔着金牌去，但两次参赛却两次与金牌擦肩而过。郭晶晶异常痛苦，痛恨自己没能在比赛中完全发挥出来，练了四年还不如队友练一年的效率高，为此她躲在奥运村的一个角落里痛哭一场。

　　悉尼奥运会后，钟少珍教练为了能解开郭晶晶心中的疙瘩，没少往保定跑，通过郭晶晶的母亲和启蒙教练来更加了解郭晶晶。最终工夫不负有心人，钟少珍做通了郭晶晶的思想工作。

2001 年，郭晶晶在福冈游泳世锦赛上包揽了所有女子跳板比赛——女子 3 米板、女子 1 米板和女子双人 3 米板的金牌。从 1995 年第一次参加女子双人 3 米板比赛以来，郭晶晶换过好多个搭档，这次的搭档是小她 4 岁的吴敏霞。直到退役，郭晶晶没再换过双人跳水搭档。

从此，郭晶晶开始在世界各个赛事的比赛中夺冠，无论单人还是双人都具有强劲的实力。郭晶晶开始展望雅典奥运会的比赛。

奥运双冠，郭晶晶为了这一天等了太久

一旦走上正确的道路，获得奥运冠军对郭晶晶来说，是水到渠成的事情。

和 8 年前及 4 年前两次征战奥运会比，郭晶晶成熟多了，既没有亚特兰大奥运会的惊慌，也没有悉尼奥运会的急躁。按照郭晶晶自己的话说，以前跳水都不知道为了什么，但悉尼奥运会后自己就开窍了。

2004 年 8 月 14 日，雅典奥运会正式比赛的第一天，郭晶晶/吴敏霞在女子双人 3 米板比赛中，遇到了老对手俄罗斯选手帕卡琳娜/伊莲娜组合。郭晶晶和吴敏霞配合默契，一路领先并最终夺冠，为中国跳水队开了个好头。

经历三届奥运会，郭晶晶终于拿到了自己的第一枚奥运金牌，正当大家认为她会泪流满面的时候，郭晶晶却显得异常平静。雅典奥运会上，郭晶晶/吴敏霞就没输过，郭晶晶心里特别有底，从第一跳开始就知道自己能赢。

郭晶晶之所以能保持平常心，因为她深知，单人比赛还没有开始，她要用心准备几天后的比赛。

女子 3 米板半决赛后，郭晶晶排在第二位进入决赛。在 2004 年雅典奥运会比赛规则里，跳水比赛预赛成绩不带入决赛，但半决赛的 5 轮规定动作是带入决赛的。如果只算带入决赛的成绩，郭晶晶依然排在第二位，但只比排在第一位的澳大利亚老将拉什科少 3 分。

郭晶晶展现了自己的非凡实力，第一跳之后就位列榜首，第三跳后更是遥遥领先。虽然最后一跳水花稍大，但她的优势已无人可以撼动。最终郭晶晶获得女子 3 米板金牌，而她的搭档吴敏霞获得该项目银牌。

颁奖仪式上，郭晶晶一只脚搭在冠军领奖台上，等着叫自己的名字。当听到广播里喊到自己，她站了上去，微笑着向观众挥手："我没有遗憾了！虽然为了这一天

我等了很久,但我终于等到了!"

北京奥运会成功卫冕双金,郭晶晶:付出的努力都值得

雅典奥运会后,郭晶晶请了半年长假。在这半年时间里,她反复问自己一个问题,还要不要继续练。

23 岁在当时的中国跳水界已经是个老将,到 2004 年,中国跳水女队一共产生 10 位跳水奥运冠军,除了郭晶晶,没有一个人在 22 岁以后还能拿奥运冠军。郭晶晶的路已经坎坷,还要让她拼到 27 岁吗?连男选手都算上,当时中国跳水队还没有 27 岁拿奥运冠军的先例。朋友们都劝郭晶晶,算了吧,已经拿过奥运金牌,可以退役了,现在读书还正当时,4 年后可能就来不及了。

但考虑到 2008 年奥运会是在祖国、在北京举行,郭晶晶又坚定了继续练下去的决心,不管成绩如何,只要练一天,就要拿出 100%的精神来。无论什么样的结果,郭晶晶都无怨无悔。

2005 年和 2007 年两届世界游泳锦标赛上,郭晶晶均在女子 3 米板的单人和双人比赛上获得冠军,她良好的竞技状态也保持到了 2008 年北京奥运会。

北京奥运会上,郭晶晶/吴敏霞在率先开始的女子双人 3 米板比赛中一路领先,轻松卫冕成功,优势比 4 年前还要大。

在随后的单人比赛中,郭晶晶仍是面对老对手帕卡琳娜,她的出色发挥,没有给对手任何机会,最终成功卫冕。

北京奥运会上的两个项目双双卫冕,郭晶晶成为比肩伏明霞豪取奥运 4 金的选手。

回顾自己 20 年的跳水生涯,郭晶晶恋恋不舍,让她最高兴的则是在自己的祖国获得奥运金牌,"这个意义非常不同,我为此付出很多,但都是值得的。"

2011 年,郭晶晶退役,但她为中国体育做出的贡献,以及引领的时代,一直被体育爱好者记在心里。

张怡宁:
这个"老张"有点酷

资料

姓名:张怡宁

性别:女

项目:乒乓球

代表荣誉:2004 年雅典奥运会乒乓球女单冠军

2004 年雅典奥运会乒乓球女双冠军

2008 年北京奥运会乒乓球女单冠军

2008 年北京奥运会乒乓球女团冠军

1999 年世乒赛女单比赛,才 17 周岁的张怡宁居然一路打进决赛,让所有人吃惊。这个梳着一头短发的姑娘,年轻、亮丽,永远的齐耳短发,看上去非常酷,却有个让人忍俊不禁的昵称:老张。

2004 年雅典奥运会,张怡宁获得女单、女双两块奥运金牌。2008 年北京奥运会开幕式上,张怡宁代表所有参赛运动员进行宣誓,这对于运动员来说是至高无上的荣誉。此后,张怡宁又在北京奥运会女单和女团比赛中获得冠军。

张怡宁不是第一代乒乓球女皇,但她却是中国乒乓球队中第一个被称为"大魔王"的球员,这是对她称霸乒坛时代最好的赞扬。

一哭哭出来个北京市少儿冠军

张怡宁 1981 年 10 月出生在北京,从小活泼好动,先后学习过舞蹈、武术和游泳,但都不成功。5 岁时,张怡宁被舅舅带到东城区业余体校学打乒乓球。

一开始,教练并不想收张怡宁,因为报名时间早已截止,但禁不住张怡宁舅舅的软磨硬泡,于是答应试训两天。试训还没结束,教练就喜欢上这个坚强的女孩,偷偷告诉她:"咱就留在这儿,哪儿都别去了。"

张怡宁从此迷上了乒乓球,每天4点放学后,就赶紧往体校跑,练到六七点才回家。张怡宁的家在陶然亭,离体校有点远,她父亲就每天风雨无阻地接送她。

别看张怡宁淘气,学球却非常快,教练也很器重她,对张怡宁重点培养。张怡宁9岁时,第一次代表东城区参加北京市少儿比赛。张怡宁一路高唱凯歌,打进了决赛。决赛对手是一位从未战胜过自己的选手,张怡宁依然很有信心。

当两局战成1比1,第三局13比15落后时,张怡宁傻眼了,意识到自己有可能输球,也不知是不服气还是委屈,或者是有力使不上,张怡宁哇地一下哭了,非常伤心。哭过之后,张怡宁没有放弃,又鼓起勇气继续拿起球拍,一鼓作气反超对手,获得了北京市少儿冠军。

10岁时,张怡宁进了什刹海体校。每一位指导过张怡宁的教练都觉得她的潜力无限,因此对她非常严格。张怡宁也在什刹海体校打下了良好的基本功。

1994年,张怡宁进入位于先农坛的北京体工大队,在这里,她遇到了日后成长中的关键人物——李隼教练。

17 岁成为世界亚军,张怡宁偷偷哭了鼻子

在北京体工大队期间,李隼教练非常喜欢张怡宁心气高、肯吃苦的特点,为她制定了非常具有前瞻性的打法。张怡宁也非常用心,教练如何说,她就如何练。

1995年底,国家队在湖北省黄石市进行大集训,从全国抽调60名有潜力的孩子,从中选取好苗子补充到国家队。张怡宁刚去的时候,排名第35,属于中等偏下的位次。没想到3轮比赛之后,她竟然排名第6。这份执着和潜力让国家队教练看在眼里,张怡宁随后进了国家队。

进国家队不久,张怡宁因为日常生活还是打球,都显得非常沉稳,被队友们戏称为"老张",这个昵称也跟随她整个职业生涯。

1996年底,张怡宁进入国家一队,这时李隼也被调入国家队,因此张怡宁继续跟随李隼学球。

1997年,张怡宁进步非常快,手感也好得惊人。北京队把张怡宁当成秘密武器来备战全运会。张怡宁不负众望,把北京女队带入全运会决赛。在决赛阶段,张怡宁先后战胜李菊、杨影、齐宝华、乔红等名将。

要是说全运会让张怡宁在乒乓球界一鸣惊人的话，1999年荷兰埃因霍温单项世乒赛则让张怡宁在全国闻名。她在这届世乒赛上一路过关斩将，一直进入决赛，最终在对阵王楠的时候败下阵来，获得亚军。

按说17岁获得世界亚军已经是非常好的成绩了，可是要强的张怡宁还是偷偷哭了鼻子。

2000年2月，世乒赛团体赛在马来西亚首都吉隆坡举行，张怡宁成为女团决赛唯一输球的中国队选手。这一失利让张怡宁受到很大打击，在此后的悉尼奥运会亚洲区预选赛上，先后输给杨影和孙晋，与悉尼奥运会擦肩而过。这也成为张怡宁职业生涯中不小的遗憾。

已贵为世界第一，却迟迟拿不到女单世界冠军

几次输球让张怡宁陷入了低迷。为此，她的父母没少花心思开导她，为的就是能让她重新站起来。

母亲从营养上入手，给张怡宁准备了富含蛋白质的食物。父亲则从思想上入手，抓住机会就对张怡宁进行开导，告诉她人生起起落落，既然选择竞技体育，首先就要输得起。

在父母的开导下，张怡宁逐渐走出阴影。2002年釜山亚运会女单决赛，张怡宁和王楠再次会师决赛，两人大战7局后，张怡宁第一次在大赛中战胜王楠，站上了冠军领奖台。

2003年巴黎世乒赛，张怡宁在女单决赛中再次对阵王楠。在前面的比赛中，张怡宁可谓顺风顺水、兵不血刃。半决赛对阵队中的老大姐李菊，张怡宁又因为与其球风相克，赢得比较轻松。

到了决赛，张怡宁的问题出来了，因为此前打得太顺，张怡宁怎么都紧张不起来，打不出状态。张怡宁一上来就先丢3局，随后又扳回3局。在第7局决胜局中，老练的王楠掌控了局势，笑到最后。

张怡宁世界排名第一，但却迟迟拿不到世乒赛女单冠军，这让她也很苦恼："在王楠身上，我可以学的东西非常多。这次比赛，我应该把自己的位置放得更低一些，去拼对手。"

不过这次世乒赛，张怡宁也不是全无收获，她在和王楠刚刚搭档一个多月的情况下，就战胜了诸多双打高手获得冠军。尤其在半决赛中，张怡宁/王楠4比0

轻取韩国著名选手李恩实/石恩美组合,更是一场有决定意义的比赛。一年后的雅典奥运会,张怡宁/王楠正是战胜这对选手获得奥运女双冠军。

乒乓球女单决赛,张怡宁夺中国夏季奥运会第100金

2004年8月22日,已获得雅典奥运会女双金牌的张怡宁又打入了女单决赛,只是这次对手并不是王楠,而是朝鲜选手金香美。

在此前16进8的比赛中,王楠意外爆冷输给新加坡选手李佳薇,而金香美正是凭借着先后战胜李佳薇和牛剑锋进入决赛。

但张怡宁是有备而来的,在巴黎世乒赛之后,李隼逐步纠正张怡宁打法中的问题,每个细节都不放过。而张怡宁就如一个初学乒乓球的孩子,一点一点地改进,这个过程几乎用了整整一年时间。

当张怡宁和金香美赛前握手的时候,发现金香美紧张得双手冰凉,全都是汗。高水平的比赛,斗志有时比技术更管用,现在还没打,金香美已斗志全无,双方高下立判。

果然在比赛中,张怡宁4比0轻取金香美,获得雅典奥运会女单冠军。当张怡宁赛后听说她获得了中国代表团在夏季奥运会上的第100枚金牌时,惊讶得张大了嘴。

对此,张怡宁表示:"这当然非常有意义。不过我觉得,无论是第1块还是第100块金牌,每块奥运金牌都来之不易。"

作为女单世界第一,张怡宁在世乒赛上一直没能拿到冠军,这次能在奥运会夺冠,张怡宁也认为是捅破了"一层窗户纸"。

女单领军人物的话题也随之而来,乒乓球队总教练蔡振华在张怡宁夺冠后表示,张怡宁已完全有能力成为女队新的领军人物。对此,张怡宁表示:"领军人物并不好当。我今后必须在各方面都非常严格地要求自己,主动承担起更重的担子才行。"

救球时拇指磕在乒乓球台的角上,当时就瘪下去一块

2004年10月底,张怡宁在世界杯女单决赛上4比2战胜王楠,获得该项赛事冠军。这是张怡宁第一次在三大赛决赛中战胜王楠。

2005 年 5 月初的上海乒乓球世锦赛上，张怡宁在女单决赛中战胜队友郭焱夺冠，张怡宁也借此成为继邓亚萍和王楠之后，又一个拿遍奥运会、世锦赛、世界杯三项赛事的冠军，实现女单"大满贯"的选手。

正当张怡宁一年拿遍三大赛冠军，状态好得出奇的时候，她却遭遇意外。世乒赛归来后，张怡宁在北京队和马龙搭档备战全运会预赛。当张怡宁救球的时候，她的大拇指磕到乒乓球台的角上，当即瘪下去一块。

张怡宁疼得非常厉害，毕竟十指连心，她坐在地上就觉得脑袋嗡嗡作响，像是要裂开一样，边上人说话根本听不进去。李隼赶紧安排去医院，检查后发现拇指骨折。打上石膏后，张怡宁疼得晚上根本睡不着觉，但又不敢吃止疼药，怕对以后打球有影响。

一个多月后，石膏拆除，张怡宁感觉手都不是自己的了，手指变得又瘪又瘦，肌肉也有点萎缩了，手上一点力量也没有，这让张怡宁非常着急。到了第六周，张怡宁看到骨折恢复得很好，就着急开始训练，恨不得几天就把训练量恢复上来。

伤愈复出后的第一次比赛让张怡宁心里有了底，"感觉自己恢复得不错，毕竟之前练的基础在那儿，加上教练、队友、队医这么多人都在帮我，已经没有大问题了。"

2005 年 10 月的全运会女单比赛，张怡宁和王楠在决赛会师。两人依旧打成 3 比 3 平，进入决胜局后，张怡宁在 10 比 9 领先时发球，几个回合后，王楠回球出界，张怡宁获得了她第一个全运会女单冠军。

北京奥运会开幕式上代表全体运动员宣誓

2008 年北京奥运会，张怡宁是双重东道主：不仅是中国选手，还代表北京。

8 月 8 日晚在鸟巢的开幕式上，张怡宁手握国际奥林匹克会旗的一角，代表全体运动员庄严宣誓："我以全体运动员的名义保证，为了体育的光荣和团队的荣誉，以真正的体育道德精神参加奥林匹克运动会，尊重并遵守运动会各项比赛规则，致力于一个没有兴奋剂和药品的运动会。"

北京奥运会乒乓球比赛进行改革，由团体比赛取代了以往的双打比赛。在 8 月 17 日晚的团体决赛中，由张怡宁、王楠和郭跃组成的中国乒乓球女队，3 比 0 战胜了新加坡女队，获得奥运历史上第一个女团冠军。

8 月 22 日晚，北京奥运会女单决赛依旧是在张怡宁和王楠之间进行。在场上，这是中国队两代乒乓球女皇之争，在场下，两人是亲密无间的室友。从 1999 年世乒赛第一次在决赛中交手，两人已在无数次比赛中相遇，而这一次，两个人在各自最后一场奥运会比赛中又会面了。

第一局，王楠先声夺人，取得 4 比 0 的开局，并以 11 比 8 获得胜利。随后，张怡宁连扳 3 局，总比分变成 3 比 1。在第 5 局，张怡宁以 11 比 3 的较大优势获胜，总分 4 比 1 夺得金牌。赛后，张怡宁和王楠微笑着抱在一起。

获得女单冠军后，张怡宁也成为邓亚萍和王楠之后，乒乓球女队第 3 位获得 4 枚奥运金牌的选手。

奥运会后，张怡宁在 2009 年先后又获得世乒赛和全运会的女单冠军。此后，张怡宁渐渐淡出赛场。

2011 年，张怡宁宣布退役，结束了一个拼搏而辉煌的时代。

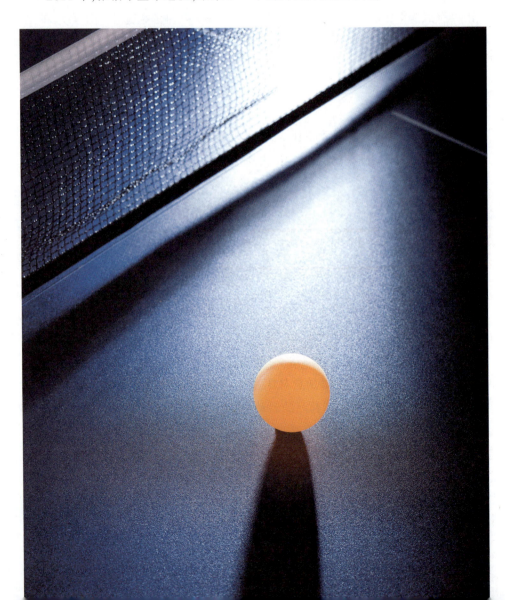

刘翔：

亚洲有我,中国有我

资料	姓名:刘翔
	性别:男
	项目:田径
	代表荣誉:2004 年雅典奥运会男子 110 米栏冠军
	2006 年创造 110 米栏世界纪录

  2004 年雅典奥运会男子 110 米栏决赛,刘翔像一阵风一样,遥遥领先冲过终点,平了 12.91 秒的世界纪录,这是中国人乃至全部亚洲本土选手中,第一个获得田径直道项目奥运冠军的选手。

  "不要以为中国人或者亚洲人在短距离项目上不如欧美,通过训练,我们同样可以做得很好。在接下来的时间里,我会继续和我的教练配合好,我会告诉全世界:亚洲有我,中国有我!"夺冠后,21 岁的刘翔显得意气风发。

  两年之后,刘翔在瑞士洛桑以 12.88 秒创造了 110 米栏新的世界纪录。这是刘翔的福地,2002 年,他正是在这里打破了世界青年纪录,发出了"世界,我来了"的呼喊。

从小爱动，在学校疯跑被体育老师看中

田径比赛号称运动之母，而短跑比赛又是田径之王。短跑需要极强的反应能力、爆发力和绝对速度，但这对于中国人来说太难了。无数次有人说过，只要能站到世界大赛的决赛上，中国人就已经赢了。

"谁说我们拿不到冠军？"刘翔决定让世界看看，中国人也可以获得短跑项目的世界冠军。

1983年，刘翔出生于上海。刘翔的父亲叫刘学根，母亲叫吉粉花，父母有意把两个人的姓放在一起，给孩子起名叫"刘吉"。但因为和"留级"谐音，亲戚们一致反对，多次商讨后，决定叫"刘翔"。

刘翔从小好动，据说还在襁褓里的时候，两条腿就蹬个不停。上小学后，刘翔也爱和同学们跑跳打闹。有一次，刘翔正在操场上和同学疯跑的时候，被学校的体育老师发现，从此刘翔加入到田径队。

边学边练的日子没多久，区体校的老师来招生，看中了刘翔，于是笑眯眯地问他："想不想当全国冠军啊？"

由于刘翔跑步节奏好，踝关节有力，弹跳能力好，于是在田径队主项练跳高，副项练100米。刘翔的速度非常快，很多专门练短路的孩子都跑不过他。很多人不服气，来找他比试，但多数都铩羽而归。

刘翔在上海市的一次100米跑比赛中获得第二名。一位老师在赛后找到了刘翔，问他："你想不想进市体校啊？"刘翔想都不想就连连点头。老师说："那我收下你，不过你来了以后不练跳高，而是练跨栏。"

体校老师之所以看中刘翔，是觉得他的节奏感非常好，正是一个练跨栏的好苗子，于是刘翔开始训练跨栏。

刘翔在市体校练了两年后，却意外中断了训练，转到一个重点初中念书去了：这是整个家族的意见，他们都希望刘翔读书考大学，而不是进行专业的体育训练。

孙海平亲自登门，说服刘翔接着回来练

1998年夏天，中国跨栏王陈雁浩的教练孙海平发现了刘翔，觉得他跨栏的节奏感非常好，而且敢跑，就算撞栏了，节奏也不会乱。孙海平琢磨着让刘翔跟着自己练。

当时，孙海平正忙着带弟子参加世界大赛，想着比赛回来后就收这个徒弟。但没想到，孙海平回到学校后，发现刘翔不见了。

"刘翔呢？""回去了。他家里人怕训练耽误他学业，万一练不出来，会影响他前途，所以就把他带回去了。"孙海平一听傻眼了，怎么就不让练了呢？

孙海平亲自到刘翔家里拜访。刘翔父亲刘学根告诉孙海平，家里除了他以外，没人支持刘翔继续练体育，他也没办法。但孙海平告诉刘学根，刘翔有天赋，跨栏的节奏感非常好，这点是天生的，和后天练出来的是两回事，"他要是不练，就可惜了。"

刘学根非常信服孙海平的能力，因此两人约定：刘学根负责说服家里，刘翔回体校后一定要跟着孙海平练。

1999年3月，父亲开车把刘翔送回了市体校。在回市体校前，还发生了一件小事，对刘翔的影响非常大。

因为刘翔腿部有伤，孙海平决定先带他去华山医院找医生诊断一下，便和刘翔父子约好在医院门口的车站会面。

刘学根开车带刘翔前往医院的途中下起了滂沱大雨，父子俩猜测孙海平会在医院的大堂等着他们。到了医院门口，刘翔发现孙海平站在约定好的站牌下，手里撑着一把伞，但雨太大了，那把伞已经根本不起作用了。

几年以后，刘翔已拿到奥运冠军，他回忆，那是孙海平留在他记忆里最亲切的一个身影。刘翔深受感动，暗下决心，一定要好好练："对得起父母，对得起自己，更对得起孙指导！"

不到 16 岁的刘翔参加成人比赛,达到了健将级水准

进到一线队后,刘翔年龄最小,很快就成了队里最差的一个,为此,他没少吃苦训练。

让刘翔印象最深的是练基础力量,要把杠铃放在后颈处举。举杠铃的标准是50公斤,但刘翔连一片杠铃都加不了,只能举着光光的杠铃杆练。

但杠铃杆本身也有 20 公斤重,举起来还要做高抬腿动作,杠铃压在刘翔后颈的骨头上,把他疼得不行。但孙海平指出,这些都是基础训练,必须要完成。刘翔咬着牙,一次一次坚持,杠铃片也慢慢加上去,最终达到 50 公斤的指标。

刘翔非常能吃苦,他体力不好,在田径场上跑圈的时候,好几次都累吐了,但吐完继续跑。刘翔的韧带非常紧,孙海平为了帮他拉大腿处的韧带,硬摁着他的背往下压,刘翔痛得直掉眼泪,但就是一声不吭。因为他知道,如果跨栏选手拉不开韧带,等于是废了。

在孙海平手下训练,刘翔进步非常快。如果说别人进步曲线是波浪形的,或者是螺旋形的,那么刘翔的几乎是一直向上的直线形。

1999 年 4 月 22 日,即将年满 16 岁的刘翔参加了一项成年组比赛,最终获得第四名,14.16 秒的成绩已经达到健将级别,一下子让人刮目相看,连孙海平也非常吃惊。

同年 5 月,刘翔参加全国少年田径锦标赛,这是他最后一次参加少年组比赛,拿到了自己第一个全国冠军。

刘翔给自己定下一个目标:超越亚洲霸主陈雁浩

在训练的过程中,刘翔不断给自己设定追赶目标,一开始是大自己两岁的师哥,此后是国内跨栏第一人陈雁浩。在中国乃至亚洲,陈雁浩是 110 米栏的霸主,在亚洲称霸 6 年没有对手,但刘翔决心战胜他。

刘翔曾几次和陈雁浩交手,但都以失败而告终,那时陈雁浩是他的一个长远目标。2001 年 4 月,刘翔在广东省中山市进行的一次比赛上,以 0.03 秒的差距落后于陈雁浩获得第二名。那时,他第一次感觉自己可以超过陈雁浩了。

从广东回上海后，刘翔每天的训练都格外卖力，专注、投入的程度让孙海平都有点搞不懂。孙海平问刘翔："怎么一下子练得那么卖力？"刘翔笑了笑，没有回答。

十几天之后，刘翔和陈雁浩又在宁波的比赛中相遇，13.45 秒，刘翔获冠军，虽然只是快了 0.02 秒，但毕竟赢了陈雁浩，而且是第一次。

战胜亚洲第一人，不到 18 岁的刘翔引起了媒体的注意。几天后在上海的比赛，被冠以"新""老"栏王的对决。

5 月 6 日，上海的天空下起细雨。在刘翔和陈雁浩比赛前，赛道旁黑压压站满了人。枪响了，刘翔飞快地往前跑，到终点时仍不确认是否比陈雁浩跑得快。

成绩出来了，13.32 秒，这是刘翔的最好成绩，比陈雁浩快了 0.05 秒。刘翔顿时跳了起来，真想马上告诉父母这一好消息。

孙海平朝刘翔走了过去，非常用力地拍了拍刘翔的肩膀。虽然孙海平什么话都没说，刘翔也能感觉到孙海平非常高兴。

打破尘封 24 年的世界青年纪录，刘翔高呼：我来了

几年的师徒生涯，孙海平和刘翔情同父子。尤其是出国比赛时，孙海平要照顾刘翔遇到的一切问题。

为了提高成绩，并接受比赛历练，孙海平常带着刘翔出国比赛。为节省经费，孙海平和刘翔住一个房间。孙海平晚上打呼噜，为了不影响刘翔睡觉，常常要等刘翔睡着以后才上床。

两人还在机场闹过一次笑话。有一次，因前序航班晚点，刘翔和孙海平只有 5 分钟的时间赶往下一个航班登机口，可那个登机口在 500 米以外，两人拿着大包、小包一路狂奔，气喘吁吁地跑到登机口后，却听到航班晚点一个小时的消息。师徒俩听到这个消息，再看看彼此狼狈不堪的样子，都哈哈大笑起来。

孙海平给刘翔更多帮助则是在训练、比赛中。

2000 年 11 月，在法国里昂的一次比赛中，刘翔起跑以后感觉身边有人摔倒，他无暇顾及，跑向终点，最终获得第三。当转头看大屏幕的时候，刘翔惊呆了，上面写着：第五道，刘翔，没有成绩。

当刘翔师徒找裁判理论，裁判一口咬定是刘翔摔倒了。当时比赛没有电视转播，怎么能证明自己没有摔倒呢？孙海平拿出一盒录像带，这是他在看比赛时录的，以备带回去研究。

　　看完录像,裁判向刘翔道歉,并恢复了刘翔的比赛成绩。刘翔感激师父的同时,在心里想:"为什么因为是亚洲选手就要被别人看低？我要证明亚洲选手绝不会比别人差！"2002年7月,在瑞士洛桑举行的国际田联大奖赛上,刘翔第一次向世界证明:他以13.12秒的成绩获得亚军,打破亚洲纪录,同时也打破了已被保持24年的世界青年纪录。

　　在洛桑,刘翔向全世界呼喊:我来了！

听到约翰逊奥运会出局的消息,刘翔抢跑了

　　每个练跨栏的人,没有不知道阿兰·约翰逊的,他是世界跨栏之王。

　　第一次见到约翰逊的时候,刘翔没机会和他一起比赛,就在赛后找约翰逊签名、合影,就像粉丝见到偶像一样。

　　第一次和约翰逊在赛道上较量是2002年在希腊雅典的比赛,但刘翔起跑后很快就摔倒了,没能完成比赛。

　　在2003年,刘翔和约翰逊在很多比赛中相遇,虽然没有一次能战胜对手,但比赛成绩却稳步提升,渐渐能跻身前三名。约翰逊显然也感受到了刘翔的存在,一次比赛后,约翰逊主动向刘翔走过去,微笑着搂住他的肩膀。

　　2004年5月8日,在日本大阪,刘翔第一次战胜了约翰逊,面对各媒体的采访,刘翔说:"阿兰·约翰逊的实力在我之上。"这时,离雅典奥运会已经非常近了,刘翔把约翰逊当成自己在奥运会上最强的对手。

2004 年 8 月 25 日晚,刘翔正在准备雅典奥运会 110 米栏次轮比赛,却听到一个令人惊讶的消息:约翰逊摔倒出局了。约翰逊起跑后节奏就出了问题,他一直在勉强维持,但到第九个栏前面,终于支持不住摔倒在地。

刘翔上场了,跑的还是和约翰逊相同的第六道次。尽管刘翔让自己尽量不要去想约翰逊的事,但却挥之不去。当裁判发出"各就各位"的提醒后,刘翔蹲了下来。枪响了,大家冲了出去,但随后枪又响了,大家退了回来,因为刘翔抢跑了。

奥运会颁奖仪式上,何振梁对刘翔说:谢谢你

重新起跑并顺利晋级半决赛后,刘翔面对采访,表达了对约翰逊出局的忧伤。刘翔认为,当已为击败一个对手做出全部努力后,那个人却突然缺席了,这种失落很难去形容。

半决赛时,刘翔仍按照孙海平的指导,在最后保留了实力,以 13.18 秒的成绩晋级决赛。

决赛不是一帆风顺的,先后有人搅局。先是在大家都蹲下来的时候,有人要求重新起跑;其次是有人故意抢跑,目的就是扰乱大家的情绪。

枪又响了,刘翔的起跑非常快,三个栏之后,已经跑到第一位。一路跨过去,刘翔第一个冲过终点。12.91 秒!刘翔在夺冠的同时,还平了世界纪录。

看台上好多中国观众挥舞着国旗,眼含热泪喊着:"刘翔!好样的。"刘翔身披一面五星红旗,绕着场边跑,一边跑一边把右手握成拳头,高高举起,向观众致意。

面对记者的提问,刘翔想说话却发现嗓子干得一句话也说不出来,咽了咽口水,才勉强发出声音。想起父母、教练,又想起在法国被错判的那一幕,刘翔顿时泪如泉涌:"谁说我们中国选手拿不到奥运会前八?我今天一定要证明给大家看,我是奥运会冠军!"

在颁奖仪式上,刘翔身披国旗跳上了最高领奖台。国际奥委会副主席何振梁为刘翔颁奖,当他把金牌挂在刘翔脖子上的时候,流着泪说:"谢谢你!"

刘翔明白这句话的分量和含义,他的眼泪又一次涌了出来。

冯坤：
排球场上的功夫熊猫

姓名:冯坤

性别:女

项目:排球

代表荣誉:2003 年女排世界杯冠军

2004 年雅典奥运会女排冠军

资料

　　冯坤因为长得可爱、性格温和,被队友们叫成"熊猫"。在 2004 年女排黄金一代中,冯坤是队中的主心骨。雅典奥运会女排决赛,中国队与俄罗斯队争冠。在 0 比 2 陷入绝境时,冯坤带领全队放手一搏,神奇般创造了大逆转,让中国队第二次站在了奥运赛场的最高领奖台。

　　说起冯坤一开始打球的经历,还真有点传奇色彩。

冯坤自己开出转学证明,告诉父母要去打排球

　　冯坤 1978 年出生在北京,家里没有人从事体育行业。由于姐姐比自己大很多,冯坤从小独立性就很强,胸前挂着家门钥匙,每天独自上下学。

　　冯坤是个品学兼优的孩子,学习成绩总是班级前三名,在运动场上也表现出色。冯坤很喜欢跑步,也加入了学校田径队,她觉得能比别人跑得快是件很风光的事。

　　8 岁时,冯坤家搬到工人体育场附近。父母带着冯坤到田径班报名,但田径班满员了。这时,正好郎平的启蒙教练王桂兰路过,一眼看中了冯坤。听说练排球能在那里吃到好吃的巧克力,冯坤一口就答应了。

　　几年后,在王桂兰教练的推荐下,什刹海体校选中冯坤。教练告诉冯坤,练排球很苦很累,让她想清楚,是不是要真的进入这个行业。

因为家里没有人练体育，冯坤对专业体育并不是很了解，但她从小就听说过中国女排五连冠的故事，也想长大为国争光，于是她懂事地对教练点了点头。

冯坤没和家里人商量，就很有主见地自己开出转学证明。回到家，她对父母说："我想去打排球，我觉得这很重要，而且我喜欢，就这样决定了，我一定要好好地练，我会成功的。"

冯坤父母听说这个决定后惊呆了，几乎哑口无言。在父母眼里，冯坤平时很听话，是一个乖乖女，但没想到她竟然自己做出这么大的决定，而且女儿说的话居然这么成熟。

既然冯坤下这么大的决心，冯坤父母也就没拦着女儿去学习排球。随着年龄增长与技术进步，北京什刹海体校教练王勤觉得冯坤虽然个子不高，但身体素质很好，而且心理素质稳定，于是将冯坤从接应位置改成二传。

几年后，冯坤顺利进入北京女排一队。

第一次代表中国女排比赛，冯坤流下泪水

1997 年，18 岁的冯坤入选郎平执教的中国女排，但由于年龄太小，还打不上主力，因此没能成为主力球员。

1999 年，中国女排换帅，名单公布后，冯坤落榜。在帮助其他好友收拾行李时，冯坤哭了。虽然没能入选国家队，但冯坤比赛依旧作风顽强、非常敬业，在场上积极主动，得到所有教练和队友的公认。

2001 年初，陈忠和成为中国女排新任主教练。他刚一上任，就把冯坤第一个招进队伍。当中国女排大名单公布时，冯坤愣了半天，她决定抓住这次机会，成为中国女排的主力，展示中国女排新形象。

2001 年的郴州集训，冯坤进行了魔鬼式训练。由于二传组织能力总是不达标，冯坤很是着急，队友就劝她别着急，此时很少哭的冯坤就会泪水横流。

陈忠和和郎平的想法一样，认为只要能把冯坤培养出来，中国女排就将是世界级的队伍。但是冯坤最大的弱点，就是战术组织不灵活，也因此受到业内外很多人的质疑。

冯坤始终没有放弃努力，为此她剪掉了长发。她是一名个性很强的球员，许多事情不用教练说，她自己就会努力去处理。

在冯坤最难的时刻，陈忠和始终没有放弃冯坤。陈忠和表示："冯坤离我的要

求还很远,但是我没有放弃她,我坚定地认为她能行,我会下大力气培养她的传球组织能力。"

2001年6月3日,冯坤随队在江苏太仓参加了女排四国邀请赛。在第一场对阵澳大利亚队的比赛中,冯坤首发登场,这是她在国家队参加的第一场国际比赛。

开赛前,全场肃立奏国歌后,冯坤用右手擦拭着眼里激动的泪水,她从小就梦想着有一天能代表中国女排打球,这个梦想今天终于实现了。

冯坤成长为主力二传,还被推选为国家队队长

半年之后,陈忠和的魔鬼训练见到成效。2001年底的世界女排大冠军杯赛,冯坤和队友们发挥得非常出色,以五战全胜的成绩拿到冠军。

冯坤自己的能力也在提升。经过刻苦训练,冯坤成为国家队主力二传。由于队中人缘好和技术全面,冯坤还被推选为国家队队长。

冯坤平时总是笑容满面,性格温和。还在北京队时,队友们就给冯坤起了一个昵称叫"熊猫"。这个称号也从北京队带到了国家队。

冯坤的队友说:"叫她熊猫也许是巧合,熊猫是国宝,冯坤的位置也是最重要的,正好一语双关。"冯坤随和、开朗,与队友的关系很好。她又是一个很有主见的人,且个性很强,外界困难越大,反而越会激发她的斗志。在北京队和国家队,她都是队长,平时有一种领袖的气质。

冯坤不是很爱玩的人,平时对自己的要求很高,训练非常投入。她休息时去做一下头发、买一些化妆品,也是一种对自己的调剂。

冯坤说:"现在的女孩哪个不爱美呀,但我并不沉迷这些,只是觉得什么时候干什么事要清楚,平时自己的着装要得体,这是对别人的一种尊重。而比赛和训练中决不能想这些事情,一来教练要求得非常严格,二来我对自己的要求也很严,这是一种对待自己的人生态度。"

冯坤在打排球之余,喜欢记日记。日记可以让自己变得更有条理,冯坤每天把自己的排球历程及心理感受记录下来,有空再慢慢回看,这成为她的一个生活习惯。

2002年上半年,冯坤按部就班地随队进行训练、比赛,看上去风平浪静。但一次猝不及防的惨败,让全队陷入了低谷,这时,冯坤必须要站出来。

世锦赛失利后全队士气低落,冯坤重新凝聚大家的心

2002年8月底,女排世锦赛在德国进行,这是雅典奥运周期内中国女排参加的第一个世界大赛。

由于奥运会每4年一次,因此很多项目都是围绕奥运会来安排赛程的。以排球为例,排球一共有三大赛事,分别是世锦赛、世界杯和奥运会,均为4年一次。

其中世锦赛在奥运会前两年举行,是参赛球队最多、赛程最长的比赛。而世界杯在奥运会前一年举行,是唯一进行单循环赛制的比赛。奥运会则跟世锦赛类似,有小组赛、有淘汰赛,但比世锦赛更紧张激烈。因此对有意在奥运会打出好成绩的球队来说,世锦赛上的表现极为关键。

中国女排也信心满满地来到德国。世锦赛前,冯坤为了给队友开易拉罐,弄伤了手指。在随后的邀请赛中,中国女排输给了意大利队。

世锦赛正式开始后,中国女排发挥不是很理想,国内也质疑声一片。半决赛对阵意大利队,中国女排队中压力非常大,都觉得要必须战胜对手。但当时意大利队拥有世界级接应托古特,那场比赛更是发挥得如有神助,转瞬中国队已1比2落后。

第4局末,冯坤最后传球并未给赵蕊蕊打快攻,而是传给刚上场的主攻手张静,没想到张静的强攻被对手死死地拦在界内,中国队1比3输给意大利队,无缘

决赛。

　　赛后，冯坤坐在地上痛哭流涕，这是她第一次在公开场合痛哭，她没想到自己出战的第一次世界顶级大赛竟然以惨败告终。

　　失利后，全队士气低落，但冯坤作为队长，必须要重新凝聚队伍的士气。虽然自己也很痛苦，冯坤仍一一安慰队友。

　　世锦赛之后，很快就迎来了釜山亚运会。中国女排首战前一天，是陈忠和45岁生日。冯坤召集队友，大家齐心协力做了一个巨大的贺卡，每人在上面写了一句祝福的话。这个暖心的举动，不但让陈忠和深受感动，也让中国女排姑娘们的心重新凝聚起来。

　　在亚运会赛场上，中国女排找回信心，两次战胜东道主韩国队，获得亚运会冠军。

"得冯坤者得天下"，中国女排 17 年后又夺世界冠军

　　2003 年，中国女排重新焕发出勃勃生机，而冯坤也在世界大赛上展示自己灵活多变的二传能力。

　　2003 年瑞士女排精英赛，中国女排在决赛中苦战五局，以 3 比 2 战胜俄罗斯队，最终以全胜的战绩夺冠。冯坤获得赛事的最佳二传奖项。

　　如果说瑞士精英赛是餐前甜点，日本女排世界杯就是 2003 年女排比赛的正餐。

　　在女排世界杯上，中国女排先后战胜巴西、意大利、美国、日本等世界强队，以 11 战全胜的战绩，获得世界冠军。这个世界冠军大家等得太久了。上一次中国女排获得世界冠军，还是在 1986 年的女排世锦赛。

　　冯坤又一次获得最佳二传，这是冯坤第一次在世界顶级比赛中获得这一奖项。

　　如果要找出唯一遗憾的话，那就是俄罗斯队没有获得世界杯的参赛资格，中国队失去了一次摸底的机会。

　　郎平听到中国女排夺冠的消息，也非常高兴。她说："我早就说过，得冯坤者得天下。这句话在陈忠和身上实现了，他用好了冯坤，所以中国队赢得了比赛。"

　　郎平进一步指出，冯坤的进攻和防守都很不错，"在打美国等强队时，关键时刻冯坤可以在二号位发起强攻，非常难得。中国队的进攻，在冯坤的指挥下，变化

非常多，非常有威胁，总让对手掌握不了节奏。"

夺冠后的冯坤则把目标定在了奥运会："这一刻我非常激动，我以前不知道这种感觉，今天我终于感受到了，我们有信心夺取第2个、第3个、第4个世界冠军，世界冠军永远是我们的。"

2003年冬训，冯坤和队友们围绕着即将到来的雅典奥运会，开始紧张而艰苦的训练。

站在冠军领奖台上，冯坤高喊：我们是最棒的

2004年雅典奥运会的女排小组赛上，中国女排波澜不惊，虽然以2比3不敌老对手古巴队，但在小组赛最后一轮3比0战胜俄罗斯队，仍以小组第一的身份晋级8强。

在雅典奥运会前，冯坤腿伤加重，但为了奥运会，她决心拼一把。随着比赛的深入，她也渐渐找到感觉，打俄罗斯队的这场比赛，正是她满血复活，帮中国女排顺利取得胜利。

俄罗斯队的核心球员阿塔莫诺娃本场比赛被限制发挥，她非常不服气，"我们决赛会再见的，那时的俄罗斯队绝不是这样。"

就像阿塔莫诺娃预料的那样，中国队和俄罗斯队双双打入了决赛。在决赛中，俄罗斯队果然和小组赛时判若两人，先声夺人以2比0领先，把中国队挤到了悬崖边上。

尽管比分落后，冯坤依然以招牌式的微笑鼓励身边的队友，"不到最后一刻决不放弃，这是奥运精神的一部分，我们女排也要延续这种精神。"第三局一上场，大家的心态都放松了，反而是俄罗斯队在胜利在望的时候，开始出现紧张、犹豫的表情。

对手这种想赢怕输的心态，被冯坤看在眼里，她利用风格多变的二传技术，帮助中国队稳住了阵脚。每当中国队得分，冯坤都和队友一一击掌表示鼓励，"落后只是暂时的，我们始终坚信，中国女排一定会赢下来。为此，我们不放过任何一个机会。"冯坤说。

在冯坤的带领下，中国女排神奇般3比2逆转俄罗斯队，登上了雅典奥运会的最高领奖台，时隔20年再次成为奥运冠军。在冠军领奖台上，获得奥运会女排最佳球员（MVP）和最佳二传两个奖项的冯坤，激动得对着观众席大喊："我们中国是最棒的！"

腾飞时代

233

申雪/赵宏博：
花滑赛场神仙眷侣

资料

姓名：申雪　　　　　　姓名：赵宏博
性别：女　　　　　　　性别：男
项目：花样滑冰　　　　项目：花样滑冰

代表荣誉：2002 年世锦赛花样滑冰双人滑冠军
　　　　　2003 年世锦赛花样滑冰双人滑冠军
　　　　　2007 年世锦赛花样滑冰双人滑冠军
　　　　　2010 年温哥华冬奥会花样滑冰双人滑冠军

　　2007 年，花滑世锦赛又一次在日本举行，在东京体育馆，申雪和赵宏博再一次完美配合，征服了裁判和全场观众，第三次获得世锦赛冠军。

　　比赛结束后，赵宏博在赛场中央向申雪单膝跪地，申雪认为这是要庆祝两人的第三次夺冠，因此和赵宏博深深相拥。但事后，申雪得知这是赵宏博在向她求婚时，顿时惊呆了。

在俄罗斯的学习经历，为赵宏博打开花样滑冰的大门

　　1973 年 9 月，赵宏博出生在黑龙江省哈尔滨市。在东北出生、长大的孩子，没有人不喜欢冰雪，赵宏博也不例外。5 岁的时候，赵宏博跟着启蒙教练开始学花样滑冰。

　　进体校有人管饭，还发服装，赵宏博特别高兴，根本没想过以后要去参加世界比赛。

　　赵宏博一开始学的是单人滑，进入哈尔滨重点业余体校后，他半天上课半天

滑冰。当时的训练条件非常艰苦,没有室内的冰场,都在室外滑冰。

东北的室外非常寒冷,赵宏博和小伙伴们穿着厚厚的毛衣、毛裤在冰上滑,身上还要全副武装戴着帽子、围脖、脖套、手套等装备。衣服穿少了会冷,但穿多了一运动又会出汗。等汗水再结冰,脖套都可以立起来。

虽然很难受,大家都希望能多冷几天,因为只有冷下来,才有可能在室外多滑几天。为了早上冰晚下冰,学员们还经常到更北面的满洲里、海拉尔等地的湖面上滑冰,这样可以比在哈尔滨多滑出 20 多天。

1984 年,赵宏博进入哈尔滨体育工作一队。1988 年,赵宏博和谢毛毛开始练习双人滑,此后又进入国家队双人滑组。当时中国花滑的基础非常薄弱,双人滑更是长期处在世界比赛的末端。"能在哈尔滨代表国家队参加国际比赛,就是非常了不起的事情了。"赵宏博回忆。

1991 年,赵宏博和谢毛毛在全运会上夺冠,此后又受邀前往俄罗斯训练和比赛。俄罗斯是花样滑冰强国,无论是单人滑还是双人滑,都有非常强的实力。世界顶级选手的比赛,给赵宏博带来非常大的冲击力,"从那时起,我才真正喜欢上花样滑冰,开始有意识地去训练。"赵宏博说。

就在赵宏博雄心勃勃准备大干一场的时候,谢毛毛因为伤病和体重问题退役。这时,国家队花样滑冰教父姚滨为赵宏博选了一位 14 岁的搭档——申雪。

申雪的努力被教练姚滨看在眼里

申雪是赵宏博老乡,也是哈尔滨人,但比赵宏博小 5 岁,出生于 1978 年。

申雪小时候体弱多病,只要幼儿园有一个孩子生病,申雪就会跟着生病。父母想让申雪练一下体育,好强身健体。东北最合适的运动就是滑冰,申雪 5 岁的时候被父母送到家附近的体育幼儿园学习花样滑冰。

一开始,申雪也是在室外冰场滑冰,每天父亲都会在场外等待。两年以后,哈尔滨有了室内冰场。不过冰场有限,主要给专业队使用。申雪还小,她所在的业余体校只能半夜去滑冰。

申雪是个听话的乖孩子。有一次,冰刀不合脚,申雪的脚被磨出血,下冰后,袜子和脚粘在一起,让人看着就心疼,但申雪一声不吭。进国家队以后,申雪总是比别人更勤奋,别人滑一圈,她就滑两圈。直到别人都休息了,她还在练。申雪的努力没有白费,姚滨把这些事情都看在眼里。

姚滨认为,双人滑女选手有三个条件,第一身材不能太高大,容貌要好;第二是技术要好;第三是胆子要大,但个性又不能太强。

经过两个月的挑选,姚滨选中了身材瘦小的申雪。但赵宏博并不太上心,觉得申雪未必合适:"那就先练一个月看看吧。"

申雪非常好强:"练一个月就练一个月!"申雪心中暗下决心,一定要练好,不能给家人丢脸。

申雪被摔晕,醒来后眼泪哗哗流下来

第一天训练就让人忍俊不禁,1.77 米高的赵宏博已经是个大小伙子,而申雪刚过 1.50 米,看上去还是个孩子。巨大的反差,让所有人都担心,他俩能配合起来吗?

但姚滨看中的是申雪的韧劲。申雪性格内向,不爱说话却心中有数,凡事都不肯服输。申雪能吃苦的特点也打动了姚滨。

花样滑冰,气质和艺术表现力都非常重要。尽管每天都被摔得青一块紫一块,但申雪每次训练都情绪饱满地完成任务。

有一次托举,赵宏博的冰刀卡在冰痕里,身体失去平衡。申雪从 2 米多高的空中掉下来,重重地摔在坚硬的冰面上,被摔得晕了过去,过一会儿才清醒过来。

醒后,申雪疼得眼泪哗哗流下来,但她只休息了一会儿又强忍着上了冰。"那一次摔得五脏六腑都疼,把姚滨教练和赵宏博都心疼坏了。"申雪回忆。

那一年,申雪开始发育,个子和体重都噌噌长。但女选手长体重,对男选手的压力会非常大。控制体重成为申雪每天必备的功课,一开始是教练强制,到后来申雪能自觉地只吃一顿饭。

赵宏博也耐心地对申雪传授经验,一个动作一个动作慢慢教,既包括教滑冰技术,也包含如何去表演。赵宏博把自己的经验和教训一股脑都教给了申雪。

一开始商定的一个月很快就过去了,然后又是一个月,没人再提当初一个月的试验期了。

合作四个月后,申雪/赵宏博第一次参赛就获得全国冠军,这出乎所有人意料,也开始两人长达 18 年的合作。

两次登顶世锦赛冠军，两次与奥运冠军无缘

　　1992 年，申雪/赵宏博第一次代表中国参加世锦赛，在 24 名选手里获得第 22 名。

　　申雪和赵宏博的技术并不差，动作难度也非常大，但在艺术表现力上却卡壳了，"外国人笑话我们，说我们不是在表演，而是在练功夫。"

　　姚滨开始请国外大牌服装设计师和编舞师，来进行服装设计和舞蹈方面的编排，指导申雪、赵宏博如何展示艺术表现力。

　　1998 年长野冬奥会，申雪/赵宏博参赛后获得第五名，这是中国选手在花滑赛场上难得的好成绩。此后，在连续 3 年的世锦赛上，申雪/赵宏博都站到了领奖台上，但离冠军总是差了一口气。

　　2002 年盐湖城冬奥会，申雪/赵宏博把目标定在了夺金上。他们首次在双人滑比赛中使用了四周抛跳的高难度动作，但可惜的是，当申雪足周落冰，所有人都以为她成功完成这一动作时，申雪却还是在滑出时跌倒。申雪/赵宏博最终获得了奥运会的铜牌，也足以创造中国选手在双人滑上奖牌零的突破。

　　在随后进行的日本长野世锦赛上，申雪/赵宏博以近乎完美的表演获得金牌。

腾飞时代

237

这是继陈露之后，中国选手第二次在花样滑冰项目上获得世界冠军。

2003年世锦赛，申雪在训练时扭伤了膝盖，她却强忍着疼痛，完成了比赛，和赵宏博一起卫冕世锦赛冠军。

2006年都灵冬奥会，申雪/赵宏博又一次向冠军发起冲击。这次他们精心准备了《蝴蝶夫人》编曲，冬奥会金牌势在必得。但2005年赵宏博在随队训练时，在做高难度动作中受伤倒地，跟腱断裂。

在北京手术后，赵宏博用半年的时间奇迹般复出，赶上了冬奥会比赛。在奥运赛场上，申雪/赵宏博再一次获得铜牌。

第三次获得世界冠军的时候，赵宏博单膝跪地向申雪求婚

2007年，花滑世锦赛又一次在日本举行，在东京体育馆，申雪和赵宏博再一次完美配合，征服了裁判和全场观众，第三次获得世锦赛冠军。

比赛结束后，赵宏博在赛场中央向申雪单膝跪地求婚。

所有人得知这件事后也都惊呆了，俩人配合了15年，恋爱的消息居然保护得这么严密？

赵宏博回忆："恋情开始的时候，应该是从2005年我受伤那时起。我在训练中跟腱断了，那时候真的很艰难。"赵宏博用了"灭顶之灾"和"万念俱灰"这两个词来形容自己当时的真实感受。他说："在教练和队医走了之后，只剩下小雪和我，我们俩抱头一通痛哭，其中的滋味只有我俩能够体会。我想我能够最终挺下来，也是源于我们相互间的信任和鼓励。"

赵宏博受伤住院的时候，虽然配备了专门的护理员，但是申雪还是每天都守在赵宏博身边。晚上，她就弄两把椅子凑合着休息。后来赵宏博看不下去，就让医生给找了个垫子来，"那段时间，我们俩有点相依为命的感觉，回想起来，太让人感动了。"

2006年，申雪和赵宏博单独去加拿大搞编排。在异国他乡，两人感受到相互信任、相互依赖是多么重要、多么难得。"2007年世锦赛，我们编排的舞蹈主题就是根据我们自己的故事来的，我觉得编排得非常好，一路训练比赛下来，到最后很自然就演变成了那一跪了。我们之间的默契升华成了爱情。"赵宏博说。

赵宏博说，他们的恋情发展是自然而然的，什么时候捅破的，自己都很难说。两人笑称是在无语中开始的。

姚滨从来没有过问他俩的感情问题，任他们自由发展。但这一次，姚滨非让赵宏博在所有教练的面前再表演一次求婚，重新亲吻一次申雪，搞得赵宏博哭笑不得。

创纪录高分获得奥运会金牌，打破俄罗斯46年夺金历史

2007年世锦赛后，申雪/赵宏博淡出了赛场。两年后，他俩又在2009—2010赛季宣布复出。

在复出后的各项比赛中，申雪/赵宏博都独占鳌头，技术动作与配合都日趋完美。

2010年温哥华冬奥会双人滑比赛中，申雪/赵宏博在第一天的短节目比赛中，得到76.66分的罕见高分，在第二天的自由滑比赛中将最后一个出场。

2月16日自由滑比赛，选手们都有超水平发挥。中国选手庞清/佟健组合表现异常完美，获得141.81分的超级高分，这给了随后登场的师哥赵宏博和师姐申雪非常大的压力。

上场前，赵宏博观看了庞清/佟健的比赛，并送去真挚的掌声。"我没有紧张，只要站在场上，就是去完成自己的任务。让自己投入进去表演好就行。"赵宏博说。

最终，申雪/赵宏博的自由滑《G小调柔板》表现出色，获得139.91分，虽然没能超越庞清/佟健，但因为短节目得分优势明显，申雪/赵宏博以总分216.57分获得冠军，这个得分也刷新了国际滑联最高分纪录。

夺冠后，赵宏博和申雪闪着泪光，激动得声音都有些颤抖，赵宏博说："太多年了，终于拿到了这枚金牌，现在真的不知道说什么好，我们两个经历了太多太多太多了！37岁能拿到这块金牌，也值了！"

18年合作、历经4届奥运会，申雪/赵宏博这对冰上情侣从少年走向成熟，终于打破俄罗斯人46年来包揽冬奥会双人滑冠军的纪录，用赵宏博的话说，"太值了！"

腾飞时代

239

李娜：
网球赛场一"飞"冲天

资料

姓名：李娜

性别：女

项目：网球

代表荣誉：2008 年北京奥运会网球女子单打第 4 名

2011 年法国网球公开赛女子单打冠军

2014 年澳大利亚网球公开赛女子单打冠军

1998 年，16 岁的李娜面对电视台的采访，说出心中最大的梦想："我希望能打到职业的前十，我知道这个目标特别难，但我自己会努力。"那时的中国网球，别说世界前 10，能打进世界前 50 名都很不错了。

2004 年，退役两年的李娜重新回到网球赛场，在广州网球公开赛上夺冠，成为中国第一个在 WTA（女子国际网球协会）比赛中夺冠的选手。

2009 年，李娜"单飞"，开始自己组建团队参加比赛。单飞之后，李娜的成绩和世界排名不断攀升，两获大满贯冠军，世界最高排名第 2，实现了儿时的梦想。

因打网球常年剪短发，李娜常被错认成男孩

网球的职业化程度非常高，从年初到年末赛事不断。改革开放之后，中国网球也得到了持续发展。

拥有各自历史均超过百年的网坛四大满贯（澳网、法网、温网、美网）是网球比赛的最高峰，中国选手也不断向这一目标挺进。1992年，湖南选手李芳在澳网打入女单第三轮，这个纪录后来保持了12年之久。

2004年，李婷/孙甜甜组合在雅典奥运会获得女双冠军，成为第一对获得网球奥运冠军的中国选手。2006年，郑洁/晏紫组合获得大满贯比赛女双冠军，在职业网坛的双打比赛中取得突破。和这些选手同时代的球员李娜则在单打赛场上锲而不舍地追求。

1982年，李娜出生在湖北武汉，5岁时进入体校学习羽毛球。羽毛球需要手腕灵活有力，但李娜只会手臂发力，教练看着她僵硬的动作也很头疼。

8岁时，网球教练来羽毛球队挑选球员，一眼就相中了移动速度快的李娜。网球和羽毛球正相反，必须用手臂发力，更适合李娜，因此换项成为顺理成章的事情。

正式进体校学网球要有个考核期，但因为李娜进步快、心理素质好，很快就得到教练的青睐，随后住进体校，开始专业的网球训练。

网球训练需要长时间在户外，而且不适合留长头发，李娜就常年留着短发，皮肤也被晒得黑黑的，常被当成男孩。有时，李娜训练完毕，会去训练场边上的公园玩滑梯、跷跷板，常有小弟弟、小妹妹过来说："哥哥，让我们玩一会。"这时李娜只好说："我不是哥哥，我是姐姐。"

长时间的训练，让李娜爱上了网球。有一次她从二楼阳台摔下来受了伤，在家休息两天后，觉得心里空空的，于是央求父母把她送回体校。

面对电视采访，李娜发出打入世界前10的宏大目标

11岁时，李娜进了省集训队，师从前亚洲冠军余丽桥。余教练是个非常严厉的人，对工作一丝不苟。李娜在余丽桥指导下，进步很快。

　　1997 年，李娜获得全国网球联赛总决赛冠军，这是她人生中第一个全国冠军。15 岁能拿成人组冠军，李娜的前途远大。此后，李娜获得在海外学习 10 个月的机会。

　　当地的网球学校非常多，比赛也非常频繁。基本上每两天就会有一次校内比赛，每周会有不同学校之间的友谊赛。网校学生也有排名，男女生混在一起排，很有挑战性。

　　李娜在网校经常排在 3、4 名，前途光明。日后不少网校的同学，李娜在职业赛场上都曾遇到过，有一种"他乡遇故知"的亲切感。

　　李娜在网校提高得比较快，成绩也相当不错，教练希望她能尽可能多地参加比赛。成年以后李娜回忆，在海外学习网球，训练计划等方面和国内也差不多。海外网校的优势就在于，打比赛的机会非常多，可以帮助球员迅速积累起丰富的实战经验。

　　1998 年夏天，结束海外训练的李娜回到北京，面对电视台的采访，说出心中最大的梦想："我希望能打到职业的前 10，我知道这个目标特别难，但我自己会努力。"

　　此后李娜的状态稳步提升，2000 年 8 月，李娜第一次获得参加大满贯比赛资格赛的机会。由于缺乏经验，李娜没能打入美网的正赛，但毕竟是迈出了第一步。2001 年北京世界大学生运动会，李娜获得了单打、女双和混双三块金牌。在全运会上，李娜又获得女单和女双两金。

　　2002 年，李娜的世界排名刚刚进了前 300 名，离她前 10 名的目标还很遥远，但李娜突然想退役了。

夺得广州网球公开赛冠军，创造中国网球历史

　　2002 年下半年，李娜因为长久压力大，内分泌失调。本来应该吃带有激素的药，但李娜药物过敏，医生也毫无办法。

　　由于身体状况很不理想，进而影响了训练和比赛，李娜萌生退意。此后，在湖北队的帮助下，李娜进入华中科技大学读书。她一边读书，一边开始慢慢调理身体。

　　2004 年，李娜身体条件得到改善，决定复出重返网球场。由于长时间远离赛场，李娜显得信心不足。复出后的首战是个小型比赛，一号种子选手是一位世界排

名第 180 名的球员,这对当时的李娜来说,排名已经非常高了。

李娜从资格赛一路打起,进入了正赛,并在决赛对阵一号种子选手。李娜原本以为决赛会很辛苦,也做好了输球的准备,没想到却以 6 比 4、6 比 0 的比分轻松获得胜利。

这次比赛胜利后,让李娜恢复了信心。此后,李娜又连续在 3 个小比赛中夺冠,世界排名也到了 180 名左右。

战胜世界前 50 名选手、战胜世界前 30 名选手……李娜不断取得惊喜。2004 年 10 月 1 日,李娜在广州网球公开赛决赛中战胜苏查,获得女单冠军。

虽然这个赛事和李娜日后参加比赛的级别不可同日而语,但仍是里程碑的胜利。广州网球公开赛属于 WTA 级别的比赛,比李娜刚复出时参加比赛的级别高,在此之前从未有中国女选手能在 WTA 比赛中夺冠,李娜创造了历史。凭借这次比赛的胜利,李娜的世界排名首次来到了前 100 名。

战胜世界排名前 10 选手,李娜迈过心中那道坎儿

2005 年 1 月,李娜参加澳网比赛,这是她第一次打四大满贯的正赛。一开始,李娜的状态不错,连胜两轮进入第三轮,对手是 2004 年温网冠军、17 岁的俄罗斯选手莎拉波娃。

比赛在澳网的中心球场罗德·拉沃尔球场进行。第一次在能容纳 15000 名观众的球场打比赛,李娜大脑一片空白,紧张得连走路姿势都变了,只是不停想着,这个球场怎么这么大?

由于过分紧张,李娜很快输掉了比赛。赛后进入休息室,李娜觉得自己的双手还在瑟瑟发抖。赛后的新闻发布会上,李娜承认了自己的紧张,并坦言以后比赛多了,有了足够经验就适应了。

诚如李娜所言,此后她多次在这个场地比赛,2011 年在此打入澳网决赛、2014 年在这里最终获得冠军,但再也没有紧张过。

在各种级别的赛场上,李娜也不断取得进步。战胜世界前 20 名选手后,李娜下一个目标是战胜世界前 10 名选手。但想达到这一高度很难,李娜尝试多次都没能成功,内心也很苦恼。

2006 年 5 月,李娜在德国公开赛上遇到世界排名第 9 名的瑞士名将施耐德。第一盘,李娜被施耐德全场调动,没有还手机会。输掉首盘后,李娜心中很郁闷,觉

得后面不管其他的,先尽力把球回过去,压制住对手发球再说。最终,李娜赢下了比赛,顿时心情舒畅很多:终于可以击败世界前 10 名的选手了,横在自己面前一年多的一道坎,终于迈过去了。

就像升级打怪一样,李娜不停挑战自己,世界排名也不断上升,2006 年法网过后,她的世界排名来到了前 30 名,当年那个小姑娘发下的誓言终于不再遥远。

依靠这一排名,李娜在接下来的温网成为种子选手(大满贯比赛世界排名最靠前的 32 个选手会成为种子选手),这是中国选手第一次在大满贯比赛中成为种子选手。在温网比赛中,李娜先后战胜库兹涅佐娃和瓦伊迪索娃两位世界名将,进入温网 8 强。从此,李娜开始被世界网坛关注。

北京奥运会第 4 创历届单打最好成绩

就当李娜信心满满地准备北京奥运会时,她却遭遇严重膝伤的困扰。

2008 年 3 月,李娜在参加一场职业赛事的时候,医生告诉她,膝盖软骨磨损得非常厉害,已经不能再打比赛。

当时离北京奥运会开幕只有 4 个多月时间,为了确保能参加奥运会,李娜到处询问手术及康复所需要的时间。当得知德国康复最好、恢复时间最短时,李娜前往德国进行手术。

术后的康复训练非常痛苦,但李娜还是咬牙坚持下来了。奥运前的温网,李娜报名参赛,虽然第二轮就被淘汰,但她却很高兴,因为这证明自己还能打。

8 月 8 日晚,李娜参加了北京奥运会的开幕式。尽管腿还没有完全恢复,但李娜想亲眼见证这一盛事。她很仔细地给自己化了个妆,好让自己在上镜时显得好看一点。那天晚上的开幕式,李娜和队友们情绪非常高涨。

但比赛的抽签结果却对李娜非常不利,她首轮将面对排名世界第 3 的库兹涅佐娃,很多人都觉得李娜必败无疑。但李娜心里觉得,对手并非不可战胜,自己还有机会。

在比赛中,李娜一开始很被动,但在观众的呐喊助威声中,李娜把比分追平,并在抢七局(即谁先赢到 7 分谁获胜)中战胜对手,赢得第一盘胜利。第二盘,比赛依然非常艰苦,但李娜信心十足,最终 6 比 4 获胜,以 2 比 0 的成绩淘汰对手。

接下来,李娜又遇到 7 个大满贯冠军得主大威廉姆斯,虽然双方在网坛获得的荣誉非常悬殊,但李娜爆冷以两个 7 比 5 战胜对手,进入奥运会四强。李娜获胜后,全场掌声雷动,大家高喊"李娜!李娜!"的声音震耳欲聋。

最终,李娜虽然与奥运奖牌无缘,但第四名已是中国选手在奥运赛场单打比赛的最好成绩。

北京奥运会后,网管中心同意李娜"单飞",这是一项重大改革,从此以后,李娜可以自主选择教练、自主选择比赛,相应的,所有费用也都由自己负责,不再由国家承担。对于此项改革,李娜欣然同意、全盘接受,很快就签了协议。

法网夺冠,中国选手第一次夺得大满贯

单飞之后,李娜开始签约外籍教练,成绩也进一步有所突破。2010年底,李娜世界排名进入前10。12年前那个小女孩的愿望已经完成,但这不是李娜职业生涯的终点。

2011年年初的澳网,李娜在那个曾经让她怕得发抖的罗德·拉沃尔球场一路打进决赛。李娜最终不敌比利时名将克里斯特尔斯,却受到克里斯特尔斯的高度评价。克里斯特尔斯赛后表示,李娜一定会获得大满贯冠军,而且会很快。就在大家都认为这是对手的恭维和客套时,这句话竟然迅速实现了。

每年5月,网球场会迎来历时一个月的红土赛季,法网则是红土赛季最重要的比赛,是全年的第二个大满贯,在澳网之后。

在法网,李娜是6号种子选手。李娜并不太擅长红土球场,当赛前有记者问她如果获得法网冠军会有什么感觉,李娜的答案是不可思议。

但事实真的不可思议。前两轮,李娜遇到的对手世界排名都很低,她却打得异常艰苦。而进入8强后,李娜在随后的四分之一决赛和半决赛却赢得很轻松,分别战胜夺冠大热门阿扎伦卡和莎拉波娃。

在决赛中,李娜对阵去年的法网冠军意大利选手斯齐亚沃尼,这是一位31岁的老将。第一盘,李娜6比4获胜;第二盘,双方战成6比6平,进入抢七局。

在抢七局中,李娜趁对手步伐散乱的时候趁势猛攻,竟然连得7分,以总分2比0获得法网冠军。在世界职业网球开展100多年后,第一次由中国选手获得大满贯冠军。

夺冠后,李娜仰面躺在球场上,灿烂的阳光洒在她的身上,那个感觉好温暖。

徐莉佳：
她指向大海的方向

资料

姓名：徐莉佳

性别：女

项目：帆船

代表荣誉：2012 年伦敦奥运会帆船女子
激光雷迪尔级冠军

本来是游泳选手的徐莉佳，在 10 岁那年阴差阳错改行成为帆船选手，从此开始四海为家、到处训练的日子。

在伦敦奥运会上，徐莉佳在最后一轮奖牌轮的比赛中起航不利，当其余几名选手都向左拐的时候，她必须向右摆脱。结果却因为天气预报不够准确，向右是最好的选择，徐莉佳也因此一举夺得奥运金牌。

在郑和下西洋 600 多年后，中国有了第一位帆船奥运冠军。

教练看到徐莉佳侧耳倾听的专注劲儿，对她格外关注

　　在奥运会比赛中，帆船帆板的比赛级别最让人眼花缭乱，不是业内人士很难明白是什么意思。

　　帆船比赛，顾名思义是一面帆加一条船，帆板则是一面帆加一块板。在帆船男、女单人比赛中，帆船的级别并不一样，男子单人艇为激光标准级，女子比赛则要小一号，是激光雷迪尔级。男女双人艇都叫470级，而男女帆板则是RSX级。2008年北京奥运会，中国选手殷剑就是在女子RSX级帆板比赛中夺冠。

　　刚开始接触帆船时，面对眼花缭乱的技术名词，徐莉佳也有点懵，不过她一开始上手的帆船，是适合于儿童训练、比赛的OP级，而不是激光雷迪尔级。

　　徐莉佳1987年出生于上海，4岁的时候被父母送到长宁区游泳队学游泳，10岁时，徐莉佳被帆船教练选中，改行学帆船。一开始徐莉佳只是想试一试，结果发现比游泳好玩，因此决定转项。

　　不过还真有点阴差阳错的意味。

　　徐莉佳10岁那年，张静教练前往游泳队挑选苗子，在上海青浦的水上运动中心训练两个小时后，她要在50名小学员中挑选3个有潜力的孩子。

　　张静发现，在一群孩子中，当大家都在东张西望的时候，只有一个孩子把头探在前面，听得特别认真。张静看到后，就对这个孩子格外关注。张静当时并不知道，这个孩子名叫徐莉佳，因为右耳听力不好，为了听清教练的话，她才比其他所有孩子都要专注。

　　徐莉佳当时对帆船根本不了解，把帆船当成了帆板，以前在电视上看到过帆板比赛，感觉还挺酷，因此兴冲冲回家和父母商量转项改学帆船的事。

　　父母听了却很为难，因为学游泳的话，孩子还可以在身边；一旦学了帆船，就需要到适合训练、比赛的外地去漂泊，每年只有少数几次回家的机会。另外，这也意味着要离开学校，从事专业的体育训练。

　　父母把选择权交给了徐莉佳，徐莉佳表示，和一成不变的游泳相比，自己更喜欢在大海上百舸争流、海天一体的体验。最终，徐莉佳的父亲同意了。

大浪起来后队友的船都不见了,感觉整个世界只剩下自己

1997 年 6 月,徐莉佳随队到淀山湖训练,半年后又随队到了海南,开始正式在海上训练。

一开始,碰到大风徐莉佳就感觉心里哆嗦,不敢下海。慢慢熟练了以后才开始放开手脚去操船,到后来,风越大徐莉佳越会感到刺激。刚上船的时候,都是师傅带徒弟一对一进行辅导,所谓师傅,其实就是比自己大的师哥师姐。前两周出海,师傅会带着徐莉佳一块上一条船讲课,两周后,徐莉佳就需要自己跑船了。

毕竟是个生手,徐莉佳独自一个人上船的时候,船翻了好几次,把教练急坏了,对着她大声喊。因为徐莉佳听力不好,教练还特意带着喇叭,就算这样,依旧把嗓子喊哑了。

1999 年,徐莉佳一次在福建东山岛训练的时候,出门时已经乌云密布、狂风四起。大家都有点惶恐不安,教练安慰说,今天只是阴天,但风不大,放心出海吧。

但真到了海上,已是雷电交加,海上起了大浪。12 岁的徐莉佳看不到队友的船,孤单和恐惧的感觉迅速从心中涌起,顿时觉得全世界只有自己一个人了。

在往常遇到暴风雨时,教练都会用船把大家拖回去,或者弃船保命。但那次教练的船都被风刮翻了,徐莉佳第一次感觉自己离死神那么近。挣扎 3 个小时后,徐莉佳终于靠了岸,教练也被救起。

"那天我们全队上下竟然没有一个人的器械出问题,要是在以前肯定早就出问题了。虽然那次经历有惊无险,但我看到了茫茫海面上大自然危险无情的一面,这就是帆船运动的另一面。"徐莉佳说。

两次获得世锦赛冠军,要向更大型号帆船发起挑战

那一次的遇险经历,让徐莉佳开始养成一个习惯,就是在海上会更加注意细致观察,一旦有恶劣天气,她能自如应对寻找求生的路径。

帆船比赛训练基地很不固定,要根据天气在全国各地到处跑,冬训去福建、广

东或者海南等温暖的南方省市,夏天就在凉快一点的山东、辽宁等北方省市。一整年,徐莉佳只有在 9 月或 10 月放两周假的时候回家探亲。

由于海上紫外线特别强,徐莉佳每次出海都要涂上厚厚的防晒霜,即使是这样,脸上也有一点"高原红"。海水侵蚀、阳光曝晒,一般的防晒霜根本没用,50 倍、60 倍的防晒霜也只是刚刚起步。

每次训练,地点都非常偏远,去一次市区非常不方便,而在训练基地往往一住就是几个月,徐莉佳也习惯了这种远离人烟的日子。

由于刻苦、认真,加上天资聪慧,徐莉佳进步非常快。几年下来,徐莉佳参加了欧美 9 项赛事,并且在 2001、2002 两届世锦赛 OP 级帆船比赛中获得冠军。

在 2002 年釜山亚运会帆船女子 OP 级的比赛中,年仅 15 岁的徐莉佳首次夺得亚运会冠军。

此后,按照国际帆船、帆板协会的规定,15 周岁以后的徐莉佳要改练更大型号的帆船,先是女子欧洲级,然后是激光雷迪尔级,因为想要参加奥运会,最后必须要练到激光雷迪尔级。

正当徐莉佳憧憬雅典奥运会的时候,一场突如其来的病痛扰乱了一切。

左腿肿瘤,让徐莉佳错过了雅典奥运会

2002 年底,徐莉佳左腿被查出有一个肿瘤。命运多舛,这对正准备扬帆远航的徐莉佳来说,是重重一击。

应该在海上漂泊的徐莉佳被迫躺在了手术台上,因此也错过了奥运选拔赛,与雅典奥运会擦肩而过。

但在养伤的日子里,徐莉佳也有收获,她拼命学习英语,并阅读了大量书籍。

帆船比赛是个非常国际化的赛事,因此,英语非常重要。如果比赛的时候不会英语,没法和裁判、对手交流,会非常吃亏。因此徐莉佳利用业余时间苦学英语,反复听磁带做习题,放假回家时还报名参加了英语突击班。

此后徐莉佳不断积累,英语也越来越好。在获得伦敦奥运会金牌后,徐莉佳还曾接受英国广播公司(BBC)一个小时的采访。徐莉佳全程使用英语,没有麻烦翻译。

徐莉佳也开始阅读大量帆船训练和技战术方面的资料。帆船起源于欧美,先进的资料一般是用英语写成的,看中文翻译的资料,不仅要慢半拍,还可能在翻译

过程中打了折扣。徐莉佳开始大量阅读英语原版书籍。"看这些资料让我少走了很多弯路，而且可以学习到世界上最先进的技术和理念，当我将这些运用到自己身上时，我的身体素质和比赛成绩都有了很大的提升。"

伤愈复出的徐莉佳成绩突飞猛进。2006 年 8 月在世锦赛上，提前一轮以绝对优势获得女子组冠军，这是中国帆船在奥运项目上的第一个世界冠军。

2006 年 12 月，徐莉佳在多哈亚运会上，获得激光雷迪尔级公开组金牌。值得一提的是，所谓公开组，即男、女混合参赛，最终徐莉佳战胜了所有男性选手夺冠。

北京奥运会后，帆船队用科技为徐莉佳保驾护航

2008 年，21 岁的徐莉佳获得了北京奥运会的参赛资格，终于圆了她的奥运梦。

北京奥运会的帆船比赛在青岛的奥运帆船中心举行。虽然徐莉佳并不擅长在青岛的海域比赛，但在北京奥运会比赛奖牌轮赛事中，徐莉佳抓住机会，利用对手的失误，最终成功获得铜牌。这是中国选手在帆船项目上奖牌零的突破。

北京奥运会后，徐莉佳用两年时间进行身体状态调养，同时还进入上海交通大学深造学习，2011 年，徐莉佳复出，向着更高的目标进发。

铜牌不是徐莉佳的终极目标，帆船队也为提高徐莉佳的成绩想尽了办法，在科研和训练中给予保障。

海上环境是瞬息万变的，风速、风向、水流速度、流向、水温、气温……每一个自然因素，都可能影响最后的比赛结果，都是帆船选手在比赛时判断跑船方位的依据。以前，这些水文条件，都是靠运动员的经验来判断，根本没有办法量化。

在科研团队的努力下，徐莉佳和队友们在备战伦敦奥运会时，在帆船上安装了水文测试仪和风速风向仪，达到世界最先进的水平。在仪器帮助下，徐莉佳可以根据数据对战术进行调整，当船体的状态、速度及跑船方向和角度有问题时，也可以及时纠正。

由于徐莉佳水平高，女选手起不到陪练的作用，因此她在训练时，国家队找了男选手来陪练。奥运会男子比赛是激光级，船和帆都比女选手的激光雷迪尔级要大。因此男选手来陪练，必须要适应徐莉佳来驾驶激光雷迪尔级帆船，他们这么做完全是牺牲了自己的运动生涯，但为了能帮徐莉佳取得好成绩，他们宁愿做出牺牲。

"像郑和一样，让中国航海在世界扬名"

2012 年，徐莉佳随中国代表团参加了伦敦奥运会。

和其他项目相比，帆船比赛非常枯燥，总体来说就是比赛时间非常长，每天都要用很长时间进行 1 轮比赛；比赛周期也非常长，要在近两周的时间进行 11 轮比赛，10 轮比赛大家一起比，然后成绩靠前的选手再进入最后一轮奖牌轮的争夺。

在前 10 轮比赛中，徐莉佳发挥得非常好，只有第 3 轮发挥不佳。帆船运动的积分规则非常有趣，每轮比赛要经过不同的标志点，用时最少的选手排名最高，每轮的排名就是选手在这一轮的得分。而 10 轮比赛中每个人可以去掉一轮最差成绩，因为徐莉佳只有一轮比赛差，因此根本不影响她的总成绩。10 轮过后，徐莉佳以 33 分的成绩，与荷兰选手鲍维米斯特尔并列第 1 位，顺利晋级奖牌轮。

最后一轮奖牌轮非常关键，得分将被加倍，因此名次尤为重要。起航时，徐莉佳位置不利，在其他 3 名选手向左跑船时，她必须向右跑船。结果因祸得福，当时对水文的预测是右侧不利，但实际情况恰恰相反，右侧是最佳选择。徐莉佳从第 2个计时点起，一路稳稳领先，以 8 秒优势率先到达终点。

最终,徐莉佳以 35 分的成绩获得总成绩第 1 名,荣膺 2012 年伦敦奥运会帆船金牌,这是中国奥运史第 1 枚帆船金牌。

徐莉佳上佳的表现和励志的奋斗经历,让所有人肃然起敬,中国代表团决定,让徐莉佳成为伦敦奥运会中国闭幕式旗手。

夺冠后,徐莉佳在网络上发表了一段感人至深的话语:

"我赢或者不赢,团队都在那里,不怨不悔;我开心或失落,朋友都在那里,不悲不喜;我安康或者伤痛,父母都在那里,不离不弃;感谢你们成就了今天的莉佳,我梦想像 600 年前的郑和一样,让中国航海在世界扬名。让我们载着中国体育的强国之梦,扬帆远航,踏浪前行。"

后 记
奉献与传承

中国体育是跟随着世界体育大潮一起发展的,世界体育发展推动了中国体育发展,中国体育发展为世界体育发展带来活力。

1952年赫尔辛基奥运会,是新中国第一次参加奥运会。在亲眼目睹世界体育发展迅猛后,新中国体育事业也蓬勃发展。在这一届奥运会上,苏联队第一次出现在奥林匹克赛场。虽然苏联队最后获得的金牌数与美国队相去甚远,但美、苏两强在体育上争霸的格局已经形成。在未来的几十年里,美、苏两强竞争一直左右世界体育格局。

1984年洛杉矶奥运会,新中国重返奥林匹克大家庭,许海峰射落第一金,中国体育发展进入快车道。这一届奥运会对世界体育发展具有深远影响,美国人尤伯罗斯在奥运比赛中带入商业机制,为奥运带来活力,也推动了体育的商业化发展。

2000年后,世界体育融入科技新手段,新的世界纪录和好成绩层出不穷,中国体育迅猛发展。

中国体育强盛以后也在回馈世界体育,中国的乒乓球等项目世界领先,大量中国乒乓球以及跳水教练和运动员前往海外执教和参赛,对推广运动和提高当地运动水平起到了积极作用。2021年世乒赛,前中国乒乓球选手、58岁的倪夏莲代表卢森堡队获得了女子单打铜牌,让所有参赛者和体育爱好者对其肃然起敬。

从竞技场取得成绩后,中国体育明星也在不断回馈社会,带领群众体育及中小学体育教育发展,从事公益活动,奉献自己的爱心。

中国体育,不止是成绩,更是一种精神。尤其是中华人民共和国成立后,涌现了无数体育弄潮儿,是他们不断奉献,无论是在体育高峰还是低谷都永不放弃,弘扬了中国体育的精神,也促成了如今中国体育的繁荣发展。由于篇幅有限,本书只撷取了其中一小朵浪花展现给读者,仍有许多做出卓越贡献但没有被收录到本书的中国体育人物,我们一样表示敬意。

进入21世纪以后,中国体育健儿继承了前辈们留下的体育技艺、荣耀历史和不可磨灭的体育精神,进一步把中国体育发扬光大,更多体育团队及选手在赛场奋斗的故事,请参见《传承·才俊》一书。